정신분석적 꿈의 기능

꿈꾸기와 꿈꾸어지기

John A. Schneider 저 | 이세형 역

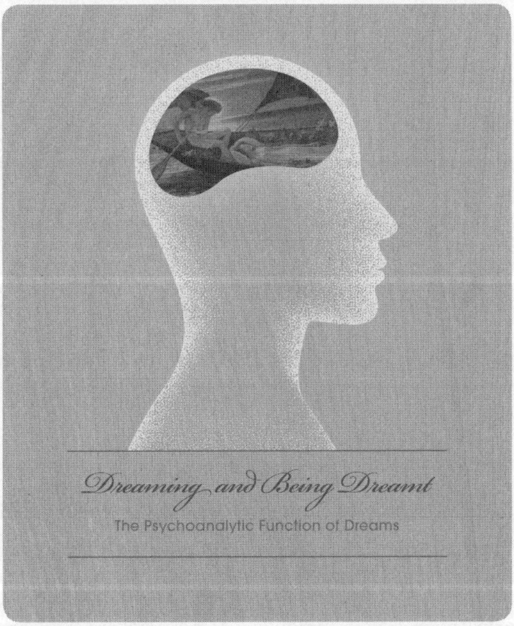

학지사

Dreaming and Being Dreamt: The Psychoanalytic Function of Dreams
by John A. Schneider

역자 서문

John Schneider의 『정신분석적 꿈의 기능: 꿈꾸기와 꿈꾸어지기(Dreaming and Being Dreamt: The Psychoanalytic Function of Dreams)』는 Sigmund Freud의 고전 정신분석적 『꿈의 해석(The Interpretation of Dreams)』을 넘어 현대 정신분석의 맥락에서 Wilfred Bion의 '꿈의 이론'을 철저하게 발전시킨 책이다. 꿈이 꾸어져야 꿈을 꿀 수 있다. 꿈이 꾸어진다는 말은 꿈을 꿀 수 있는 능력을 획득해야 꿈을 꿀 수 있다는 말이다. 이 점에서 꿈을 꿀 수 있는 것은 능력이고 기능이다.

Freud는 꿈을 통해 무의식의 내용에 접속하는 것에 주목했다. 우리가 기억하는 외현몽은 압축, 전치, 상징화라는 1차 사고 과정과 검열이라는 2차 사고 과정을 통한 꿈 작업의 소산이다. 억압된 유아의 성적 소망을 무의식의 중심 내용으로 주목했던 Freud는 꿈이 왜곡과 변장을 통해 외현몽으로 만들어지며, 이러한 왜곡과 변장을 넘어 꿈의 의미에 접속하기 위해서는 몽자(dreamer)가 자유 연상을 통해 표현한 것을 분석가가 해석해 줌으로써 무의식의 의식화가 일어날 수 있다고 보았다. Schneider에 의하면, Freud가 만났던 환자들은 꿈을 꿀 수 있는 비정신증자들이었다. Freud에게 꿈은 수면을 수호하는 기능을 할뿐더러 정신 기능을 감당한다. 그러나 이에 대한 분석가의 해석이 있어야 비로소 꿈의 의미를 만나고 정신의 성숙 과정이 가능하다. Freud에게 꿈을 해석하는 이는 몽자의 의식과 무의식의 경계에 자리한 분석가이다.

반면에 Bion과 Thomas Ogden의 입장에서 꿈을 이해하는 Schneider는 꿈을 상징화의 기능으로 보고 있다. Bion에 의하면, 베타 요소가 알파 기능에 의해 알파 요소가 된 것들의 결합이 에피소드를 만들고 이야기를 만드는데, 이것이 꿈의 기능이다. 꿈은 상징화의 기능이고, 놀이할 수 있는 기능이며, 통합하여 사고할 수 있게 하는 기능이다. 이런 면에서 꿈을 꿀 수 있는가 없는가는 정신증과 비정신증을 나누는 기준이 된다. Bion은 꿈의 내용보다 꿈의 기능에 주목한다. Ogden은 Melanie Klein과 Bion의 투사적 동일화 개념에 의사소통의 의미가 담겨 있음에 주목한다.

Schneider는 분석가와 환자가 만나는 분석 세팅으로 꿈 사용을 가져온다. 꿈을 꿀 수 없는 환자를 만났을 경우 분석가는 환자와 분석 세팅을 꿈꿀 수 있어야 한다. 이것이 분석가가 레브리(reverie)에 머무를 수 있는 능력이다. 분석가는 환자를 꿈꾸면서 환자를 담는다. 분석가에 의해 꿈꾸어진 환자는 꿈을 꿀 수 있는 능력을 회복하는 것으로 나아갈 수 있다. 여기서 분석가는 환자를 해석하는 자가 아니고 환자를 꿈꾸도록 돕는 자이고, 환자를 꿈꾸어 주는 자이다.

그렇다면 환자가 가져오는 꿈은 어떤 꿈일까? 정신증자의 꿈은 배출로 사용되는 환각적 이미지로서의 꿈이다. 환자는 분석가에게 꿈이 아닌 꿈을 가져옴으로써(베타적 스크린을 가져옴으로써) 분열되어 나간 자료들, 투사의 내용들을 담아 소화해 줌으로써 통합할 수 있는 능력, 꿈을 꿀 수 있는 능력을 회복하게 해 달라고 가져오는 것이다. 여기서 분석가는 해석해 주는 아버지의 기능보다는 담아 주고 안아 주는 어머니의 기능을 가진다.

『정신분석적 꿈의 기능』은 꿈이 아닌 꿈을 이해하는 데 필요한 이론을 정리하면서 동시에 그 이론에 따른 임상을 소개하고 있어 독자로 하여금 정신분석적 꿈 이론과 임상적 실제를 무의식의 깊이에서 만나게 한다. 이 책은 정신분석 꿈에 관심한 분석가, 상담가 및 훈련 중에 있는 모든 분에게 소중한 안내서가 될 것이다.

번역을 하겠다고 계획을 세운 후 학지사에 문의를 했을 때 김진환 사장께서 직접 관심을 가져 주시고 챙겨 주심에 감사드린다. 번역 과정을 안내해 주신 이수정 선생, 편집 과정을 안내해 주신 김지혜 선생, 그리고 번역의 초고를 읽어 주신 임혜나 선생께 감사드린다.

봉담 효행로에서
이세형

차례

제1장

서론

정신분석적 꿈의 기능: 꿈꾸기와 꿈꾸어지기

우리는 꿈을 꿀 때 가장 생생하게 살아 있으며, 꿈꾸기가 우리를 삶으로 이끈다는 개념이 내가 이 책에서 탐구하는 핵심 내용이다. 각 장에서 나는 환자로 하여금 이전보다 더 완전한 방식으로 꿈꾸기에 참여하도록 하는 것이 어떻게 환자의 무의식적 목표이자 분석가의 과제가 되는지를 설명한다(Ogden, 2004). 내 생각을 구축한 이론적 토대는 Wilfred Bion과 Thomas Ogden이 발전시킨 것이다. Bion은 꿈꾸기를 우리가 깨어 있을 동안뿐 아니라 수면 중에도 계속되는 지속적인 무의식적 정신 활동이며, 모든 정서 기능의 중심 측면이라고 재개념화했다. Ogden은 꿈꾸기를 "꿈으로 꿀 수 없는 꿈이나 불완전하게 꾸는 꿈을 (온전한) 꿈으로 꾸도록 환자를 촉진하기 위해, 분석가가 분석 회기에서 발생하는 정서적 경험을 꿈꿀 수 있는 자신의 능력을 활용하는" 것을 포함하는 무의식적 사고하기와 동의어로 생각했다(Ogden, 2017, pp. 6-7).

Bion에 따르면, 꿈꾸기는 마음의 '정신분석적 기능'의 표현이다. 이 기능은 Freud보다 앞서 존재했던 기능이며, 주변에 그 기능을 논의할 정신분석가가 있든 없든 관계없이 인간이 세상에 거주하는 한 계속될 기능이다. 정신분석적 현장에서 환자와 나는 항상 꿈을 꾸고 있다. 나는 모든 꿈은 진행 중인 심리적 작업이며, 환자가 스스로 꿈을 꾸기에는 전체적으로 또는 부분적으로 너무 혼란스러운 정서적 경험의 측면을 포함하고 있다고 생각한다. 환자들은 "꿈꾸기처럼 말하기(talking-as-dreaming)"(Ogden, 2007)를 통해 무의식적 작업을 완성하는 데 도움을 받기를 희망하면서 자신의 꿈을 분석에 가져온다. 분석 회기에서 나는 환자와 내가 참여하는 꿈꾸기가 환자의 성격에 통합되어 환자가 이전에 가능했던 것보다 더 풍부한 형태로 살 수 있게 돕는 상태가 되도록 노력한다. 즉, 나는 단순히 자기 이해를 확장하는 데만 관심이 있는 것이 아니다. 나는 환자가 이전에 살 수 있었던 방식과는 다른 삶을 사는 사람이 되도록, 즉 더 넓은 범위의 정서적 경험, 다른 사람과의 더 풍부한 관계, 풍요로운 상상의 삶, 그리고 그가 속한 더 큰 세계에 적극적으로 참여하는 삶으로 환자 자신을 재창조하도록 촉진하는 데 관심이 있다.

나는 Bion과 Ogden의 생각을 매우 높이 평가하지만, 이 책은 그들의 사고를 설명하려는 책이 아니다. 오히려 이 책은 내가 어떻게 생각하고 다시 생각하며, 배우고 다시 배우는지, 정신분석을 실천하는 방법에 관해 나 자신 그리고 독자와의 숙론을 담고 있다.

정신분석에서 자신의 꿈꾸기를 살아 내기

내가 이 책에서 발전시키고 있는 사고의 맥은 Bion(1962)과 Ogden (1979)에서 시작되었는데, 그들은 정신분석을 Freud(1900/1953)가 처음 소개했던 것과는 상당히 다른 것으로 변형시켰다. 정신분석 실제에서 Freud의 주요 목표는 환자의 억압된 무의식의 파생물을 의식화하는 것이었다. 그는 환자의 억압된 충동, 두려움, 욕망을 밝혀내기 위해 꿈 해석에 주로 의존했다. Freud의 꿈 해석에서 환자의 꿈에 나타난 무의식적인 심리적 갈등을 해석하는 작업을 시작하는 사람은 환자가 아니라 환자의 의식과 무의식 사이에 위치한 분석가이다.

Freud와 근본적으로 다른 출발을 하고 있는 Bion은 치료사가 환자의 불완전한 무의식 작업을 이해하기 위해 보다 미묘한 접근 방식을 취해야 한다고 제안했다. Bion에게 꿈꾸기는 무의식적 사고와 동의어이며, 무의식적 사고는 우리가 할 수 있는 가장 풍부한 사고의 형태이다. 분석가의 작업을 설명하면서 그는 치료사가 발견한 것을 파괴하지 않기 위해서는 "잠재적으로 드러날 수 있는 어떤 대상에 도달했다고 생각할 때, 삽이나 부삽이 아니라 훨씬 더 부드럽고, 잘 드러나게 하며, 덜 파괴적인 것…… 낙타 털로 만든 솔을 사용해야 하는"(Bion, 1977, pp. 32-33) 고고학자가 되어야 한다고 상상했다. 환자들이 분석에서 무의식적으로 드러내고 있는 내용을 이해하기 위해 Bion은 자신의 레브리와 환자가 소통한 것에 대한 자신의 정서적 반응에 의존했다. Bion에게 레브리는 분석 회기의 특정 순간에 발생하는 무의식적 측면을 직감(intuit)하는 방식으로 분석가가 사용할 수 있는 깨어 있는 꿈꾸기이다. 이는 치료 과정으로서 분석에 꼭 있어야 하는 부분이다.

Freud는 분석가가 환자의 무의식적 경험을 인식하는 다른 방법이 있음을 일찍이 인식했다. 그는 초감각적 의사소통이나 텔레파시를 실행 가능한 경로로 보았다. "한 인간의 무의식이 의식을 통하지 않고도 다른 인간의 무의식에 영향을 미칠 수 있다는 것은 매우 놀라운 일이다. …… 그 사실은 논쟁의 여지가 없다"(1915/1957, p. 194). 그리고 Freud는 여러 출판물(Freud, 1921/1955a, 1922/1955b, 1933/1964)에서, 이러한 사고 과정(thinking)을 정교화했다. "…… 텔레파시에 가까운 사고 전이가 존재한다. …… 사고 전이는 사람의 정신 과정이 단어와 기호를 통한 친숙한 의사소통 방법을 사용하지 않고도 빈 공간을 통해 다른 사람에게 전이될 수 있다고 주장한다"(Freud, 1933/1964, p. 39). 그는 환자와 분석가가 무의식적인 지각에서 비롯된 비언어적 신체 단서를 통해 무의식적인 사고를 포착할 수 있다고 제안했다. Freud는 환자에서 분석가에 이르는 무의식적 의사소통에 대해 논의했지만, 분석가에서 환자에 이르는 무의식적 의사소통에 대해서는 설명하지 않았다. 정신분석의 이러한 측면은 내가 이 책에서 다루고 있는 정신분석 접근의 중요한 부분이다.

Klein은 자신의 투사적 동일화 개념과 전능 환상을 사용하여(Klein, 1946/1952), 환자가 자신의 무의식적 환상과 원초적 불안을 분석가 '안으로(into)' 투사한 것이라고 이해한 이론적 틀을 형성했다(Klein, 1946/1952). 그녀는 환자가 무의식적 환상 속에서 자기의 위험한 부분을 분석가 안으로 몰아내고, 분석가의 내면에서 분석가를 장악한다고 생각했다. 이처럼 무의식적 환상 속에서 환자가 자기의 위험한 부분을 배출하는 것은 파괴적인 내적 대상으로부터 자신을 보호하려는 노력일 뿐만 아니라, 자기의 부분을 사고할 수 있고 자신의 안전한 일부로 만들 수 있는 형태로 변형시키는 데 타자의 도움을 요청하는 환자의 시도이기도 하다.

Freud와 Klein의 생각을 바탕으로, Bion(1962, 1987, 1992)은 꿈꾸기에 대한 그 자신의 개념화(conception)를 사용하여 무의식적인 마음과 의식적인 마음을 재개념화했다. 나는 이것이 정신분석적 사고에서 패러다임의 전환을 나타낸다고 생각한다. Bion의 관점에서 보면, 마음의 측면은 투과 가능한 '접촉 장벽(contact barrier)'을 넘어 상호변형적인 방식으로 서로 소통한다. 그는 접촉 장벽이 의식적인 마음과 무의식적인 마음 사이의 의사소통을 분리하고 조절하는 반투과성 막으로 기능한다고 생각한다. 이러한 내적 의사소통 과정은 발달의 가장 초기 단계에서 시작되어 정신적 변화와 성장이 일어나는 매개로서 꿈꾸기의 형태(우리가 잠들어 있을 때나 깨어 있을 때 모두)로 계속된다. 내가 말했듯이, Bion에게 꿈꾸기는 무의식적 사고하기와 동의어이다. 무의식적 사고하기는 우리의 가장 풍부한 사고하기의 형태이며, 다른 유형의 사고하기와는 별개로 의식적인 2차 과정 사고하기나 1차 과정 사고하기보다 훨씬 더 생성적이다.

지난 수십 년 동안 Ogden(1979, 2017)은 Bion의 꿈꾸기 이론을 정교화했고 Klein의 투사적 동일화 이론을 확장했다. Ogden은 분석가로 하여금 환자의 투사에 정서적으로 순응하도록 하는 '매우 중요한 내적 압력'이 있다는 자신의 이해를 덧붙였다. 그는 단순히 환자의 바람대로 사고하는 것이 아니라 환자의 꿈속의 한 인물로서 자신을 경험해야 한다는 압력을 받고 있음을 염두에 두고 있다. 환자는 이러한 방식으로 분석가를 지배하려고 시도하면서 투사에 순응하도록 분석가에게 실질적인 대인관계적 압력을 행사한다. 분석가가 압력에 수동적으로 희생되는 대신 이 경험을 꿈꿀 수 있다면, 분석가는 환자가 할 수 있었던 것보다 더 성숙한 방식으로 대응할 수 있다. 이런 방식으로 분석가는 환자의 사고할 수 없는 사고를 대신 사고하고, 그의 개입과 환자에게 언어적 · 비언어적으로 반응하는 방식을 통해 환자가 사고할 수 없고 통합할 수 없었던 것을 환자가 '사고할 수 있는' 형태로 사용할 수 있게 한다.

나는 이 책에서 지속적인 레브리와 자기 분석을 통해 투사를 수용하고 처리하는 분석가의 능력에 환자가 의존하는 방식들에 대한 생각을 전개할 것이다. 환자와 분석가가 분석 회기의 경험을 함께 꿈꾸는 과정에 참여할 수 있을 때, 환자와 분석가 모두에게 심리적 성장이 일어날 수 있다. '함께 꿈꾸기'를 한다는 말은 분석가가 환자가 현재 성취할 수 있는 것보다 (예를 들면, 레브리 상태와 같은) 좀 더 성숙한 상태에서 환자를 꿈꾸고, 환자가 어린 시절 가장 필요로 했던 사람 혹은 환경으로 분석가를 꿈꾸는 과정을 염두에 둔 것이다.

함께 꿈꾸기에 이르기 위해서 분석가는 매 순간 '공동 창조한 꿈 사고'와 접촉된 상태에 있어야 하며(Ogden, 2004) 자유로이 기능하는 상상(레브리 경험)에 자신을 맡겨야 한다.

다음으로 이어지는 장들은, 환자와 나의 마음이 서로를 떠올려 꿈을 꾸고 환자와 분석가 둘만이 꿀 수 있는 무의식적 꿈을 함께 꿈꾸는 과정에 참여할 때, 환자들과의 분석 작업에서 무슨 일이 일어났는지를 보여 준다. 우리는 어둠에 웅크려 있던, 심지어는 환자가 경험조차 하지 못했던 환자의 삶의 측면이 분석 환경에서 (대부분 꿈의 형태로) 생생하게 살아나게 되는, 말로 표현되기도 하고 표현되지도 않는 소통에 참여한다.

앞으로 논의될 몇몇 임상 경험에서 나는 전이에서 불안의 리딩 엣지(leading edge)[1]라고 생각했던 것에 대해 말로 해석을 했지만, 결국 내가 실수를 하였고 이 환자들과 대화하는 방식을 바꾸어야 한다는 것을 깨달았다. 환자의 꿈에 내가 한 인물로 등장하는 경험에서 비롯된 불안감에 사로잡혀, 우리(분석가와 환자) 사이에 일어나는 꿈꾸기에 참여하거나 살아 있지 못했던 순간들이 있었다. 이 경우 나는 환자와의 회기를 꿈꿀 수 없었고, 대신 정신적으로 환자의 꿈속에 한 인물로 등장하였다. 달리 말하면, 나는 나를 불안하게 하는 형식으로 환자의 꿈에 등장하는 분석가가 되었다. 시간이 지나면서 내가 발표할 분석 작업 중 일부에서 나는 나 자신을 환자의 정신증적 꿈 사고의 한 인물로 경험하고 있다는 것을 이해하게 되었는데, 이

[1] 역자 주: Heinz Kohut은 Jules Miller를 교육 분석하면서 '트레일링 엣지'와 '리딩 엣지'라는 용어를 사용했다. 이후 Kohut의 동료 Marion Tolpin이 자신의 논문에 최초로 사용하면서 정신분석학계에 통용된 용어다. 분석 회기에서 트레일링 엣지란 환자가 과거 외상 경험의 반복을 예상하거나 반복하게 될 때 작동하는 관계 양식이고, 리딩 엣지는 발달을 촉진하는 모든 관계 양식이다[상호주관적 자기심리학. George Hagman, Harry Paul, Peter B. Zimmerman 편저. 조난숙, 이세형 공역(2024), 학지사].

는 Bion(1962/1967)이 정신증적 환자의 꿈꾸기가 지닌 환각 특성으로 묘사한 사고하기의 유형이다. 환각적 특성이란 환자의 꿈 경험이 너무 압도적이어서 그것을 분석가에게 비워 내는 측면을 의미한다.

다른 경우에서, 나는 진정한 레브리를 사용하는 대신 오히려 기계적인 사고하기를 사용하고 있다는 것을 깨닫게 되었다. 불확실성에 대한 내성(tolerance)이 필요할 때, 나는 방어적인 '알기(knowing)'에 사로잡혀 있었다. 이러한 경험은 분석가가 꿈꾸고 있다고 느끼지만 실제로는 목적이 없는 순환적 사고 과정에 빠져 있을 때, 분석가가 참여하는 사고하기의 본질에 관해 지속적인 비판적 자기 인식(self-awareness)을 유지하는 것이 얼마나 복잡하고 중요한지를 보여 준다. 이에 대한 예는 내가 외상적 상실을 겪고 있는 환자와 작업하는 동안 발생했다. 나는 분석 초기에 '과도한' 공감, 알기 및 이해를 특징으로 한 방어로 개입했다. 나는 그녀의 외상에 머물러 주면서 그녀가 상실과 함께 살아가기를 시작할 수 있도록 그녀와 함께 꿈꾸기를 하기보다는 도리어 그녀를 2차 과정적 사고하기에 몰아넣음으로써 감정의 강렬함에서 물러나 있었다.

이제 이 책의 각 장별 진행에 대해 간략히 설명하겠다. 나는 제2장에서는 두 가지 사례를 다루는데, 환자와 함께 꿈꾸는 것(환자를 꿈꾸는 것과 환자가 꿈꾸는 것)이 어떻게 환자가 이전에는 꿈꿀 수 없었던 정서적 경험의 일부를 꿈꿀 수 있게 했는지 소개하겠다. 첫 번째 사례에서 환자는 처음에는 주로 외상 후 악몽이었던 자신의 꿈들을 '끝낼' 수 없었는데, 그 이유는 스스로 꿈을 꿀 수 없는 불안한 부분(환각적 요소들)으로 인해 정신을 잃고 그 결과 마음이 없는 사람이 되어 자신을 잃게 될 것이라는 두려움 때문이었다. 분석 작업이 어느 시점에 이르렀을 때, 환자는 자신의 불안한 부분을 꿈꾸기 시작했고 그가 이전에 느꼈던 것보다 더 안정감을 느끼며 깨어나는 것에 놀라워했다. 이후 우리는 그가 꿈을 꿀 수 없어 두려움에 휩싸여 깨어났던 그의 초기 경험에 대해 이야기할 수 있었다.

그다음, 나는 분석이 진행되는 데 필요한 무의식적인 심리적 작업을 수행하면서 시각적으로 표상되지 않는 방식으로 내가 꿈을 꾸어야 했던 환자의 분석을 논의하겠다. 환자는 10대 아들이 교통사고로 사망한 후 정서적으로 철수한 상태였다. 그녀는 꿈을 꿀 수 없었고, 내 개입을 활용할 수도 없었으며, 유일하게 만족할 수 있는 해결책은 아들이 마법처럼 돌아오는 것뿐이라고 느꼈다. 나는 신체적 반응(손가락이 차갑고 무감각해지며 위가 불편해지는)에 대한 인식을 통해, 결국 그녀가 알 수 없고 소화할 수 없는 것을 내가 담고 소화하려 하고 있음을 알아차렸다. 그때가 되어서야 나는 그녀가 우리 둘 모두에게 가장 고통스럽고 꿈도 꿀 수 없었던 일, 즉 그녀의 아들이 그녀를 떠나갔고 죽었다는 사실을 인정하는 꿈을 꾸기 시작하도록 도울 수 있었다.

제3장은 집단 내에서의 꿈 경험에 대한 탐색이다. 여기서 나는 Bion(1959)의 정신분석 이론이 갖는 가장 중요하지만 가장 잘 알려지지 않은 공헌 중 하나, 즉 개인의 마음(사고 능력)과 개인이 속해 있는 집단의 사고방식의 관계에 대한 연구를 다룰 것이다. Bion은 개인과 집단을 구분하지 않았다. 집단의 한 구성원에게 일어난 일은 집단의 모든 구성원에게 일어난다. 집단에 일어나는 일은 집단의 모

든 구성원에게 일어난다. 우리의 인식이나 의도와 상관없이 우리는 항상 집단의 영향을 받고 있다. 나는 개인의 집단 경험이 환자의 건강하면서도 제한적인 정신 구조를 형성하고 유지하는 데 중요한 측면이라고 생각하게 되었다. 나는 집단의 정신이 개인 분석에서 인식될 수 있고 개인 경험의 지속적인 맥락으로 작용하는 방식을 논할 것이다.

내가 제시하는 분석 문헌에서 가져온 사례에서, 환자는 자신이 속한 크고 작은 집단들에 의해 형성된 무의식적 신념들을 꿈꿀 수 없었다. 환자가 속했던 집단의 신념은 좋든 나쁘든 환자가 자신의 삶을 살아가는 방식에 영향을 미쳤다. 더 나아가, 그녀가 이러한 이해를 바탕으로 무엇을 할 수 있는지에 관한 가능성(나는 이것이 깨어 있는 꿈꾸기의 한 형태라고 생각함)을 가지고 놀 수 있게 되었을 때만, 그녀는 자신의 것처럼 느껴지는 선택을 할 수 있었다.

제4장에서는 환자가 억압된 갈등의 발현으로 꿈도 꾸지 못할 정도로 극심한 불안에 시달렸던 임상 경험을 자세히 제시한다. 그는 몸의 움직임이라는 매개를 통해서 나와 가장 잘 소통할 수 있었다. 예를 들어, 내가 그를 만나러 갔을 때 그가 대기실 바닥에 누워 있는 것을 본 적이 있다. 환자는 자신의 몸에 억눌려 있던, 꿈으로 꿀 수 없었던 경험들을 변화시키기 위해 고군분투하고 있었다. 오랜 시간이 지난 후에도 환자는 분석에서 성장을 이룰 수 없었다는 것이 분명해졌다. 나는 개입의 주된 방식으로 언어적 해석을 사용한 것이 효과적이지 않았음을 깨달았다. 나는 그의 비언어적(대부분 신체적인) 의사소통에 대한 반응으로 내가 경험했던 레브리를 바탕으로 알

게 된 개입을 사용하기 시작했다. 내가 그에게 나의 레브리 경험에 대해서 반응하지 않고 레브리 경험에 반응하여 말하기 시작했을 때, 환자는 나와 함께 자신의 경험을 더 잘 꿈꿀 수 있게 성장하였다. 환자와 나는 이전에는 신체화되고 환자 홀로 또는 분석가인 나와 함께 꿈꾸는 것이 단절되었던 경험을 함께 꿈꿀 수 있게 되었다. 예를 들어, 나는 나의 목소리의 톤과 속도, 표정, 기타 신체 움직임을 통해 전달하는 내용뿐만 아니라 내가 말하는 소리도 내 말의 의미만큼이나 중요하다는 것을 더욱 깨닫게 되었다. 그가 대기실 바닥에 누워 있던 것을 발견했을 때 그랬던 것처럼, 때때로 내 감정을 말로 표현할 수 없을 때면, 그와 조용히 앉아 있곤 하였다.

제5장에서는 상세한 임상 사례를 통해 내가 분열의 개념을 어떻게 이해하고 있는지, 그리고 그 개념을 활용하여 어떻게 환자의 변화를 추적하고 환자에게 일어나는 변화에 따라 나의 접근 방식을 조정하는지를 설명할 것이다. 처음에 나는 병리적 분열과 건강하지만 미성숙한 형태의 분열을 구별하지 못했다. 나는 분열을 단순히 원초적인 방어 수단으로만 여겼고, 초기 정서 발달과 건강한 심리적 성숙 과정에 미치는 역할을 이해하지 못했다. 제5장에서 나는 분열의 두 측면, 즉 원초적인 방어(편집-분열적 자리의 측면)로서의 분열과 새롭고 보다 복합적인 대상관계를 향한 건강한 움직임으로서의 분열을 제시할 것이다.

우리가 자신의 경험을 더 잘 꿈꿀 수 있게 되고 결국 더 성숙한 무의식적 경험을 함께 꿈꿀 수 있게 되면서, 이 환자와 함께한 나의 작업은 진화되었다. 나는 점차 투사적 동일화의 경험에서 잘 벗어나 내가 꿈꾸고 경험했던 것에 대해 나 자신에게 그리고 궁극적으로는 환자에게 충분히 상징화하고 이야기할 수 있게 되었다. 이를 통해 나는 내가 꿈꾸었을 때의 경험에 대해 말할 수 있게 되었을 뿐만 아니라 그 경험에서 비롯된 것에 대해서도 말할 수 있게 되었다. 분석 회기 사이에 우리가 겉보기에 상대방의 꿈과 '상응하는' 꿈을 경험했을 때, 우리는 무의식적으로 '같은 파장'에 있다는 것을 깨닫게 되었다. 사실 우리는 마치 각자가 꿈을 꿀 수 없었던 것을 함께 꿈꾸기 시작하고 있는 것처럼 느꼈다. 환자는 내가 자신을 거부할까 봐 두려워서 공개적으로 표현하기가 두려웠던 것, 곧 나에게 매력을 느끼는 것에 대해 꿈을 꿀 수 있었다. 그리고 나의 꿈 경험은 이전에는 환자뿐 아니라 나 자신도 인정하지 않았던 환자를 향한 애정과 친밀감을 담고 있었다. 이런 생각을 표현함으로써 우리 각자는 스스로 꿈꿀 수 없었던 것을 함께 꿈꾸기 시작했다.

제6장에서는 K(아는 것과 알고자 욕구하는 것)와 −K(알지 못함과 알고자 욕구하지 않는 것)에 대한 Bion의 개념을 탐구한다. 나는 시기심에 의해 촉발되는 독특한 경험으로서의 Bion의 −K 개념을 확장하여, 시기심에 의해 유발되지 않은 그래서 꼭 병리적일 필요가 없는 형태들을 −K에 포함한다. 알고자 하는 욕구(K)와 상충되는 것은 때때로 알지 못함(−K)으로 인해 정신적으로 생존하려는 욕구이다.

나는 여기서 −K를 건강하게 사용하는 두 가지 예를 제시한다. 첫째, 먼저 자신의 혈통에 대한 진실(그리고 그가 자신도 모르게 아버지를 죽이고 어머니와 결혼했다는 사실)을 알고 싶어 하지 않는(−K) Oedipus의 신화를 다룬다. 신화에 담겨 있는 역설적인 교훈은 평생

이러한 진실에 대해 스스로 '눈을 멀게' 했던 Oedipus가 결국 진실(K)을 알게 되었고, 그가 삶의 정황에서 살아남아야 했던 방식 자체를 상징적으로 수용한 것으로 문자 그대로 스스로를 눈멀게 한 것이다. Oedipus가 하나의 삶, 곧 인간적으로 비극적인 삶을 살아 내려 했을 때, 알지 못함은 건강하면서도 인간적으로 이해 가능한 −K의 사용이었다.

병리적이지 않은 −K에 대해 내가 제시하는 두 번째 예는 심각한 정신질환 환자와 관련된다. (사실 우리가 함께 분석 작업을 시작했을 때, 그녀가 나를 만난 적이 있다는 것을 믿으려 하지 않는) 부정적인 환각을 사용함으로써 나를 제거할 정도로 심리적 생존을 위해 알지 못함(−K)을 이용했다. 이 환자는 깨어 있을 때 일어나는 사건과 꿈을 꾸고 깨어나는 동안 일어나는 사건을 구별할 수 없었고, 분석 시간 동안 이 두 가지를 혼동했다. 이 환자와의 분석 작업에서 나는 분석 회기의 대화에서 환자가 자신의 경험을 꿈꾸도록 촉진하였다. 예를 들어, 어느 시점에서 환자는 어머니와의 관계를 다음과 같이 설명했다. "어머니가 말씀하셨어요. 어머니의 삶에 내가 한 번도 있어 본 적이 없었다고." 나는 환자가 방금 말한 것을 꿈꿀 수도, 온전히 경험할 수도 없었을 것이라 느끼면서, 환자에게 "방금 말씀하신 내용을 반복하고 싶습니다. 선생님은…… 한 번도…… 한 번도…… 어머니의 삶에 있어 본 적이 없네요." 목소리 톤과 억양의 변화를 통해 그녀의 말을 반복하고 각 음절을 발음하는 동안, 나는 그녀가 알고 있지만 아직 완전히 알 수 없었던 것을 강조하고 있었다. 나는 그녀가 그녀에게 허구처럼 보였던 자신의 일부를 생생하게 구현하도록 도왔다. 그녀가 '부서지지' 않고 자신의 원초적이고 정신증적인 측면을 나와 자신에게 맡기는 위험을 감수하기 시작하면서, 그녀는 내가 그녀를 죽이지도 않고 나 자신도 미치지 않으면서 그녀가 거기에서 살아남도록 도울 수 있다는 더 큰 확신을 지닌 채 마음을 내려놓은 것이 어떤 것인지 더 자유롭게 경험하게 되었다.

제7장에서는 회복력의 양면성과 유아기 외상을 감당하는 방법으로서 회복력을 발달시킬 때 발생할 수 있는 잠재적 한계를 탐구한다. 나는 회복력이 우리의 경험을 꿈꾸는 것의 반대 자리에 있다고 본다. 나는 환자가 유아기에 보였던 자원 활용 능력, 강렬한 독립성, 극심한 외상에 대응해 즉각적인 적응 조치를 취하는 능력에 대해 설명한다. 환자의 이러한 반응성은 그녀가 외상 경험을 꿈꾸고 살아낼 수 있는 가능성을 차단했고, 이는 그녀의 정신 발달을 크게 제한하는 것으로 이어졌다. 우리가 함께한 작업은 그녀를 지속적으로 살아 있게 해 주었지만, 그녀의 경험을 꿈꿀 수 있는 건강한 능력을 억압해 왔던 그녀의 회복력의 본질을 이해하는 과정이기도 했다.

제8장에서는 폭식증 환자가 꿈을 꿀 수 없었던 것을 표현하기 위해 자신의 몸을 어떻게 활용했는지 설명한다. 환자는 상징적으로 표상되지 않았기 때문에 심리적으로 경험할 수 없었던 것을 표현하기 위해 몸을 사용해야 했다. 나는 이 임상적 논의에서 '자신의 경험에 따라 살아가는 것(being lived by one's experience)'과 '자신의 꿈꾸기를 살아 내는 것(living one's dreaming)' 사이의 차이를 자세히 설명한다.

이어서 제9장과 제10장에서 인간관계의 특정 형태에 대한 설득력 있는 탐구를 담은 두 편의 영화를 소개한다. 영화는 꿈과 마찬가지로 시각적 이미지를 사용하여 의미를 생성하기 때문에 영화를 소개하는 장을 이 책에 포함했다.

제9장에서는 Akira Kurosawa가 감독한 영화 〈데르수 우잘라(Dersu Uzala)〉에 등장하는 두 인물의 일반적이지 않은 우정과 복잡한 정서적 유대를 살핀다. 이 영화에서 거친 시베리아 황야인 우수리 침엽수림 지대에 살고 있는 원초적인 덫 사냥꾼 Dersu Uzula는 숲에 둘러싸인 안전한 곳에서 러시아 지리학자이자 지도 제작자인 Vladimir Arseniev의 캠프를 살펴보고 있다. 이들은 각자 이전에는 꿈도 꿀 수 없었고, 완전히 경험하거나 표현할 수 없었던 자기의 다른 측면을 발견한다.

제10장에서는 영화 속 주인공들의 꿈의 세계와 현실 세계를 예술적으로 결합한 Tom Tykwer 감독의 영화 〈헤븐(Heaven)〉을 다룬다. 영화 전반에 걸쳐 관객은 주인공들이 현실에서 경험의 요소들을 처리해 나가는 과정을 통해 이들의 무의식적인 삶 사이를 오가게 된다. 영화 속 주인공들이 꿈에 있는 것처럼 허구의 세계를 경험하듯이 관객들 역시 자신들이 꿈을 꾸고 있는 것인지, 현실을 인식하고 있는 것인지 확신할 수 없게 된다.

참고문헌

Bion, W. R. (1959). *Experiences in groups*. Tavistock.

Bion, W. R. (1962). *Learning from experience*. Basic Books.

Bion, W. R. (1967). A theory of thinking. In *Second thoughts* (pp. 110-119). Aronson. (Original work published 1962).

Bion, W. R. (1977). *Taming wild thoughts*. Karnac Books.

Bion, W. R. (1987). *Clinical seminars and four papers*. Fleetwood Press.

Bion, W. R. (1992). *Cogitations* (F. Bion, Ed.). Karnac Books.

Freud, S. (1953). *The interpretation of dreams*. In J. Strachey (Ed. & Trans.), *The standard edition of the complete psychological works of Sigmund Freud* (Vol. 5, pp. 339-630). Hogarth Press. (Original work published 1900).

Freud, S. (1955a). *Group psychology and the analysis of the ego*. In J. Strachey (Ed. & Trans.), *The standard edition of the complete psychological works of Sigmund Freud* (Vol. 18, pp. 67-144). Hogarth Press. (Original work published 1921).

Freud, S. (1955b). *Dreams and telepathy*. In J. Strachey (Ed. & Trans.), *The standard edition of the complete psychological works of Sigmund Freud* (Vol. 18, pp. 195-220). Hogarth Press. (Original work published 1922).

Freud, S. (1957). The unconscious. In J. Strachey (Ed. & Trans.), *The standard edition of the complete psychological works of Sigmund Freud* (Vol. 14, pp. 159-215). Hogarth Press. (Original work published 1915).

Freud, S. (1964). Dreams and occultism. In J. Strachey (Ed. & Trans.), *The standard edition of the complete psychological works of Sigmund*

Freud (Vol. 22, pp. 31-57). Hogarth Press. (Original work published 1933).

Klein, M. (1952). Notes on some schizoid mechanisms. In M. Klein, S. Isaacs, P. Heimann, & J. Riviere (Eds.), *Developments of psychoanalysis*. Hogarth Press. (Original work published 1946).

Ogden, T. H. (1979). On projective identification. *International Journal of Psychoanalysis, 60*, 357-373.

Ogden, T. H. (2004). This art of psychoanalysis: Dreaming undreamt dreams and interrupted cries. *International Journal of Psychoanalysis, 85*, 857-877.

Ogden, T. H. (2007). Elements of analytic style: Bion's clinical seminars. *International Journal of Psychoanalysis, 88*, 1185-1200.

Ogden, T. H. (2017). Dreaming the analytic session: A clinical essay. *Psychoanalytic Quarterly, 86*, 1-20.

제2장

Freud의 꿈 작업에서 Bion의 꿈꾸기 작업으로

정신분석 이론에서 꿈꾸기에 관한 개념의 변화

"우리는 진실에 의해 파괴되지 않기 위해 예술 행위를 한다." - Nietzsche(n.d.)

I

꿈은 역설적으로 알려지지 않은 진실로부터 우리를 보호하는 동시에 그 알려지지 않은 진실을 우리에게 알려 준다. 꿈은 과거, 현재, 그리고 가능한 미래 경험의 잔재를 붓으로 자유로이 화폭에 옮겨 놓으면서 시간을 초월한 몽타주를 그려 낸다. 꿈의 진정한 의미는 완전히 알려질 수도 없고 말해질 수도 없다. 꿈은 진행 중인 작업(works in progress)이며 (우리가 열려 있다면) 우리가 가장 직면하기 어려운 진실을 이해할 수 있는 기회를 제공한다. 그러나 그러한 진실은 항상 우리가 감당할 수 있는 것을 넘어선다. 모든 꿈에서 우리는 어느 정도 우리의 정서적 경험과 관련된 진실 대부분을 회피한다.

최근 한동안은 정신분석의 초점이 꿈에서 멀리 옮겨진 것 같았다. 나는 이것이 적어도 부분적으로는 정신분석가들이 Freud의 기념비적인 공헌을 넘어서는 방식으로 꿈에 대해 생각하기를 꺼려 한다는 것을 반영한다고 생각한다. 간단히 말해서, Freud의 거대한 유산은 이후 이론가들이 현대 분석가에게 패러다임 전환을 요구하는 새로운 관점에서의 꿈 작업을 재고하려는 시도를 단념하게 했다.

Bion은 꿈꾸기를 심리적 기능의 핵심에 두고 꿈 이론의 강조점을 '꿈의 상징적 의미에서 **꿈꾸기의 과정으로**'(Ogden, 2007) 이동시킴으로써 이러한 전환을 이루었다. 그는 꿈의 상징적 **내용보다는** 우리가 꿈을 꾸는 **방식**에 더 관심을 갖는다(Bion, 1962). Bion에게 꿈꾸기는 사고하기와 느끼기(feeling)[1]를 통한 진실 추구를 의미한다. 그는 인간 발달의 추동력은 진실에 대한 추구이며, 우리가 경험한 것의 실재를 발견하고자 할 때 정신은 꿈꾸기를 통해 발달한다고 생각한다.

이 장에서 나는 꿈꾸기에 관한 Bion의 두 가지 생각을 전개할 것이다. (1) 모든 꿈의 측면은 우리 자신에 대한 가려진 진실에 어느 정도 접근할 수 있게 해 주는 진행 중인 작업이라는 생각(Bion, 1962), (2) 모든 꿈은 또한 또 다른 측면이 있는데, 그것은 진행 중인 작업이 아니며 시각적 환각과 동등한 요소들이라는 생각, 곧 Bion이 스스로 제안했지만(Bion, 1992) 생전에 결코 발전시키거나 발표하지는 않은 것이다.

---

[1] 역자 주: 맥락에 따라 느낌 혹은 감정으로도 옮겼다.

II

Freud의 꿈 작업과 Bion의 꿈꾸기 작업

Freud는 신화의 창조자, 선견자, 신경학자, 그리고 악령 같은 설명에 의존하는 전통으로부터 꿈에 대한 연구를 구해 냈다.[2] 그는 이전에는 알려지지 않았고 알 수 없었던 무의식의 깊이를 탐색하고 조직할 수 있는 새로운 가능성을 제공하는 과학적 접근 방식으로 꿈을 이해하고자 하였다.

Freud는 『꿈의 해석』(1900/1953a)을 "내가 이룩한 모든 발견 중에서 가장 가치 있는 것이다. 이 통찰은 일생에 한 번뿐인 운명 같은 것이다."(p. xxxii)라고 생각했다. 그러나 Freud가 『자아와 이드(The Ego and the Id)』(1923/1961b)에서 자신의 구조적 모델을 소개했을 때 많은 사람은 그것이 "꿈에 대한 임상적 강조의 중요성을 눈에 띄게 감소시킬 정도로 꿈 분석과 관련이 없다."(Waldhorn, 1967, p. 52)고 느꼈다. 크리스연구집단(Kris Study Group)은 Freud가 지형학적 모델에서 구조적 모델로 중심을 옮기면서, 정신분석가들을 꿈에 대한

[2] 역사적으로 꿈은 신화의 일부로 생각되었다. 꿈은 꿈 해석가를 통해 미래를 예언하는 데 사용되었으며 "악마와 신의 더 높은 힘에 의해 넘을 수 없거나 적대적인 표상"으로 간주되었다(Freud, 1900/1953b, p. 633). "오늘날 공중정찰 없는 군사 작전이 불가능한 것처럼 이전에는 꿈 해석가가 없는 군사 작전이 불가능해 보였던 때가 있었을 것이다. Alexander 대왕이 정복을 시작했을 때 그의 마차 안에는 가장 유명한 꿈 해석가들이 동승하고 있었다"(Freud, 1916/1961a, pp. 85-86).

관심에서 멀어지게 했다고 보았다(Waldhorn, 1967).[3]

홍미롭게도 Freud의 공헌은 너무나 혁명적이어서 꿈꾸기에 대한 더 이상의 이론화를 멈추게 하는 결과를 가져왔다. Freud는 그의 동료 분석가들이 꿈에 대한 자신의 열정을 공유하지 않는다는 사실에 대해 안타까워했다. 현대의 많은 분석가는 꿈이 정신분석 임상에서 "특별한 위치"(Freud, 1933/1964b, p. 7)에 있고 "다른 방법으로는 접근할 수 없는 자료"(p. 7)에 대한 접근을 가능하게 한다는 Freud의 견해에 동의하지 않으며, 꿈은 "단순히 분석 탐구에 유용한 여러 유형의 자료 중 하나일 뿐"(Waldhorn, 1967, p. 57)이라고 생각한다. Freud(1933/1964a)는 자신의 『새로운 정신분석 강의(New Introductory Lectures)』에서 다음과 같이 말했다. "분석가들은 더 이상 꿈에 대해 할 말이 없는 것처럼, 마치 꿈 이론에 더 이상 추가할 것이 없는 것처럼 행동한다"(p. 8). (즉, Freud가 꿈에 대해 이미 모든 것을 말한 것처럼.) 이 말 속에는 Freud의 실망이 분명하게 담겨 있지만, 정신분석가들에게 꿈에 관한 연구를 계속하라는 강력한 요청도 담겨 있다.

꿈꾸기 이론에 대한 Bion의 재개념화는 아마도 정신분석학 역사에서 큰 패러다임 전환 중 하나일 것이다. Bion은 꿈꾸기에 관한 자신의 작업을 "Freud가 시작하였지만 이후 이어지지 않은 탐구를 정당하게 확장한 것"으로 생각했다(Bion, 1992, p. 73). Freud의 꿈 이론이 무의식의 파생물이 의식화되는 방식을 이해하기 위한 모델을 제

---

[3] 지형학적 모델은 마음을 무의식, 전의식, 의식 '수준'으로 표현한 고고학적 은유이고, 구조적 모델은 이드, 자아, 초자아로 구성된 '집단'의 은유이다.

공하는 반면, Bion의 꿈 이론은 정신이 의미를 부여하면서 정서적 경험을 처리하는 방식에 대한 모델을 제공한다. 그는 꿈꾸기를 의식적 사고에 지속적이고도 동시적으로 발생하는 정서적 경험의 무의식적인 처리 과정으로 해석한다.

Freud와 Bion의 꿈꾸기 이론의 차이점을 고려할 때, 서로 다른 현상을 지칭하면서도 유사한 용어를 사용하기 때문에 종종 혼란이 발생한다. Bion은 "기존의 생각의 반영(penumbra)에 의해 …… 제한을 받지 않으면서도"(Bion, 1962, p. 2) 동시에 자신의 아이디어를 위해 Freud의 것을 완전히 제쳐 두지 않은 채 Freud의 꿈 작업 이론을 확장했다. Bion은 "나는 Freud가 그 용어로 묘사한 현상에 대해서 '꿈' 이라는 용어를 항상 사용할 것"(Bion, 1992, p. 95)이라고 썼다. 그리고 다시, "'꿈 작업'이라는 제목은 이미 큰 가치의 의미를 지니고 있다. 나는 이미 그것과 관련된 생각 중 일부를 확장하고 다른 생각들을 제한하고 싶다"(Bion, 1992, p. 62)라고 썼다. (결코 출판되기를 원치 않았던) Bion의 개인 기록인 『숙고(Cogitations)』(1992)에서 발췌한 이 인용들은 Bion이 현상을 새로운 관점에서 생각함으로써 어떻게 우리가 '꿈'이라고 생각하는 것의 의도된 의미를 확장할 수 있었는지 보여 준다.

다음의 역사적 · 이론적 · 임상적 개요의 고찰에서, 나는 환자가 아닌 분석가가 꿈에서의 무의식적인 심리적 갈등을 해석하는 작업을 시작한다는 Freud의 생각에 초점을 맞추고, "치아 자극 꿈(dental stimulus dream)"(Freud, 1900/1953a)에 대한 그의 작업을 검토하여 이를 입증할 것이다. 그런 다음, 정서적 경험을 처리하는 가장 근본적인 방법으로서의 꿈꾸기에 대한 Bion의 개념을 논의하겠다. 이와 관련하여 나는 『숙고』(Bion, 1992)에서 발췌한 한 문단을 자세히 해석할 것이다. 이 인용문에서 Bion은 한발 물러나 자신의 꿈꾸기 이론에 의문을 제기하는데, 그 과정에서 꿈꾸기가 (Bion의 다른 모든 관점과는 구별되는 새로운 관점에서) 정서적 작업이 멈춘 상태의 반영일 수 있다는 가능성을 생각하게 한다. 마지막으로, 나는 Bion의 꿈꾸기를 보는 다양한 방식을 결합하여, 모든 꿈은 무의식적으로 진행 중인 사고하기(thinking-in-progress)이지만 꿈꾸는 사람이 완전히 꿈꿀 수 없는 요소들도 담고 있는 것으로 볼 수 있다고 제안할 것이다.

III

Freud의 꿈 작업

오늘날 대부분의 독자는 Freud(1900/1953b)의 꿈이 순전히 생리학적 과정인 "수면의 수호자"(p. 678)라는 단 하나의 목적에 기여한다는 사실을 깨닫고는 놀라워한다. Freud(1916/1961a)는 다음과 같이 말했다. "(어떤) 꿈도 꾸지 않는 수면이 가장 좋고 유일하게 고유한 수면이다. 수면 중에는 정신적 활동이 있어서는 안 된다"(p. 89). 10년쯤 지나서 Freud는 다음과 같은 글을 쓰면서 이와 같은 생각을 반복하였다. "꿈에는 단 하나의 유용한 과제, 단 하나의 기능이 있는데, 그것은 수면이 방해받지 않도록 수호하는 것이다"(Freud,

1923/1961b, p. 127).

Freud는 "억압된 것의 귀환(return of the repressed)"의 위협과 관련된 불안이 너무 커서 사람이 꿈에서 깨어난다고 말한다. 이 은유는 정신적 성장을 매개하는 무의식적 변형의 은유라기보다는 (나중에 논의할 Bion의 소화계 은유와 대조되는) 압력-밸브 은유이다.

> 수면의 상태는 외적 세계에 대해 아무것도 알고 싶어 하지 않는다. 현실에 관심을 두지 않으며, 관심을 가진다 해도 단지 수면의 상태를 포기하고 깨어나는 것과 관련될 때만 …… 모든 꿈의 본질적인 특성들은 수면을 조건 짓는 요소에 의해 결정된다(Freud, 1915/1957, p. 234).

'수면의 수호자'로서 꿈은 불안한 사고로 인해 수면이 방해받지 않도록 하는 심리적 기능을 수행한다. 억압된 유아의 소망이 사고에 접근하기 위해 압력을 가하고 검열되지 않거나 허술하게 위장된 경우, 이는 사람을 깨울 정도로 불안을 주는 형태로 전의식 수준에 진입한다.

Freud는 꿈꾸는 사람이 꿈을 통해 불안한 정서적 경험을 다루는 데 도움이 되는 심리적 작용을 수행한다고 생각하지 않는다. 오히려 그는 꿈꾸기가 아동기에 기원을 둔 억압된 성적 충동의 긴장으로 인한 압도적인 불안의 위협을 소멸시킨다고 생각한다. 이 견해는 인간의 정서 발달이 (성적 충동과 그 파생물로 경험된) 본능에 의해 주도되며 성적 긴장과 표현을 길들이는 것이 일차적인 발달의 원동력이라고 제안한다.

Freud는 우리가 오직 수면 중에만 꿈을 꾼다고 보았으며, 검열이 약화되고 마음이 자발적인 근육 조직으로부터 단절됨으로써 시각적 표상이 자유로워져, 그 결과 억압된 것의 파생물이 꿈에 나타날 수 있게 된다고 주장했다. 꿈은 안전밸브 역할을 하여 수면을 보호하고, 무의식적인 충동으로부터 올라오는 긴장을 충분히 풀어 줌으로써 수면이 계속되도록 한다. 너무 많은 리비도적 또는 공격적 에너지가 방출되면 꿈꾸기를 통한 상징 형성 능력이 과도하게 된다. 무의식적인 긴장이 그토록 강렬해지면 꿈꾸는 사람은 수면에서 깨어나게 된다. 압력은 마음의 한 부분에서 다른 부분으로 옮겨지지만, 분석가가 압력의 원인이 된 무의식적 갈등을 해결하는 데 도움이 되는 해석을 하지 않는 한, 기본적인 정서적 긴장은 계속해서 존재한다. 혼자 꿈꾸는 동안 수행되는 작업은 '억압된 것의 귀환'을 감시하고 규제하는 것으로 제한된다.[4]

Freud는 또한 꿈을 꾸는 동안 전의식과 무의식의 마음이 서로 소통하는 방식을 탐구했다. 그는 사고하기의 1차 과정과 2차 과정, 무의식의 상태와 의식의 상태, 수면 상태와 깨어 있는 상태를 명확하게 구분했다(Freud, 1911/1958 참조). 수면 동안에는 깨어 있는 삶의

---

[4] "사실 마음속의 어떤 것이 즉시 접근할 수 없게 되어 보존되는 억압에 대한 비유로서, 폼페이의 희생자가 되어 매장이 되었다가 삽으로 파내는 작업을 통해 희생자가 다시 한번 세상에 드러날 수 있다는 비유보다 더 적절한 것은 없다"(Freud, 1906/1959, p. 40). 억압된 것은 그대로 유지된다. 해석 작업을 수행하는 분석가 없이는 어떤 성장도 이루어지지 않는다.

논리(및 근육 조직)와 단절된다. 우리의 주의의 초점은 온전히 자신의 내적 삶을 관리하는 데로 향한다(Freud, 1903/1953b, p. 608).

꿈 작업은 아동기의 성적 소망, 두려움, 갈등과 같은 무의식적(잠재적) 내용을 압축 원리에 따라 외현적 내용으로 바꾸어 놓는다. "꿈 작업의 첫 번째 성취"(Freud, 1916/1961a, p. 171)는 변장을 위해 여러 개념을 하나로 축소한다. 전치는 "(좀 더 거리가 있는) …… 암시로 무언가를 대체하는 것"(Freud, 1916/1961a, p. 174)이고, 표상은 "사고를 시각적 이미지로 변형한 것"(Freud, 1916/1961a, p. 175)이다. 이렇게 변장하는 정신 작용을 통해, 금지된 소망은 무의식적 파생물이 "의식적인 마음에 자유롭게 접속"(Freud, 1915/1957, p. 149)될 수 있는 방식으로 변경된다. 꿈 작업은 검열, 편집, 타협을 성취하며, 이를 통해 개인은 유아적 소망을 (검열관을 지나) 전의식과 의식의 마음에 '은폐'시킴으로써 그와 관련된 수면을 방해하는 긴장을 소멸시킬 수 있다. 꿈 작업의 변장과 은폐 기능에는 (성숙을 촉진하는) 심리적 작업이 내재되어 있지 않다.

Freud의 꿈 해석에서, 의식과 무의식 사이에 위치한 분석가는 꿈 작업의 방향을 거꾸로 되돌려 외현적 내용에서 시작하여 잠재적 내용으로 작업함으로써 환자의 꿈을 해석한다(Freud, 1916/1961a). 꿈 작업은 "잠재몽을 외현몽으로 바꾸는 작업이다. 외현몽에서 잠재몽에 도달하는 반대 방향으로 진행되는 (환자가 아닌 분석가) 곧 우리의 해석 작업은 …… 꿈 작업을 해체하는 작업이다"(Freud, 1916/1961a, p. 170).

> 꿈 사고와 꿈 내용은 두 가지 다른 언어로 된 동일한 주제의 두 가지 판본으로 우리에게 제시된다. 또는 더 정확하게 말하자면, 꿈 내용은 꿈 사고를 또 다른 표현 방식으로 번역한 것처럼 보이며, 원문과 번역문을 비교하여 그 표현의 방식과 문법적 구조를 식별하는 것은 우리(분석가)의 몫이다. 꿈 사고는 우리(분석가)가 알아차리는 순간 즉시 이해될 수 있다(Freud, 1900/1953a, p. 277).

Freud의 이러한 진술은 환자의 꿈을 해석하는 분석가의 일차적인 역할에 대해서는 분명하게 강조하고 있지만, 환자 스스로 꿈을 해석하거나 이해하는 환자의 역할에 대해서는 중요시하지 않고 있다. 이는 현대 대부분의 분석가가 꿈꾸기에 대해 생각하는 방식과 상충된다.

분석가는 외현적 내용을 잠재적 내용과 연결함으로써 환자 스스로가 할 수 있는 것보다 더 많은 일을 꿈을 통해 할 수 있다. Freud는 꿈의 잠재적 내용을 해석하는 분석가의 기술을 다음과 같이 설명한다. "환자가 연상을 멈추면 …… 우리가 직접 개입한다. 우리는 암시를 채워 부인할 수 없는 결론을 도출하며, 환자가 자신의 연상에서 접촉한 것만을 드러내어 말해 준다"(Freud, 1933/1964b, p. 12). 일단 여기까지 이르게 되면, "꿈에 대한 관심은 …… 대부분 끝이 난다"(Freud, 1933/1964b, p. 17). "(마치) 조각 그림 맞추기처럼 다른 대안적인 해결책은 없다"(Freud, 1933/1964b, p. 12). 이 문장과 다음의 인용문은 꿈 해석 작업을 거의 전적으로 분석가의 영역으로 보고 있는 Freud의 입장을 잘 보여 준다. 분석가는 "대체물에서 진짜 본질에 도달할 때까지 꿈꾸는 사람에게 떠오르는 관념들을 불러내고, 우리 자신(분석가)의 지식에 기초하여 상징을 상징이 의미하는 것으로 대체한다"(Freud, 1916 /1961a, p. 170).

Freud는 환자가 꿈꾸기의 행위에서 논리적이고 생산적인 사고하기를 하지 않는다고 말했을 뿐만 아니라 꿈에 대한 환자의 연상조차도 2차 과정의 사고하기를 포함하지 않는다고 생각한다.

> 꿈에서 판단 형성의 표면적 활동으로 드러나는 모든 것은 꿈 작업의 지적 성취가 아니라 꿈 사고의 재료에 속하며, 그것들로부터 끌어올려져 꿈의 외현적 내용으로 나타난 것으로 이해되어야 한다. 나는 이 주장을 좀 더 밀고 나갈 수 있다. 수면에서 깨어난 후 기억해 낸 꿈에 대해 내려진 모든 판단과 이러한 꿈의 재생으로 인해 우리에게 불러일으키는 감정조차도, 꿈의 잠재적 내용의 일부를 형성하며 (분석가의) 해석에 포함되어야 한다(Freud, 1900/1953b, p. 445).

여기서 Freud는 환자가 깨어난 후 표현하는 연상까지도 꿈의 잠재적 내용의 일부로 봄으로써 1차 과정 사고하기와 2차 과정 사고하기를 더욱 분리하는 것처럼 보인다.

Freud의 문헌에서 가장 많이 인용된 금언 중 하나는 "**꿈의 해석은 마음의 무의식적 활동에 대한 지식으로 가는 왕도이다.**"(Freud, 1900/1953b, p. 608)이다. 이 금언은 종종 "꿈은 무의식에 이르는 왕도이다."와 같이 축약되어 오해의 소지를 낳았다. 이렇게 축약해서 사용하게 되면 Freud가 강조했던, 즉 **분석가의 꿈 해석**(꿈 자체나 환자 자신의 꿈에 대한 해석이 아닌)을 통해서야 꿈꾸는 사람의 무의식적인 정신 활동을 이해할 가능성이 열린다는 결정적인 생각이 모호해진다. 꿈 분석에서 환자의 주요 역할은 자유로이 연상하는 것이고, 분석가의 꿈 해석에 반응하여 이후에 2차 과정 논리로 사고하기와 말하기를 하는 것이다.

IV

Freud의 꿈에 대한 연구

Freud(1900/1953b)는 『꿈의 해석』에서 '치아 자극 꿈'을 소개했는데, 이는 Freud가 분석가의 꿈 해석에 부여한 중요성과 모든 해석이 어떻게 억압된 성적 기억, 생각, 욕망 및 두려움을 드러내는지를 보여 준다. Otto Rank의 동료의 환자가 꾸었던 이 꿈은 Freud에게 그의 꿈 이론이 어떻게 만들어졌는지 보여 줄 기회를 제공해 주었다.

(Otto Rank의 동료를 통해 수행된) Freud의 꿈 해석은 이를 뽑기 위해 치과 의사를 방문하는 꿈의 외현적 내용으로부터 꿈 형성의 단계를 역으로 따라가며 거꾸로 작업한다. Freud(1900/1953b)는 그가 쓴 서문에서 독자에게 이 꿈은 억압된 유아기 성욕을 표현하기 위해 "치아 자극"(p. 387)이 사용된 전형적인 꿈이라고 말한다.

이렇게 독자에게 꿈에 대해 어떻게 생각해야 하는지 안내한 후,

Freud는 Rank의 동료의 환자가 Rank에게 보낸 꿈을 소개한다.

> 얼마 전 나는 치과에 가서 치과 의사가 내 아래턱에 있는 어금니를 드릴로 뚫고 있는 꿈을 꾸었다. 그는 치아가 쓸모없게 될 정도로 오랫동안 작업했다. 그런 다음 그는 집게로 그것을 집어서 아주 쉽게 꺼냈고 나는 놀라워했다. 그는 자신이 실제로 치료하고 있는 치아가 아니기 때문에 그것에 대해 걱정하지 말라고 말했고, 그것을 테이블 위에 올려놓았다. 그곳에서 치아(지금은 앞니인 것처럼 보임)가 여러 층으로 떨어져 나갔다. 나는 호기심으로 의자에서 일어나 그것에 가까이 다가가서 관심 있는 의학적 질문을 던졌다. 치과 의사는 눈에 띄게 하얀 치아의 여러 부분을 분리하여 기구로 빻으면서(가루로 만들어), 이것이 사춘기와 관련이 있으며 사춘기 이전에는 이가 쉽게 빠지는 것이라고 설명했다(Freud, 1900/1953b, p. 388).

꿈을 보고한 후, Rank는 "꿈꾸기 전날의 경험과 사고가 꿈의 해석을 위한 자료를 제공한다."(Freud, 1900/1953b, p. 389)라고 말한다. 환자는 최근 치과 치료를 받았고, 실제로 치과 의사가 환자가 원하는 것보다 더 오랫동안 치료했던 아래턱의 치아에 지속적인 통증이 있다고 밝혔다. 꿈을 꾸던 날, 그는 치과를 방문했는데, 치과 의사는 통증이 아마도 뽑아야 할 치아, 즉 '사랑니' 때문에 발생한 것일 거라고 말해 주었다.

Rank는 동료의 해석에 기뻐하며 Freud에게 다음과 같이 보고했다. “내 동료가 제시한 (자위 욕망에 대한) 해석은 너무나 적절한 것이어서 난 어떠한 이의도 제기될 수 없다고 생각합니다. 그것에 추가할 것이 아무것도 없습니다”(Freud, 1900/1953b, p. 391). 억압된 자료를 ‘발췌’하고 이를 해석의 형태로 환자에게 제공함으로써 분석가의 꿈 해석은 완료되고 Freud, Rank, Rank의 동료 및 환자 모두가 동의한다고 말한다.

Freud는 다음과 같은 자신의 논지를 독자에게 남겨 놓는다. 꿈은 분석가에게 꿈의 외현적 내용을 잠재적 내용의 ‘언어’로 해석하도록 요구하는, 위장된 무의식적인 유아의 성적 소망의 산물이다. 나는 Freud의 정식화에, 잠재적 내용이 원래는 꿈의 이미지와 서사적 ‘언어’를 통해 전의식과 의식에 제시된다는 생각을 추가하고 싶다. 따라서 분석가가 꿈의 외현적 내용을 잠재적 내용의 언어로 ‘되돌려’ 해석할 때, 사실상 그는 처음으로 잠재적 내용의 언어를 말의 상징 형식으로 해석하고 있는 것이다.

이러한 잠재된 내용을 말로 상징화한 판본은 환자에게 해석으로 제시되고 “…… 사춘기 기간의 자위적 욕망이 바로 동력이 된다.”(Freud, 1900/1953b, p. 385)라고 해석한다.

단계별로 꿈을 해석하는 방법을 제시함으로써, Freud는 후대의 정신분석가들에게 꿈 해석을 위한 강력한 모델을 남겼다.

V

Bion의 꿈꾸기에 대한 재개념화

> 여기 누군가는 『꿈의 해석』이라는 책을 쓰는 대신 『사실의 해석(The Interptretation of Facts)』이라는 책을 써서 (분석가에 의한) 왜곡된 해석으로서뿐 아니라 ('왕도의 도상'에서) 쌍방향의 소통을 위해 그것을 꿈의 언어로 해석해야 한다(Bion, 1980b, p. 31).

이 진술에서 Bion은 꿈을 다루는 Freud의 개념('꿈의 해석')에다가 자신만의 정서적 경험을 다루는 방식('사실의 해석')을 추가한다. Bion의 방식은 의식적 사고와 무의식적 사고 사이의 '쌍방향 소통'을 허용한다. Bion에게 정신분석은 가장 근본적으로 사실과 날것의 감각 인상, 즉 요소적 '사실'을 해석하는 작업이지 꿈을 해석하는 작업이 아니다. 왜냐하면 꿈은 그 자체로 우리가 이미 사실을 해석한 방식이기 때문이다. 곧 우리가 정서적 경험에 대해 성공적으로 사고한 방식이다. 꿈은 꿈꾸는 사람이 마주한 현재의 정서적 현실, 즉 "외부의 정신적 현실이나 내적인 정신적 현실의 경험"(Bion, 1992, p. 45)에 대한 해석이다.

Bion의 꿈꾸기에 대한 공개념화(conceptualization)의 기본 전제에 따르면, 꿈꾸기가 마음의 주요 정신분석적 기능이며(Ogden, 2004), 결과적으로 우리가 꿈을 꿀 수 없을 때 정서적 경험을 통한 본질적인 의식적이고 무의식적인 심리적 작업을 수행할 수 없다. "적절하게 먹고, 마시고, 호흡하지 못하는 것은 삶 자체에 치명적 결과를 가져온다"(Bion, 1962, p. 42). "정서적 경험을 사용하지 못하면 성격 발달에 유사한 재난이 발생한다. …… (여기에는) …… 성격의 죽음과 같은 …… 정신병적 악화가 포함된다"(Bion, 1962, p. 42). 그는 다음과 같이 쓰고 있다.

> '느껴진 욕구'(자신의 정서적 경험을 의미 있게 만들고자 하는 환자의 욕구)가 매우 중요하다. 적절한 의미와 중요성이 부여되지 않는다면, 환자의 진짜 질병(정신병리학=꿈을 꿀 수 없는 무능력)은 꿈의 해석에 대한 분석가의 고집(즉, 분석가는 꿈을 해석하는 과정에서 환자가 꿈을 꿀 수 없다는 사실을 보지 못한다)에 의해 간과되고 모호해진다(Bion, 1992, p. 184).

한동안 Bion은 꿈꾸기를 개념화하는 방법으로 알파 기능이라는 은유적 개념을 사용했다. 그는 '알파 기능'을 "정서적 경험과 관련된 감각 인상(베타 요소)을 알파 요소로 변환하는"(Bion, 1962, p. 17) 아직 발견되지 않은 정신 기능 조합(Bion, 1962, p. 38)으로 설명한다. 알파 기능이 베타 요소를 알파 요소로 바꾼 후에야 이는 꿈꾸기에 적합한 꿈 사고로 응결된다. "알파 기능은 감각 인상을 알파 요소로 변환하는데, 이는 …… 꿈의 …… 시각적 이미지와 동일할 수 있고"(Bion, 1962, p. 7), 꿈 사고를 창조하는 정신적 재료를 제공하며(Bion, 1962/1967, p. 115), 정서적 문제에 상징적 형태를 부여함으로써 개인이 그것을 생각하고 꿈꿀 수 있게 한다(Bion, 1962; Meltzer, 1983; Grotstein, 2000, 2002, 2007; Ogden, 2007).

Bion은 알파 요소의 축적된 산물을 지칭하기 위해 '꿈 사고'라는 용어를 사용했다(Bion, 1962). 꿈 사고는 해결해야 할 정서적 문제의 다양한 측면에서 파생되고 표상되는 경험의 연결된 요소들로 구성된다. 정서적 경험이 연결되지 않은 베타 요소의 형태로 남아 있으면, 베타 요소는 꿈 사고의 형성에 사용될 수 없는 '소화되지 않은 사실'이 된다(Bion, 1962, p. 6).

베타 요소는 "꿈 사고를 구축하는 데 사용될 수 없으며 결과적으로 심한 성격 질환과 도착 등 투사적 동일화에서의 비우기를 위해서만 사용될 수 있다"(Bion, 1962, p. 6). 투사적 동일화는 의사소통뿐만 아니라 정신적 비우기의 기능도 포함한다. "환자는 생애 초기부터 자신이 원하지 않거나 원하는 감정을 어머니가 느끼도록 만들 수 있는 방식으로 행동할 수 있을 만큼 충분한 현실과의 접촉을 가지고 있다"(Bion, 1962, p. 31).

Bion은 정신증자의 사고장애와 혼란이 꿈을 꿀 수 없는 무능력과 관련이 있다고 결론 짓고는, (정신증 환자에 대한 해석에서) "환상이나 꿈이 없으면 자신의 문제를 생각해 낼 수 있는 수단이 없다."(Bion, 1962, pp. 25-26)라고 말했다. 정신증 환자는 의식적 경험과 무의식적 경험의 차이를 구분할 수 없거나 현실의 실제 사건과 환각, 꿈, 환상을 구별할 수 없으므로, 이들의 꿈은 진정한 사고의 형태가 아니며 심리적 성장에 기여하지도 않는다.

달리 말해서, 정신증자의 '꿈'은 '꿈이 아닌 꿈'이다. 정신증자의 꿈에서는 어떠한 진정한 무의식적인 심리적 작업도 수행되지 않으며, 환자는 수면 중 환각 경험으로부터 배울 수 없다. 「환각에 대하여(On Hallucination)」(1967, p. 78)라는 논문에서, Bion은 "(정신증자의) 꿈은 환각의 많은 특징을 보여 주었기 때문에 …… 상담실에서의 환각 경험은 정신증적 꿈을 밝히는 데 도움이 될 수 있다."(1967, p. 78)라고 제안한다.

Bion(1962/1967)은 성격의 정신증적 측면과 비정신증적 측면 모두가 모든 꿈에 기여한다고 생각한다. 그는 정신증적이고 경계선 정신증적 성격뿐만 아니라 (정상적인) 성격의 정신증적 부분에서도 진정한 꿈꾸기를 할 수 없는 것처럼 보이는 성격의 부분을 확인했다(Bion, 1962, p. 54). 이는 베타 요소, 곧 환각 요소에 의해 지배되어 생각하거나 경험에서 배우거나 심리적 작업을 수행할 수 없는 자기의 부분들(심지어 가장 건강한 사람들 안에서 만나는)이다.

환자의 꿈을 해석해 주는 분석가는 꿈의 어떤 부분 혹은 꿈 일부가 수면 중에 발생하는 불안을 일으키는 정신적 사건으로, 꿈인 것처럼 보이지만 꿈이 아니며 '꿈이라는 이름을 보증'하지도 않는다는 사실을 놓칠 수 있다(Bion, 1962; Ogden, 2005). 이렇게 꿈과 비슷한 상상적 경험에서 환자나 분석가 모두 진정한 연상을 하지 못하며, 이 경험에서는 무의식적인 심리적 작업이 거의 또는 전혀 성취되지 못한다.

Bion은 무의식적인 심리 작업 능력의 발달이 어머니-유아의 관계에서 시작된다고 본다. 이때 어머니의 마음은 유아의 베타 요소를 유아의 기초적인 알파 기능이 처리할 수 있는 형태로 변형하는 데 도움을 줄 수 있다.

'꿈꿀 수 없는 꿈들' 또는 꿈 중에서 꿈꿀 수 없는 부분들은 아직 알파 기능에 의해 변형되지 않은 베타 요소로 간주될 수 있다. 이들은 아마도 어머니-유아 상황에서나 이후 불안하거나 외상적인 정서적 경험에서 꿈꿀 수 없었던 것의 잔재일 수 있다.

꿈꾸어지지 않은 꿈 사고들은 정신증의 분열된 주머니들로 남아 있다(Bion, 1962). Ogden(2007)은 이것을 '꿈꿀 수 없는 경험'이라고 지칭하였고, 이는 정신신체질환, 분열된 정신증, '정서가 해리된(dis-affected)' 상태(McDougall, 1984), '자폐증 주머니'(Tustin, 1982), '심각한 도착'(de M'Uzan, 1984) 및 중독(Ogden, 2007, p. 577)과 같은 형태로 개인에게 꿈꾸어지지 않은 꿈으로 남아 있는 수많은 외부로부터 받은 외상이나 정신 내적인 힘으로 인해 발생된다고 하였다. 이러한 꿈의 부재(non-dreams)에서는 어떤 심리적 작업도 이루어지지 않는다. 대신, 폐제(foreclosure)되고 상징화되지 못한(non-symbolic) 경험에서 파생된 증상이 생성된다(de M'Uzan, 1984; Schneider, 2003a, 2003b).

Bion(1962)은 이러한 꿈의 부재를 사고하기 없음(non-thinking)의 한 형태로 생각했다.

> (이는) 원치 않는 …… 정서적 경험을 통제하고 배출할 목적으로 꿈의 시각적 이미지를 사용하는 것을 포함한다. 그러면 꿈의 시각적 이미지는 환각화된, 말하자면 인위적으로 만들어진 담는 것으로 느껴진다. 곧 성격이 위험 없이 담아 줄 만큼 매우 견고하지 않

> 으며, 배출 과정에 필요한 기구로 기능하기에는 너무 약하다고 느끼기 때문에 이러한 정서적 경험을 안아 주고 보유하며 안으로 들이기 위한 담는 것이다(Bion, 1992, p. 67).

Ogden은 이것을 담기는 것(꿈 사고)이 담는 것(꿈꾸기 능력)을 압도하고 파괴한다고 설명한다(Ogden, 2004, p. 4). 꿈꾸기는 담는(즉, 사고하기) 기능이다. 그러나 꿈 사고가 지나치게 불안을 일으킨다면, 꿈 사고(담기는 것)는 꿈꾸기 능력(즉, 담는 것)을 압도할 수 있다.

Bion의 작업에는 이야기화되지 않은 베타 요소들이 분열되어 비워지거나 사고되지 않은 정서적 경험으로 남아 있다는 전제가 내포되어 있다. 해결되어야 할 정서적 문제는 결코 완전히 비워지지 않았기 때문에 정체되어 있으면서도 골치 아픈 심리적 실재감이다. 비워내기 직전, 그 순간 꿈을 꿀 수 없는 경험을 인식한다. 이러한 인식이 (분석에서) 작업을 계속하도록 압박하는 (성격의 정신증적 부분에서) 불편한 인상을 남겨 놓는다. '건강한 꿈'에도 정신증적 요소와 비정신증적 요소가 모두 있다. 말하자면 "현실과의 접촉은 결코 완전히 사라지지(비워지지) 않는다. …… 현실로부터의 철수는 사실이 아니라 환영이며 투사적 동일화의 전개에서 발생한다"(Bion, 1962, p. 46).

Freud와 크게 다르게, Bion은 깨어 있는 동안의 무의식적인 경험 처리 과정과 수면 동안의 무의식적인 경험 처리 과정 사이에는 차이가 없다고 주장한다. 우리는 항상 정서적인 경험을 꿈꾼다. Bion은 다음과 같이 썼다. "Freud(1933/1964b, pp. 26-27)는 Aristotle가 꿈은 수면 중에 마음이 작동하는 방식이라고 진술했다고 말했다. 나는 꿈은 깨어 있을 때 마음이 작동하는 방식이기도 하다고 말하겠다" (Bion, 1992, p. 43).

> 수면 중에 발생하는 정서적 경험은 …… 깨어 있는 동안 발생하는 정서적 경험과 다르지 않다. 두 경우 모두에서 정서적 경험에 대한 지각은 꿈 사고를 위해 사용될 수 있기 전에 (무의식적인) 알파 기능에 의해 작용되어야 한다(Bion, 1962, p. 6).

즉, 깨어 있는 동안의 경험과 수면 중의 경험 모두는 심리적 작업이 수행되는 동일한 무의식적 사고 과정을 따른다. 성격의 비정신증적 부분은 항상 그것이, (1) 베타 요소들을 알파 요소들로 변형하고, (2) 꿈 사고들의 형성에서 알파 요소들을 연결하며, (3) 꿈 사고를 꿈꾸기의 형태로 생각할 때 내적 경험과 외부 경험을 의미화한다.

Bion은 꿈꾸기가 정서적 경험에 대한 사고하기이며, 꿈꾸기의 과정에서 의식적으로 겪은 경험이 무의식에 제공되어 심리적 작업이 가능해진다고 믿는다. 반면에 Freud는 무의식적인 마음은 현실적인 사고하기(논리적, 2차 과정의 사고하기)를 할 수 없으며 '꿈 작업' (Freud, 1900/1953a)의 기능은 '억압된 것의 귀환'으로부터 의식의 마음을 보호함으로써 수면을 계속하게 하는 것으로 생각한다. Bion은 분석 회기에 꿈을 가져오는 환자들은 이미 꿈꾸기의 행위 자체에서 심리적 작업을 시작했다고 생각한다. 환자들은 자신의 꿈을 해석받기 위해서가 아니라, 스스로 완전하게 꿈꿀 수 없었던 꿈의 측면을 분석가와 더불어 꿈꾸기를 계속하기 위해서 자신의 꿈을 분석가에게 가져온다.

Bion은 Freud의 '의식' 이론이 불완전하다고 느꼈고 "지속적으로 함께 생성되는 의식과 무의식은 마치 쌍안경처럼 기능하므로 상관관계와 자기 존중(self-regard; 즉, 자기 인식)이 가능하다."(Bion, 1962, p. 54)라고 제안했다. 즉, 그들은 서로 다른 정점에 서서 서로를 보고 상대로부터 혜택을 받는다. 건강할 때 우리는 꿈꾸기의 반투과성 '접촉 장벽'(1962, p. 17)을 통한 쌍방향 대화로 의식과 무의식 사이를 자유롭게 이동할 수 있으며, 둘 사이의 의사소통을 허용하면서 경험의 일부 요소는 의식할 수 있고 또 다른 일부는 무의식에 남겨 둘 수 있다.

Freud의 말을 반영하여, Bion은 우리가 수면 중에 외부 세계에서 오는 대부분의 감각 인상을 차단하고 우리의 모든 관심을 내면으로 돌리는데, 이로 인해 수면은 우리의 정서적 경험(꿈꾸기)의 무의식적 사고를 위한 이상적인 시간이 된다고 한다.

> 수면이 꼭 필요한 이유 중 하나는 의식을 중단함으로써 의식적으로 깨어 있는 동안 성격이 경험하지 못하게 했던 정서적 경험들을 알파 요소와 이야기 형식으로 전환시키는 것을 가능하게 하기 때문이다(Bion, 1992, p. 150).

> 나는 꿈, 곧 실제적인 정서적 경험들은 내가 깨어 있는 동안 경험하지 않았거나 스스로에게 경험하도록 허용할 수 없는 정서적 경험들이 아닌가 생각한다(Bion, 1992, p. 149).

VI

진행 중인 작업으로서 Bion의 미발달된 꿈 관념

> 나는 당신 스스로를 위하여 ('답'을) 찾는 것이 중요하다고 생각한다. 나는 내가 남긴 간극을 메꿀 기회를 당신에게 주고자 한다 (Bion, 1980a, p. 5).

Bion은 정신분석 이론을 발전시키기 위해서는, 각자 자신의 독특한 경험을 바탕으로 사고할 자유가 있어야 한다고 생각한다. 이러한 신념에 따라 Bion은 의도적으로 자신의 글에서 확실한 결론을 내리지 않은 관념을 제시하고, 독자가 자신의 관념을 사용하여 스스로 뭔가를 하도록 초청하는 꿈꾸기 이론을 우리에게 넘겨준다 (Schneider, 2005a, 2005b. 2005c). "독자는 이러한 (모호한 관념을) 스스로 명확히 하려는 노력이 보람 있게 느껴질 수 있으며, 단지 내가 직접 수행하지 않아서 그에게 강요된 일이라고만 느끼지는 않을 것이다"(Bion, 1962, p. ii).

꿈을 '진행 중인 작업'으로 보는 나의 많은 생각은 Bion이 고려했지만 결코 발전시키지 못한 사고에서 비롯된다. 사실상 Bion이 출판한 글 전체에서, 그는 꿈을 정서적 경험에 의미를 부여하는 과정으로 생각했다. 말하자면 꿈꾸기란, 문제가 있는 날것의 정서적 경험(베타 요소로 등록됨)이 의미 있는 정서적 경험(알파 요소)으로 바뀌어 꿈꾸는 사람이 무의식적인 심리적 작업을 수행할 수 있는 과정이다. 꿈은 해결 과정에서 겪는 정서적 경험의 표상이다.

그러나 『숙고』의 1959년 8월 10일 자 글의 마지막 문단에서 Bion은 이러한 꿈꾸기의 개념이 완전히 틀릴 수 있다고 생각한다. 어쩌면 우리의 꿈은 우리가 무의식적으로 생각할 수 없었고 그래서 투사적 동일화를 통해서 꿈의 형태로 비워 내고 있는 정서적 경험들로만 구성된 것일지도 모른다.

> 나는 일반적으로 꿈으로 보고되는 것(심지어 건강한 상태에서도)이 우리에게 소화불량의 징후로 간주되어야 하지만, 단순히 신체적인 소화불량은 아니라고 제안한다. 오히려 꿈은 정신적 소화불량의 증상으로 받아들여져야 한다. 또는 좀 더 정확하게 표현하자면, 환자가 우리에게 꿈을 보고할 때, 그것으로 의미하는 바가 우리 모두가 일반적으로 꿈으로 이해하는 것이라고 할 때, 그 보고된 꿈은 꿈 작업 알파의 실패가 있었다는 징후로서 받아들여져야 한다.[5] 물론 실패는 내가 방금 (정신증 환자에게서) 설명한 투사적 동일화를 위한 시각적 이미지의 사용과 같은 원인에서 기인할 수도 있지만, 꿈 작업 알파의 실패에는 다른 더 일반적인 원인이 있으며, 투사적 동일화를 위한 꿈 이미지의 사용에 환자가 의지하는

[5] Bion은 '꿈 작업 알파'(나중에 알파 기능이라고 불렀던 것과 동의어임)라는 개념을 통해 Freud의 수면 중 꾸는 꿈에다가 깨어 있을 상태에서 일어나는 꿈 활동을 더하였다.

> 정도에도 그 원인이 있다. 꿈(모든 꿈)을 꿈 작업 알파의 실패의 증상으로 탐구하는 일은 내가 꿈 작업 알파라는 제목 아래 함께 묶은 일련의 가설을 재고해야 함을 의미한다(Bion, 1992, p. 68; 고딕체 추가).

여기에서 Bion은 자신이 가장 좋아하는 사고에 대한 은유 중 하나인 소화 기관을 사용하여, 꿈이 일부 정서적 경험이 아직 완전히 소화되지 않았다는 사실을 드러내는 '정신적 소화불량의 증상'일 수 있다고 말한다. Bion은 환자가 꿈을 보고할 때, 그 보고된 꿈은 '꿈 작업 알파의 실패'의 '한 증상으로 받아들여져야 한다'고 말한다. 꿈꾸기는 무의식적인 정서적 사고라는 그의 이론에 덧붙여, 그는 모든 꿈이 적어도 부분적으로는 정서적 경험을 처리할 수 없는 무능력을 반영할 수 있다고 제안한다. 꿈은 건강한 정서적 처리 과정을 표상한다기보다는, 상대적으로 건강한 환자가 분석가에게 가져온 꿈이라 해도, 그 꿈은 부분적으로는 '투사적 동일화를 위한 시각적 이미지', 즉 시각적 환각의 형태를 사용하게 된 정서 처리 과정의 붕괴를 표상할 수 있다. 꿈은 무의식적인 사고하기 과정에서의 교착과 한계를 드러낼 수 있다.

Bion은 꿈꾸는 사람이 무의식적 사고하기에서 (수면 중에) 성취해야 할 필요가 있는 것을 이미 성취했다면, 깨어났을 때 기억할 수 있는 종류의 꿈을 가질(만들) 이유가 없다고 주장한다. 이러한 관점에서 볼 때, 실패한 꿈, 사고되지 않은, 꿈꾸지 않은 꿈 사고는 시각적 꿈 이미지 속으로 비워진 다음 (막다른 상태에서) 그 시점까지 존재하지 않았거나 어쩌면 시작되지도 않은 사고하기 과정을 생각해 내는 데 도움을 받고자 분석가에게 가져온 것들이다.

그가 작업해 왔던 관념(그리고 그가 이전에 꿈꾸기에 대해 생각했던 것의 많은 부분)과는 반대로, Bion은 여기에서 모든 꿈(심지어 건강한 사람들의 꿈까지)이 정서적 경험에 대한 무의식적 사고하기를 반영하는 대신, 그 자체가 (시각적) 환각 또는 배설 과정의 형태로 나타나는 무의식적 사고하기의 실패를 표상할 수 있다고 생각한다.

Bion은 한 관점의 전제가 다른 관점의 전제와 같지 않은 서로 다른 정점에서 꿈꾸기를 바라보기 때문에 서로 모순되는 두 가지 말을 할 수 있다. Bion은 자신의 작업의 기본 과정을 처음부터 끝까지 보여 준다. 즉, 그(그리고 우리 모두)는 아무리 받아들일 수 없고, 비논리적이며, 모순적으로 보일지라도 모든 사고를 서로 다른 정점에서 자유롭게 생각할 수 있어야 한다고 본다. Bion은 혼잣말을 하듯 다음과 같이 질문한다. 꿈꾸기는 어떤 종류의 사고하기일까?(Bion, 1992, p. 67) 그는 꿈꾸기가 생성적 사고하기라고 제안한다. "왜냐하면 진정한 꿈은 삶을 촉진하는 것으로 느껴지기 때문이다"(p. 67). 그러나 이후 그는 스스로 이렇게 자문하는 것 같다. 만일 내가 꿈꾸기를 무의식적으로 꿈꾸어질 수 없거나 사고될 수 없는 것의 표상으로서 생각한다면 어떨까?(p. 67) 그렇게 되면 모든 것이 바뀔 것이다. Bion은 꿈이 시각적 환각이라는 생각을 제안하고 있다. "그것(수면 중 시각적 환각 경험)은 단지 삶을 촉진하는 현상의 출현일 뿐이라고 생각되기에, 환자가 꿈을 꿀 수 없다는 감각은 영향을 받지 않는다"(pp. 66-67). 즉, 환자가 꿈을 꿀 수 없다고 느끼는 것은 옳다. Bion은 환자들이 꿈을 꾸기 위해서는 '다른 사람의 마음'을 필요로

하는 꿈의 환각적인 부분을 자연스럽게 경계해야 한다고 제안하고 있다. 마지막으로, Bion은 자신(그리고 독자)에게 이렇게 모순된 사고들을 어떻게 다룰 것인지 묻는다(p. 67). 그가 이 질문을 하는 이유는 그가 모든 사고, 심지어 어떤 사고에 이르게 된 모든 것을 부정하는 사고까지도 생각할 수 있어야 하기 때문이다.

이 문단에서 Bion의 사고하기는 꿈의 모양을 따르는 것처럼 보인다. 그의 정신적 곡절진로(曲折進路)는 가치 있고 제한되지 않는 1차 과정 사고하기를 반영하지만, 이는 꿈에서와 마찬가지로 2차 과정 사고하기와 얽혀 있다. 나는 이 문단이, 다른 사람들이 발달시키도록 Bion이 남겨 놓은 가치 있는 관념을 포함한다고 생각한다. 즉, 모든 꿈은 수면 중 일어나는 시각적 환각이므로 사고되지 않고 사고할 수 없는 무의식적 사고하기의 잔재를 반영한다.

VII

진행 중인 작업으로서의 꿈과 정지 상태에서의 작업으로서의 꿈

환자의 꿈에 대한 나의 임상 연구를 바탕으로, 내가 방금 논의한 Bion의 꿈을 보는 두 가지 방식을 결합하는 것이 유익할 것 같다. 이러한 양안적 관점에서 볼 때 꿈에는, (1) 일부 심리적 작업이 수행된 요소와, (2) 어떤 작업도 수행되지 않은 요소가 담겨 있다. 많은 자기 이해를 끌어내는 꿈들에서도 꿈꾸어지지 못한 부분이 있다.[6] 마치 꿈에서 우리는 우리 자신과 대화를 나누는 것 같으며, 말할 수 없고 생각할 수도 없는 것들이 많이 남아 있다. 꿈에서 사고되지 않고 생각할 수 없는 부분은 우리가 가장 두려워하는 진실을 회피하고 있다는 사실을 반영한다.

환자들이 스스로 감당하기에 너무 불안한 정서적 경험들로 구성된 꿈을 분석가에게 가져오는 것과, 우리(분석적 쌍)가 어떻게 계속해서 함께 불안한 정서적 경험들을 꿈꾸는지에 대해 지금까지 많은 이야기를 했다. 물론 분석가로서 나는 환자의 꿈 중 환자가 이미 실질적으로 꿈을 꾼 부분, 즉 정서적 작업이 이미 이루어진 부분에 관심이 있다. 그러나 Bion이 말했듯이, "그러니까 우리는 당신이 알고 있는 것에 신경 쓸 필요가 없다. 우리는 우리가 모르는 모든 것을 다루어야 한다"(Bion, 1987, p. 158). 달리 말하면, 내 작업에서 나는 적어도 환자의 꿈 중 꿈꾸어지지 않은 부분, 즉 생각할 수 없고, 말로 표현할 수 없으며, 해석할 수 없는 부분에 관심이 있다. 이에 대한 분석은 환자의 자기 이해를 넘어 '생각할 수 없는 것'에 대한 인식까지 포함할 수 있다. 나는 환자가 꿈을 꾸려고 노력하지만 꿈을 꿀 수 없는 것, 즉 꿈에 나타나는 환각적 요소들에 매우 관심이 있다. 꿈의 환각적 측면을 다루는 작업에는 일반적으로 환자가 자신의 꿈을 이야

---

[6] 내가 "꿈을 꿀 수 없다."라고 말할 때, 나는 Bion(1970)이 'O'로 지칭한(Grotstein, 2000 참조), 시각적 이미지나 꿈 사고에 담을 수 없고 결코 우리의 경험으로 가져올 수 없으며 언제나 알려지지 않은 채로 남아 있는 우리 자신 안에 있는 궁극적인 신비를 말하는 것이 아니다.

기하는 동안 내가 경험하는 레브리 상태와 여러 감각 반응에 주의를 기울이는 것이 포함된다. 이런 식으로 나는 환자가 꿈에서 꿈꾸지 못한 부분을 계속해서 꿈꾸도록(또는 꿈꾸기를 시작하도록) 돕는다.

모든 꿈은 환각적인 요소를 포함하고 있지만, 어떤 꿈들은 다른 꿈들보다 더 분명하고, 또 일부 꿈들은 너무 미묘해서 나는 이런 꿈들을 쉽게 인식하지 못하거나 완전히 놓치는 경우가 있다. 악몽은 "꿈 사고를 생성하고 꿈을 꾸는 개인의 능력이 압도되는 지점에서 붕괴된" 불완전한 꿈꾸기의 한 형태이다(Ogden, 2004, p. 5). 악몽 속에서 환자들은 꿈 사고에 너무 겁을 먹어서, "다른 사람, 즉 '밤에 익숙한 사람'의 마음에게 악몽의 아직 꿈꾸지 못한 측면을 꿈꾸도록 도움을 청하면서 두려움의 상태에서 깨어난다"(Ogden, 2004, p. 5).

베트남 참전 용사인 T는 '내가 기억할 수 있는 한' 거의 매일 밤 같은 꿈을 꾸었는데, 이 꿈은 베트남 전쟁에서 메콩강을 자정에 순찰하는 포함의 '사수'로 활동했던 시절을 반영한다. 포함에서의 그의 경험은 생명의 위협을 두려워해야 하는 만성적인 공포 중 하나였고, '강둑의 지하 벙커에서 갑자기 튀어나오는' 저격수들에 의해 많은 친구가 '저격당하는' 것을 목격했던 경험이라고 설명했다. T는 불안하면서도 자부심을 비치며 '베트남'에서 돌아온 이후로 깨어 있을 때나 자고 있을 때나 '극도의 민감함으로 항상 경계 상태'라고 하였다. 그는 자신의 수면 패턴이 불규칙하다고 설명했다. 그는 짧은 시간 동안 잠을 자며, 아주 작은 소리에도 깜짝 놀라 잠에서 깬다. 그리고 그는 주변을 확인하고('경계를 안전하게 한 후') 다시 자려고 시도한다는 것이다.

매일 밤 그는 사소한 변화를 제외하면 동일한 꿈을 꾼다. 그는 처음으로 다음과 같은 꿈을 소개하였다. "지난밤 이상한 꿈을 꿨는데요. 우리가 지금까지 이야기했던 것과 얼마나 들어맞을지 모르겠어요. 하지만 선생님께서 저를 도와주실 수 있을 것 같아요." 꿈에서 그의 소총은 낡고 녹슬어 있었다. "그것은 마치 제1차 세계대전 때 땅에 묻혔던 것을 누군가가 발굴해 낸 스프링필드 소총 같았어요." 거기다가 포함은 보통 있어야 할 위장망도 쳐 있지 않았고 올리브색 페인트로 칠해져 있지도 않았다. 그가 초조하게 강둑을 살펴보고 있을 때, 베트콩들은 '튀어나오기' 시작하였고 그는 녹슨 소총의 약실에 총알(잘못된 구경)을 장전하려고 필사적으로 시도한다. 소총의 구멍이 막혀 있고 그는 공포로 마비됨을 느낀다. 총을 쏠 수 없고, 막혀서 총알을 발사할 수도 없다. 그는 당황해하며 잠에서 깬다.

T는 어떻게 생각해야 할지 몰랐다고 내게 말하고 있었다. (그의 총알처럼) "어떻게 거기에 맞추어 넣어야 할지 알 수 없어요." 그리고 그가 '마비된' 시점부터 그 꿈을 꿀 수 있도록 내가 도와주기를 원했다. 이 외상 후 T의 악몽 속에서 심리적 작업은 거의 이루어지지 않았지만, T는 계속해서 외상에 대한 '작업'으로 돌아갔다. 그는 자신의 심리적 상태를 꿈꾸기 상태로 전환할 수 없었다. 왜냐하면 그렇게 하기 위해서는 '자신의 경계를 내려놓아야' 하기 때문일 것이다. 이 공포로 인해 그는 집중된 주의와 문제 해결의 지속적인 행동 양식을 취하게 되었지만, 그로 인해 스스로 혹은 나와 함께 분석에서 꿈을 꾸거나 사고하기를 할 수 없었다.

T가 스스로 꿈을 꾸도록 허용한다면, 그는 이미지의 압도적인 영

향을 생각하고 느낄 것이며 정신증에 걸릴 위험을 감수해야 할 것이다. 그러나 오래된(익숙한) 이미지를 반복함으로써 심리적 작업은 거의 또는 전혀 달성되지 않았으며, 당시 그에게는 이것이 최고의 대안이었다. T는 공포 가득한 강에서의 현장을 통제하려고 노력하고 있었다. 즉, 비워 냄으로써 '알지 못함'의 끔찍스러운 상태를 제거하려고 시도하고 있었으며 그로 인해 그 경험을 꿈꾸지 못하고 있었다. 그럼에도 불구하고 이미지들이 '계속해서 튀어나왔다'. 정신적 현실은 너무 불안하여 그 결과 시각적 환각화 같은 것으로 변형되었다. 사고하기가 멈추었고 행동이 사고하기를 대신했다. 마치 그의 생명을 구하는 것이 (환각적으로) 적에게 시선을 유지하고 꿈을 꾸지 않거나 알지 못하는 것에 매달리는 것에 달린 것처럼 말이다. T의 환각적 사고하기는 그가 경험으로부터 배우는 것을 허용하지 않았다. 단지 그가 압도될까 봐 두려워했던 심리적 경험에서 잠시 벗어날 수 있게 해 주었을 뿐이었다.

얼마 후, T는 이렇게 말하면서 분석 회기를 시작했다. "나는 오늘 깨었을 때 기분이 좋았어요. 악몽을 꾸었는데도 불구하고요. 보통 이런 꿈들을 꾸면 (꿈을 꿀 마음을 먹지 못하는) 무서운 상태에 남겨지게 되지요. 하지만 이번에는 좋은 영화를 본 것과 비슷하다는 느낌이었어요." 자신이 꾼 꿈에 대한 반응에서 T는 무서운 꿈을 꾸고 나면 불안한 마음으로 깨어난다는 일반적인 생각을 표현하고 있었다. 불안하게 하는 것은 꿈 그 자체도, 우리가 꿈꿀 수 있었던 꿈의 일부도 아니다. 오히려 가장 무서운 부분은 우리 스스로 꿈을 꾸지 못하는 꿈의 부분(환각적인)이다. 왜냐하면 이 부분이 정서적으로 너무 압도적이기 때문이다. 나는 T에게 말했다. "당신의 꿈은 매우 다른 어떤 것을 가리키는 것 같아요. 당신이 꿈을 꿀 수 없을 때 당신은 겁에 질려 깨어나지요."

악몽 이외의 꿈에도 뚜렷한 환각적 요소가 포함되어 있다. 환각적 요소는 연상의 결여, 정신증적 사고하기-부재, 분석가나 환자 측의 신체 반응 등 다양한 방식으로 나타날 수 있다.

우리가 환자와 함께 있을 때 그리고 꿈에 대해 연상이 없는 것을 스스로 인정하고 싶지 않을 때, 우리는 언제나 뭔가를 떠올릴 수 있다. 이 장을 쓰면서 환자와 내가 전혀 연상하지 않은 꿈을 제시하는 것은 불가능할 것이다. 그렇게 하면 독자는 환자와 내가 단순히 의미 있고 설득력 있는 요소를 인식하지 못했다고 느낄 수밖에 없을 것이다. 독자는 로샤 카드를 연상하듯이 필연적으로 연상을 하게 될 것이다. 그러나 연상을 했다고 해서 카드나 꿈이 그와 무언가를 소통하고 있다는 의미는 아니다.

꿈꾸기의 환각적인 요소가 담긴 또 다른 경우는 내가 B 부인과 작업하는 중에 발생했다. 이 사례에서 나는 반드시 시각적인 표상의 형태일 필요가 없는, 무의식적인 심리적 작업을 수행할 수 있다는 가장 넓은 의미에서 **꿈꾸기**라는 용어를 사용한다.

내가 B 부인과 함께한 분석 작업의 대부분은 10대 아들이 수영 대회에 참가하기 위해 여행하던 중 교통사고로 사망한 것에 대한 그녀의 반응에 중점을 두었다. 그녀는 전남편이 "폭우 속에서 그 아이가 운전하게 놔뒀다."라며 잔인하게 질책했던 것을 자책으로 돌림으로써 괴로워했다. 그녀는 아들이 죽었을 때, 마치 자신이 '깊고 어두운

구덩이에 빠져 아들과 함께 죽은 것'처럼 자신의 삶이 멈추었다고 느꼈다. 그녀는 공황 발작을 일으켰고 발작 중에 숨을 쉴 수 있도록 종이 봉투를 들고 다녔다.

우리가 진행한 분석 회기들에서 그녀는 완벽하게 침묵을 지키며 (경직된 채) 꼿꼿이 카우치에 누워 있었다. 오랜 침묵 후에야 그녀는 내 말에 대해 몇 가지 반응을 했다. 대답하는 동안 그녀가 말을 할 때, 그녀는 입술을 거의 움직이지 않았다. B가 카우치에 반듯하게 누워 있는 모습을 보고 있노라니, 화장하기 전 갠지스 강변에 눕혀 있던 시체의 모습이 떠올랐다. 그녀는 아무것도 느끼지 못하고 있으며, 아들 없이는 존재감도 없고, 미래는 사라졌으며, 인생이 끝이 났다고 말했다.

B 부인은 남편이 그랬던 것처럼 그리고 그녀 스스로 그랬던 것처럼, 그녀 아들의 죽음에 대해 내가 그녀를 비난하는 것으로 경험했다. 그녀는 해결해야 할 정서적 문제를 안고 분석에 왔지만 유일한 해결책은 "당신이 그를 죽음에서 다시 데려오는 것이에요. 나는 아들이 다시 돌아오기를 원해요."라고 느끼고 있었다. 그녀는 아들 없이는 살고 싶은 욕망이 없었다. 아주 구체적으로 표현하면, B 부인은 아들을 돌려받으려고 나에게 온 것이었다. 그녀는 사고하기나 분석에 참여하고 싶지 않았다. 아들을 되찾기 위해 노력하고 있는 그녀에게 사고하기나 분석에 참여하는 것이 무슨 소용이 있을까? 나는 그녀가 아들을 잃은 일이 얼마나 끔찍했을지 느낄 수 있었고, 그를 그녀에게 다시 돌려줄 수 있으면 좋겠다고 소원했다.

B 부인은 나의 개입을 사용할 수 없었고, 이로 인해 나는 분석가

로서의 나 자신을 의심하게 되었다. 나의 개입에는 방어적이고, '과도하게 공감하는' '알기'와 '이해'가 포함되어 있었다. 나는 비분석적일 뿐만 아니라 죽음과 무능력에 대한 나 자신의 감정으로부터 나를 보호하는 데 도움이 되는 기계적인 방식으로 반응하고 있었다.

우리 작업의 이 시점에서, 그녀가 보고한 몇몇 꿈은 그녀가 아들로 바뀌었다가 다시 자신으로 돌아오는 미분화된 인물들을 포함하고 있었다. 그렇게 함으로써 그녀는 마술처럼 아들을 죽음에서 다시 데려올 수 있었다. 그녀는 아들의 죽음을 꿈으로 꿀 수 없었다. 나는 그 꿈을 꿀 수 없는 상태 속으로 들어갔다. 대신에 나는 마법적인 환생에 대한 소망에 빠져들고 있었다. (레브리는 깨어 있는 사고, 곧 꿈꾸기의 형태이며, 마술적 사고는 정신증적 레브리, 즉 꿈이 아닌 꿈의 한 형태이다.)

얼마의 시간이 지난 후, 우리의 분석 회기들에서 일어나는 나의 정서적 경험에는 해리된 감각적 경험과 신체적 경험이 포함되기 시작했다. 감각이 없는 것처럼, 차갑고 얼얼하게 된 탓에 손끝을 비비고 있는 나를 발견했다. 손을 보자 기분이 혼란스러웠다. 내가 추웠나? 내 손끝은 감각을 잃어 가고 있었던 걸까? 손가락 끝마디가 진짜 내 거였나? 나중에 나는 나의 신체적 반응을 사고, 감정, 자기 성찰 능력의 깊이가 결여된 정신증적 상태로의 철수, 즉 내 손가락 끝마디라고 느껴지지 않았던 마비된 손가락에 철저히 집착하는 것이라고 이해했다. 신체와 단절된 나는 나의 신체 감각을 분석적으로 사용할 수 없었다.

다른 계기로 대기실에서 기다리고 있던 B를 만났을 때, 나는 위가 쓰리고 꾸르륵거린다고 느꼈고(배고파서 그런 것이 아니었다) 복근을 조여 배를 진정시켰다. [나는 그녀(우리)가 계속해서 느끼고 있는 죽음으로부터 그녀 또는 나 자신을 깨우려고 하지 않았다.]

이 분석 기간 중 어느 시점에서 나는 그녀의 마술적 소망, '내가 그녀의 아들을 죽음에서 다시 데려오기를' 바라는 것과 갠지스강에 대한 나의 초기 레브리를 연결하였다. 음력 주기의 정확한 단계에서 화장이 된다면 육화를 통해 우리는 마술처럼 죽음에서 다시 살아날 것이라는 힌두교의 (마술적) 신앙, 즉 재생할 것이라는 나의 생각들을 이해했다.

나는 또한 나의 신체적 반응이, 담을 수 없고, 소화할 수 없는, 그리고 한동안은 꿈도 꿀 수 없는 것을 그녀를 위해서 안아 주고 소화하려는 시도에 대한 반응이라고 이해했다. 이러한 인식과 더불어 나는 복부 근육의 긴장을 풀 수 있었고, 나의 '전능한 통제력'을 내려놓을 수 있었다. 나는 이전에 느꼈던 '알기' 반응과 '이해하기' 반응을 넘어서는 어떤 것을 느끼기 시작했다. 나는 목소리 톤을 통해 표현된 내 자신에 대한 새로운 자각, 즉 나 자신의 신체적 감각을 경험했다. 이런 식으로 나는 사고하기에 사용되도록 감각적인 것과 실제적인 것, 즉 베타 요소와 알파 기능을 함께 묶는 문턱에 서 있었다. 나는 환자가 꿈꿀 수 없었던 꿈을 꾸도록(또는 더 정확하게는 꿈꾸기 시작하도록) 즉, 그녀의 아들이 그녀와 분리되어 죽었음을 인식하고 인정하도록 도울 수 있었다.

이 경험 직후, 다른 꿈과는 조금 다르게 느껴지는 꿈에서 B 부인은 물속에서 헤엄치고 있는데 물속에서 숨을 쉬어 거품이 표면 위로 올라오는 꿈을 꾸었다. 그녀는 거품을 따라 수면으로 올라오며 심호흡을 했다. 꿈이 계속되는 동안, 비어 있던 무대 중앙에 그녀의 아들이 나타났다. 그녀는 청중들 사이에서 그에게 다가갔고 자신이 그를 껴안고 있음을 느꼈다. "나는 실제로 그의 신체적 현존을 느꼈어요. 그의 냄새를 맡고, 그의 피부가 내 피부에 닿는 부드러움을 느낄 수 있었어요." 아들을 안고 있는 이 신체적 느낌은 그녀가 깨어났을 때 그녀와 함께 머물러 있었고, 그녀에게 상실을 안고 살기 시작할 수 있는 방법, 즉 깊은 슬픔뿐만 아니라 평온함도 느낄 수 있는 방법을 제공해 주었다. 그녀는 그 상실을 신체적으로 현실화함으로써, 그녀는 (가능한 한) 아들을 쉼에 들게 하고, 자신의 삶에 '떠오르게' 하여 아들과 분리되어 있지만 그를 위한 자리를 지닌 자신의 삶을 되찾을 수 있었다. 마술적 사고하기-부재의 한계를 뛰어넘어 그녀는 꿈을 꿀 수 있는 능력을 성취하였다.

돌이켜 보면, B 부인에 대한 나의 초기 반응(즉, 표면적으로 '이해하기'와 '알기')은 담아 주기를 제공하려는 소망, 곧 마법처럼 그녀의 아들을 다시 데려오려는 무의식적인 욕망과 관련이 있었다. 나는 그녀가 꿈꿀 수 없는 것을 꿈꾸는 대신, 그녀가 나에게 비워 낸 것을 받아들이고 그것을 (나의 마법적 사고의 형태로) 더욱 '정체'하게 하였다.

그녀의 아들을 다시 데려오고 싶은 나의 전능적 소망을 깨닫고, 내 신체의 감각을 내 감각으로 인식할 수 있게 된 후에야, 나는 그녀가 더 이상 스스로 꿈을 꿀 수 없었던(중요한 방식으로, 전혀 꿈을 꿀 수 없었던) 지점을 넘어설 수 있었다. 망상으로 시작된 것이 레브리로 발전되었고, 내가 그녀와 함께 생각하고 꿈을 꿀 수 있는 깨어 있는 꿈꾸기의 형태로 발전되었다. 이것은 환각 경험과는 전혀 다른 새로운 창조물이었다. 즉, 망상으로 시작된 것이 레브리로 발전하게 되자 나는 B 부인과 함께 생각하고 꿈꿀 수 있게 되었다.

요약

Freud는 꿈꾸기가 스스로에게 갈등이 되는 정서적 경험을 꿈꾸는 사람에게 알리거나 해결하지 않는다고 생각한다. 오히려 꿈은, 환자를 위해 꿈의 억압된 의미(잠재적 내용)를 말로 표현하는 분석가에 의해서만 완전히 해석되고 이해될 수 있다는 것이다. 환자가 아닌 분석가가 잠재적 내용을 외현적 내용과 연결하여 언어적으로 상징화된 의미를 꿈에 부여함으로써 꿈을 해석하는 작업을 수행한다. 그런 다음, 환자는 분석가의 꿈 해석에 따라 작업한다.

Bion에게 꿈꾸기는 마음의 주요 정신분석적 기능이다. 여기에는 사고하기와 느끼기를 통해 진실을 추구하는 일이 포함된다. 마음은 우리의 경험에 진실인 것을 발견하려고 우리가 노력할 때 꿈꾸기를 통해 발달한다. Bion의 '꿈꾸기의 작업'은 의식적으로 살아온 정서적 경험을 무의식이 꿈을 꾸는 데 이용할 수 있게 함으로써 개인이 정서적 문제에 대한 다양한 관념이나 해결책을 더 잘 볼 수 있도록 해 준다. 환자의 알파 기능 능력은 날것의 정서적 경험을 처리하는 능력, 즉 이를 무의식적인 심리적 작업에 의미 있고 유용하게 만드는 능력의 기초가 된다.

Bion의 관념을 확장하여, 나는 꿈이 진행 중인 심리적 작업이지만 정서적 경험의 불안한 특성으로 인해 꿈꾸는 사람이 꿈꿀 수 없었던 요소를 정기적으로 담아 준다고 제안했다. Bion은 모든 성격에는 정신증적인 부분과 비정신증적인 부분이 있다고 생각한다. 나는 모든 꿈에는 정신증적인 부분과 비정신증적인 부분이 있다고 제안한다. 비정신증적 부분은 환자가 알고 있는 것(사고할 수 있거나 사고하기 시작할 수 있는 것)을 알려 주는 반면, 정신증적 부분은 환자가 사고할 수 없는 것을 우리에게 제시한다. 후자는 환자가 꿈을 꿀 수 없는 꿈의 일부이며, 수면 중 시각적 환각과 유사한 것을 구성한다. 꿈의 이 부분에 대한 분석 작업은 분석가와 환자 모두 이전에 꿈꾸지 않았던 꿈의 부분을 꿈꾸는(즉, 무의식적으로 처리하는) 능력을 발달시키는 것을 포함한다.

참고문헌

Bion, W. R. (1962). *Learning from experience*. Basic Books.

Bion, W. R. (1967). A theory of thinking. In *Second thoughts*. Aronson.

Bion, W. R. (1970). *Attention and interpretation*. Karnac Books.

Bion, W. R. (1980a). Preface. In F. Bion (Ed.), *Bion in New York and São Paulo*. Clunie Press.

Bion, W. R. (1980b). *Bion in New York and São Paulo* (F. Bion, Ed.). Clunie Press.

Bion, W. R. (1987). *Clinical seminars and other works*. Karnac Books.

Bion, W. R. (1992). *Cogitations*. Karnac Books.

de M'Uzan, M. (1984). Slaves of quantity. *Psychoanalytic Quarterly, 72*, 711-725.

Freud, S. (1953a). The interpretation of dreams. In J. Strachey (Ed. & Trans.), *Standard edition of the complete psychological works of Sigmund Freud* (Vol. 4, pp. 1-338). Hogarth Press. (Original work published 1900).

Freud, S. (1953b). The interpretation of dreams. In J. Strachey (Ed. & Trans.), *Standard edition of the complete psychological works of Sigmund Freud* (Vol. 5, pp. 339-723). Hogarth Press. (Original work published 1900).

Freud, S. (1957). On the history of the psycho-analytic movement. Papers on metapsychology and other works. In J. Strachey (Ed. & Trans.), *Standard edition of the complete psychological works of Sigmund Freud* (Vol. 14, pp. 3-359). Hogarth Press. (Original work published in 1915).

Freud, S. (1958). The case of Shreber. In J. Strachey (Ed. & Trans.), *Standard edition of the complete psychological works of Sigmund Freud* (Vol. 12, pp. 3-361). Hogarth Press. (Original work published 1911).

Freud, S. (1959). Jensen's Gradiva and other works. In J. Strachey (Ed. & Trans.), *Standard edition of the complete psychological works of Sigmund Freud* (Vol. 9, pp. 3-95). Hogarth Press. (Original work published 1906-1908).

Freud, S. (1961a). Introductory lectures on psycho-analysis. In J. Strachey (Ed. & Trans.), *Standard edition of the complete psychological works of Sigmund Freud* (Vol. 15, pp. 3-483). Hogarth Press. (Original work published 1916).

Freud, S. (1961b). The ego and the id. In J. Strachey (Ed. & Trans.), *Standard edition of the complete psychological works of Sigmund Freud* (Vol. 19, pp. 3–309). Hogarth Press. (Original work published 1923).

Freud, S. (1964a). New introductory lectures on psychoanalysis. In J. Strachey (Ed. & Trans.), *Standard edition of the complete psychological works of Sigmund Freud* (Vol. 22). Hogarth Press. (Original work published 1933).

Freud, S. (1964b). Revision of the theory of dreams. In J. Strachey (Ed. & Trans.), *Standard edition of the complete psychological works of Sigmund Freud* (Vol. 22, pp. 7–30). Hogarth Press. (Original work published 1933).

Grotstein, J. S. (2000). *Who is the dreamer who dreams the dream?* Analytic Press.

Grotstein, J. S. (2002). "We are such stuff as dreams are made on": Annotations on dreams and dreaming in Bion's works. In C. Neri, M. Pines, & R. Friedman (Eds.), *Dreams in group psychotherapy: Theory and technique*. Jessica Kingsley.

Grotstein, J. S. (2007). *A beam of intense darkness*. Karnac Books.

McDougall, J. (1984). The "dis-affected" patient: Reflections on affect pathology. *Psychoanalytic Quarterly, 53*, 386–409.

Meltzer, D. (1983). *Dream-lift: A re-examination of the psychoanalytical theory and technique*. Clunie Press.

Nietzsche, F. (n.d.). Unnamed source. Cited in M. Ondaatje. (2007). *Divisadero*. Knopf.

Ogden, T. H. (2004). On holding and containing, being and dreaming. *International Journal of Psychoanalysis, 85*, 1349–1364.

Ogden, T. H. (2005). *This art of psychoanalysis: Dreaming undreamt dreams and interrupted cries*. Routledge. New Library of Psychoanalysis.

Ogden, T. H. (2007). On talking as dreaming. *International Journal of Psychoanalysis, 88*, 575-589.

Schneider, J. A. (2003a). Janus-faced resilience in the analysis of a severely traumatized patient. *Psychoanalytic Review, 90*(6), 869-887.

Schneider, J. A. (2003b). Working with pathological and healthy forms of splitting: A case study. *Bulletin of the Menninger Clinic, 67*(1), 32-49.

Schneider, J. A. (2005a). Experiences in K and −K. *International Journal of Psychoanalysis, 86*(3), 825-839.

Schneider, J. A. (2005b). Reply to Dr. Alexander. *International Journal of Psychoanalysis, 86*(5), 1479.

Schneider, J. A. (2005c). Dreaming the truth of experience: "Heaven." *Psychoanalytic Review, 92*(5), 777-785.

Tustin, F. (1982). *Autistic states in children*. Routledge and Kegan Paul.

Waldhorn, H. F. (Reporter) (1967). The place of the dream in clinical psychoanalysis. In *Monograph series of the Kris study group*. Psychoanalytic Institute.

제3장

집단에 대한 Bion의 사고하기

영향력과 독창성에 관한 연구

정신분석 이론가들에게 정신과 신체의 상호작용을 어떻게 설명할 것인가는 오랫동안 도전적인 과제였다. 이 장에서 나는 정신분석 이론에 대한 Bion의 가장 잘 알려지지 않은 공헌 중 하나라고 생각하는 것, 즉 개인의 마음(사고 능력)과 개인이 속한 집단의 사고방식 사이의 관계, 그리고 개인의 신체 상태에 관한 그의 연구를 논할 것이다. 인간 경험의 세 가지 측면에 대한 연구에서 그는 이들 사이의 상호작용이 개인의 건강(또는 질병)과 정신신체의 성숙화에 강력한 영향을 미치는 방식을 보여 준다(Bion, 1978, 1991).

나는 계속해서 개인의 사고하기, 집단의 사고방식, 정신신체 사이의 상호작용에 대한 Bion의 관념을 확장하여, 집단의 사고방식이 놀랍게도 개인 분석에서 나타나며, 자기감(sense of self)의 기반에 필수적인 개인적 경험에 지속적인 배경으로 작용한다는 것에 대한 나의 개념화를 포함할 것이다. 나는 Bion의 전통에 따라, 우리가 항상 집단의 영향 아래 있다고 믿는다. 즉, 집단과 함께 있든, 다른 사람과 함께 있든, 홀로 있든, 우리가 속한 집단들의 환상은 언제나 존재한다.

60여 년 전, Bion은 1943년에서 1951년 사이에 그의 초기 논문들을 『집단에서의 경험(Experiences in Groups』(1961)이라는 제목으로 출판했다. 이 초기 작업에서 Bion은 마음-몸 연결(mind-body connection)에 대한 자신의 이해를 탐구하기 위해 집단을 실험실로 사용했다. 이 일련의 논문 중 첫 번째 논문인 「예비연구: 치료에서 나타나는 집단 내적인 긴장들(Pre-View: Intra-Group Tensions in Therapy)」(Bion, 1961)은 John Rickman과 공동으로 작성되었으며, Bion과 Rickman이 제2차 세계대전 당시 Bion이 재활센터 소장으로 있던 군사시설에서 개발한 새로운 형태의 '지도자 없는' 집단 치료에 대해 논의한다. '집단 과제로 수행된 연구(Their Study as the Task of the Group)'라고 붙여진 논문의 부제는, Bion이 "공공장소에서 개인의 치료를 제공하는 데 관심이 없다"(Bion, 1961, p. 80)는 인상을 준다. 곧, Bion은 치료적 접근을 탐구하는 것이 아니라 주로 집단을 하나의 실체로 탐구하는 데 관심이 있었다. "나는 연구할 집단을 갖고 싶었기 때문에 그 집단은 나에게 꼭 필요했다"(p. 54). Bion은 개인이 집단 내에서 어떻게 사고하는지에 대한 그의 초기 경력에서의 통찰을 바탕으로, 사회적 본능, 즉 집단성(Bion, 1961)[1]을 상정하고 자

[1] 개인의 삶과 집단의 삶의 불가분성을 Joseph Conrad(1897/2008)만큼 강력하고 아름답게 지적한 사람은 없다. "자신의 삶, 성격의 본질, 능력, 대담성, 용기, 평정, 자신감, 정서와 원칙, 모든 위대하고 중요한 사고가 개인에게 속한 것이 아니라 자신의 기관과 도덕의 거부할 수 없는 힘, 경찰과 여론의 힘을 맹목적으로 믿었던 군중에게 속한 것임을 깨닫는 사람은 거의 없다"(p. 5).

신의 사고하기 이론을 전개하기 시작했다.

Freud의 성적 본능(instinct) 개념 및 Klein의 죽음 충동(instinct) 개념과 마찬가지로 Bion의 집단심리 개념이 제기하는 어려움은 마음이 어떻게 본능적(신체적) 압력으로 인해 나타나는 문제를 해결해 나가는지 이해하는 데 있다. 집단심리로 인하여, 마음은 집단의 구성원이 되고자 하는 타고난 욕구와 집단 경험의 진실을 알고자 하는 욕구의 결합과 씨름해야 한다. 인간은 개인적인 사고를 따르려는 성향과 본능적인 집단심리(즉, 집단적 정체성과 집단과 한마음이 되고자 하는 욕구)를 따르려는 성향 사이에서 갈등을 겪는다.

이번 장의 뒷부분에서 논의할 Bion의 집단심리 개념을 제외하고, Bion은 Freud의 구조적 모델이나 이드, 자아, 초자아의 내재된 긴장 이론에서 크게 벗어나지 않는다(Freud, 1930/1962; Lacan, 1966 참조). Bion은 집단 구성원이면서 동시에 자신만의 사고를 지닌 존재가 되는 것에 내재된 갈등에 반응하여 마음이 발달한다고 제안했다.

Bion이 마음에 대해 말할 때, 그는 마음과 몸의 상호연관된 작용과 그에 내재된 정신적 갈등을 의미한다. 그리고 그가 사고에 대해 말할 때, 그는 사고와 느낌(정서, 즉 느낌의 신체적 요소들을 포함하는)을 언급하고 있다. "개인은 자신의 몸 안에서 살아야 하고, 몸은 그 안에 사는 마음을 견뎌야 한다"(Bion, 2005, p. 10).

여기에서 Bion은 오래된 문제, 즉 개인의 사고와 충돌하는 집단의 압력(몸을 마음에 연결하고 마음을 몸에 연결하는 경계를 뒤섞도록 강요하는 불안)에 대해 개인의 마음과 몸이 어떻게 반응하고 기여하는지 그리고 이 갈등에서 어떻게 의미가 주어지는지 다루고 있다. 이러한 긴장에 대한 이해를 바탕으로, Bion은 몸의 감각을 사고와 연관시키는 포괄적인 사고하기 이론을 발달시켰다. 그는 사고하기의 발달이, 정서적 문제를 해결하고 친밀한 정서적 경험에 대한 반응으로 생성되는 사고(알파 요소)를 처리하기 위해 마음을 사용하는 데서 기인한다고 보았다.

> 사고가 발달하려면 …… 사고를 감당할 수 있는 장치가 필요하다. …… 내가 잠정적으로 사고하기라고 부를 장치 말이다. …… 이것은 사고하기의 산물로서의 여타 사고 이론과는 다르다. 여기서 사고하기는 사고의 압력에 의해서 정신에 강제로 생겨난 발달이지, 그 반대가 아니다(Bion, 1965, pp. 110-111).

Bion은 "정서적 경험과 관련된 감각 인상(베타 요소)"(1962, p. 17)이 (사고하기의 과정에서 연결될 수 있는) 알파 요소로 변환된다고 썼다. 그는 계속해서 말한다. "베타 요소는 전혀 사고되지 않는 문제에 대해 이야기하는 하나의 방식이다. 알파 요소는 가정하건대, 사고의 일부로 간주되는 요소에 대해 이야기하는 방식이다"(1990, p. 41). Bion은 사고 발달의 전조인 '원초적 사고하기'와, 사고가 형성된 후 '사고의 사용에 필요한 사고하기'(1963, p. 35)를 구별한다. 이는 사고하기가 인식이나 지각 이전, 원정신적(신체적 · 감각적) 수준에서 시작되는 여러 단계의 과정임을 전제로 한다.

앞서 말한 내용을 확장하기 위해, 이 장에서 나는 Bion이 자신의 방대한 작업 전체 중 오직 집단에 관한 작업에서만 다룬 주제, 즉 집단정신, 사고의 개별성, 신체적 본능의 압력(이 경우 집단심리의 사회적 본능)에 대해 어떻게 탐구했는지를 논의할 것이다. 나는 Bion이 인간이 집단에서 어떻게 생각하고 느끼고 행동하는지에 대한 자기 생각을 공식화하기 위해 Freud, Wilfred Trotter, Klein의 공헌을 어떻게 사용하였는지, 그리고 또한 집단 연구에 대한 Bion 자신의 고유한 기여를 설명할 것이다. Bion은 자신이 따랐던 선진들의 이론을 반박하지 않는다. 대신에 그는 자신이 따랐던 학자들 각각이 어떻게 타당한 관점을 제시하는지를 보여 주고, 그들의 이론이 자신의 포괄적인 사고하기 이론과 어떻게 일치하며 기여하는지 논의한다.[2]

설명의 명확성을 위해 나는 이 장의 본문을 '영향력' '독창성' '집단에서의 경험'이라는 세 가지 주요 부분으로 나누었다.

I. 영향력

집단에 대한 Bion의 사고하기에 미친 Freud의 영향

Bion은 그의 초기 논문들에서 자신의 집단 이론을 Freud 이론의

[2] Bion의 작업이 보여 주는 영향력과 독창성에 대한 나의 논의는 Ogden(2006)의 Loewald에 대한 논의에서 정보를 얻었다. 여기서 Ogden은 '영향력과 독창성 사이의 긴장' 개념을 자세히 설명하고 "어떤 세대도 창조적 산물에 대해 절대적인 독창성을 주장할 권리가 없다." 그럼에도 불구하고 "각각의 새로운 세대는 자신만의 고유한 무언가에 기여한다."(Ogden, 2006, p. 117)라고 결론했다. 나의 의도는 Bion

확장으로 흔쾌히 언급한다. "임상 정신분석가로서 나는 개인을 통한 정신분석적 접근 방식과 이 논문에서 집단을 통해 설명하는 접근 방식이 동일한 현상의 다른 측면을 다루고 있다는 사실에 깊은 인상을 받았다"(1961, p. 8).

Bion은 개인에 대한 Freud의 초기 관찰에서 별다른 통찰을 얻지 못한 후, 환자의 무의식적인 사고, 느낌, 환상 등에 접근하기 위해 분석적 쌍방의 전이를 분석하기 시작했다고 지적한다.

> Freud 이전에는 …… 개인을 이해 가능한 연구 분야로 간주하였다. 그러나 Freud가 신경증 환자가 제기하는 문제 중 적어도 일부에 대해 비로소 이해 가능한 연구 분야임을 발견하게 된 것은, 전이 연구를 통해 두 사람 사이의 관계에서 해결책을 찾기 시작했을 때였다(Bion, 1961, p. 104).

Bion(1961)은 이 '이해 가능한 연구 분야'를 집단으로 확장했으며, 개인은 다른 인간과 상호작용하는 무리 동물이라는 사실을 인정하지 않으면 그 의미를 이해할 수 없는 특성이 있다고 지적했다. 집단에 대한 연구는, 다른 방법으로는 불가능했던 개인의 사고방식에 대한 관찰에 접근할 수 있게 해 주었기 때문에 Bion(1961)에게 중요했다. 그는 집단심리를 연구하는 데 "많은 사람이 한 번에 한곳에 함께

의 집단과의 작업의 의미를 집단 분석과의 관련성을 넘어 분석적 사고하기의 측면으로 확장하는 것이다.

모일"(p. 168) 필요는 없다고 제안했다. 사실 집단은 "집단 현상을 생성하는 데 아무런 의미가 없다"(p. 168). 이 명제에서 Bion은 중요한 패러다임 전환을 시도하고 있었다. 그는 집단의 역동이 개인에게 내재되어 있고 개인이 집단 안에 함께 있을 때 가장 분명하게 드러남에도 불구하고 개인 안에서 계속 발달한다는 점을 강조했다. Bion은 Freud(1921/1961b, 1922/1961a)와는 반대로 무리 본능이 정신적인 삶에 나타나는 현상이 아니라고 생각했다. "나의 견해로는 새로운 본능이 등장하는 것이 아니다. 무리 본능은 언제나 작용하고 있다"(Bion, 1961. p. 131). "개인은 집단의 일원이며 언제나 그리하여 왔다"(p. 168).

이 점에서 Freud(1921/1961b)의 사고하기와 극적으로 달랐다. Freud는 자신의 구조적 모델(1923/1961c)에 기초해서 집단에 대한 사고하기에 개인 분석 이론을 도입한 반면, Bion은 집단에서 파생된 관념을 도입하였고 무리의 사고방식을 개인의 마음에 대한 이해에 도입하였다. Bion은 집단에 대한 Freud와 Trotter의 관념을 확장하여, 자신이 속한 집단의 사고방식의 영향력에서 결코 벗어나지 않는 개인으로서 우리가 생각하는 방식에 대한 자신의 통합 이론을 발달시켰다. Freud는 무리 본능이라는 관념을 명시적으로 거부하고, 암시와 리비도의 작용 방식을 이용해 집단 현상을 설명했다.

마음의 작동 방식을 이해하기 위해 Bion은 정신분석에 대한 Freud의 '설명' 모델을 뛰어넘는 새로운 관찰 방법을 도입했다. 기본적으로 Bion(1961)은 정신분석가들에게 여러 관점을 동시에 유지하기 위해 자신의 "정신 현미경"(p. 49)을 사용해야 한다고 제안했다.

각각의 관점은 서로에게 영향을 미치면서 자신의 고유한 시각에서 정보를 제공한다. 자신의 관찰을 "원초적인 양안적 시각"(1961, p. 8)으로 '부각'하기 위해 조정하는 관찰(사고)의 도구는, 동시에 다양한 자신만의 관점에서 서로 중첩되면서 정보를 주고 변형시키는 한편, 지속적으로 변화하는 관점을 제공한다. 이는 의식적인 마음과 무의식적인 마음, 성격의 정신증적 부분과 비정신증적 부분, 1차 과정 사고와 2차 과정 사고 사이의 Bion의 변증법적 상호작용 모델에서 입증된다.

Bion은 Freud의 정신 구조(예를 들어, 의식적인 마음과 무의식적 마음 사이의 관계)의 여러 부분을 다시 해석하면서, 오히려 우리가 이러한 이분법의 두 극을 동시에 인식하고 접근할 수 있다고 제안했다. Bion은 현실 원칙의 일부로 다중 현실에 초점을 맞추었다. 즉, 과학적인 조사 접근 방식과 개인의 창의성 및 직관을 사용하여 여러 정점에서 사실을 관찰하여 선택된 사실에 도달했다. 다중 정점의 동시성에 대한 Bion의 개념을 분석 관계로 확장하면, 환자의 마음 상태와 분석가의 마음 상태 모두는 사고하고 의미를 생성할 수 있는 마음의 창조에 기여하는 것으로 보인다.

관찰이 '핵심 인물'인 분석가의 렌즈를 통해 걸러진다는 Freud의 온정주의적 견해는, 치료 관계에서 분석가의 위치가 중심에 있다는 그의 신념을 입증한다. 반면에 Bion은 분석에서 "사고하는 데는 두 사람이 필요하다"(Ogden & Ogden, 2013, p. 25)라는 견해를 발전시켰고, 이는 쌍방의 관계에서 한 사람은 다른 사람과 더불어 사고하며 상대방의 방어 및 정서에 의미 있는 영향을 미친다는 것이다.

집단에 대한 Bion의 사고하기에 미친 Trotter의 영향

아마도 집단에 대한 Bion의 사고하기에 가장 지대한 영향을 준 사람은 Trotter일 것이다. Francesca Bion(1985)은 Bion의 자전적 에세이에 대한 그녀의 서문에서, "Bion의 지적 발달에 크게 영향을 주었던"(p. 7) 두 명의 탁월한 인물이 있었다고 진술한다. 한 인물은 Bion이 옥스퍼드 학부 시절 함께 공부했던 Kant 철학의 권위자 H. J. Patton이었고, 다른 한 인물은 Bion이 런던의 유니버시티 칼리지 병원(University College Hospital)에서 의대생으로 있을 때 그의 외과 주임이었던 Trotter였다. Bion의 이론적 사고의 상당 부분을 Trotter에게 빚지고 있다고 말할 수 있는데, Bion은 Trotter를 자신의 멘토이자 아버지 같은 인물로 여겼다.

Trotter는 의학계에서 뛰어난 외과의사로 가장 잘 알려져 있으며, 사회-정신분석학계에서는 무리 본능을 고안한 것으로 잘 알려져 있다(Trotter, 1916/2005). 정신분석에 끼친 공헌에 대해서는 잘 알려지지 않았지만, Trotter는 그의 친구 Ernest Jones를 통해 정신분석 사상에 영향을 미쳤다. 합리화 개념을 발전시켰던 사람은 Trotter였고, Trotter의 권유로 Jones가 1908년 잘츠부르크에서 열린 제1차 국제학회에서 이를 발표했다. Trotter는 Jones에게 Freud를 소개했으며, Freud의 임종이 가까워졌을 때 Freud를 방문한 사람도 Trotter였다(Jones, 1940; Maddox, 2006).

집단에 관한 Trotter(1916/2005)의 연구는 집단심리학에 관한 Freud의 1921년 논문보다 앞선다. 그러나 Trotter는 인간 안에 있는 무리 본능이 어떻게 동물의 무리가 생성할 수 없는 성찰적 나 또는 자기의 결과인 정신적 현상이 되는지에 대한 문제를 다루는 이론적 틀이나 관찰 자료를 제공하지 않았다(Schneider, 2009).

무리 본능에 대한 Trotter의 관념은 집단에 대한 Bion(1961)의 사고하기에 중요한 역할을 했으며, 확장하여 마음이 어떻게 작동하는지에 대한 Bion의 모든 이론적 기여에 영향을 미쳤다.[3] Bion은 군집성이 인간의 가장 강력한 충동이라는 Trotter의 주장에 동의했다.

> 개인은 (성욕보다) 그의 공격적인 충동의 작용에서 해결해야 할 훨씬 더 위험한 문제를 안고 있다. 그것은 …… 어쩔 수 없는 죽음의 가능성을 안고 자신의 집단을 위해 싸우고자 하는 욕구와 동시에 자신의 생존을 위해 행동하고자 하는 욕구를 그에게 부과할 수 있다(Bion, 1992, pp. 105-106).

Trotter(1916/2005)는 개인에 의해 활성화되고 쾌락 원칙을 따르는, 곧 생존, 성적 짝짓기, 그리고 수유하기라는 "세 가지 원시 본능"(p. 47)과 집단에 의해 활성화되고 몸 외부의 힘에 의해 통제되는, 그가 "군집성의 네 번째 본능"(p. 47)이라고 불렀던 것을 구별했다.

---

[3] Ogden(2009)이 말했듯이, "논문 모음[『집단에서의 경험』(1961)]에서 Bion은 사고하기에 대한 정신분석의 개념과 정신병리학의 철저한 재정식화를 소개한다"(p. 92). 이 책에서 Bion은 후속 저술에서 발달시킨 거의 모든 주요 주제를 요약하고 있다.

> 네 번째 본능은 …… 바깥에서 개인에게 통제력을 행사하며 …… 실제로는 불쾌할 수 있으므로, 개인의 측면에서 저항이 올라올 수 있지만, 그럼에도 어쩔 수 없이 본능적으로 실행에 옮겨질 수 있다. 본능적인 행동은 현재의 사고(즉, Freud의 쾌락 원칙)에서 신체적으로 저항할 수 없는 쾌감을 주는 충동에 굴복한다는 관념과 깊게 연관된 것으로 보인다(p. 48). …… 그 이외의 것들은 자동적으로 배경으로 물러난다(Trotter, 1916/2005, p. 47).

Trotter의 생각을 확장하면, 본능적인 사회적 힘은 태어날 때부터 존재하는 내적 상태이고 신체 외부의 자극으로부터 활성화되며, 이는 결국 우리의 과거와 현재의 집단 경험 전체를 포괄하는 것으로 보인다.

Bion(1992)은 성적 및 공격적 본능보다 군집성이 우선한다는 Trotter의 주장에 동의했다. "환자의 사회주의는 개인으로서의 그의 우선권을 위협하고, 집단은 그에게 그의 인격 외부에 있는 목표에 복종하도록 요구한다"(p. 105). 그럼에도 집단은 그의 건전한 정신과 심리적 성장을 위해 필요하다.

무리 본능을 제안하면서 Trotter는 군집성에 신체 본능으로서의 생물학적 의미를 부여하는데, 이는 Bion의 이론에서는 심리적 특성(집단심리)으로 변형된다. Bion은 일반심리학이 사회와 개인이라는 두 분야를 다루고 있다는 Trotter(1916/2005)의 의견에 동의했다. 이 두 분야는 …… 절대적으로 연속적이다. …… 모든 인간심리학은 …… 관계로 묶여 있는 인간의 심리학이어야 한다. 왜냐하면 고립된 동물로서의 인간은 우리에게 알려진 바가 없으며, 모든 개인은 사회적 동물의 특징적인 반응을 나타낼 수밖에 없기 때문이다(p. 12).

인간이 필연적으로 사회정치적 동물이라는 점은 Aristotle 시대와 같은 인류의 문명 초기부터 인식되어 온 인간 조건이다. "Aristotle는 인간을 정치적 동물이라고 하였다. 인간이 완전한 삶을 영위하기 위해 집단은 …… 경제와 전쟁의 활동만큼이나 …… 인간의 삶의 충족에 …… 필수적이다"(Bion, 1961, pp. 53-54). 이뿐만 아니다.

> 인간이라는 동물의 피할 수 없는 야수성은 우리가 소중히 여기고 찬미하는 인간의 특성들이 솟아나는 근원이다. "인간은 정치적 동물이다."라는 말은 인간이 무리동물의 신체적 특성에 상응하는 정신적 대응물을 갖고 있다는 뜻이다. 정신분석가로서 우리는, 집단으로부터 반고립된 상태에 있으면서도 그의 '짝' 특성을 자극할 수 있는 상황에 밀접하게 관련되어 있을 때 개인에게 드러나는, 이러한 신체적 특성에 대한 정신적 대응물에 관심을 둔다(Bion, 1970, pp. 65-66).

여기서 중요한 것은 우리가 다른 사람이나 우리 자신에게 둘러싸여 있든, 혹은 분석적 쌍방에 있든, 우리의 인식이나 의도와 관계없이 집단의 영향력이 계속되는 것으로 보인다는 생각이다. Trotter는 인간이 무리 본능의 지배를 크게 받기 때문에 그 결과 필요할 때 혼자 여행하고 혼자 생활할 수 있도록 무리에 대한 내적 표상을 발달시킨다고 생각했다. Trotter를 반영하고 있는 Bion(1961)은 "집단이 언제 시작되는지, 아니면 언제 끝나는지 어떻게 알 수 있을까?"(p. 88) 라고 묻는다. 그는 우리가 혼자 있을 때조차도, 인간은 결코 '집단에 속하지 않았던 적이' 없다고 대답한다. "시간과 공간에서 아무리 고립되어 있더라도 개인은 집단 바깥에 있거나 집단심리학의 적극적인 표상이 결여된 것으로 간주될 수 없다"(1961, p. 132). "방에 사람들이 모여 있다는 의미에서 집단은, 개인이나 개인의 집합체에 어떤 것도 추가하지 않는다. 집단은 단순히 다른 방식으로는 보이지 않는 어떤 것을 드러낼 뿐이다"(p. 340).

Trotter와 마찬가지로 Bion은, 인간이 항상 무리의 내적 표상을 지니고 있으므로 암시에 쉽게 영향을 받는다고 생각했다. Trotter (1916/2005)는 다음과 같이 썼다. "인간은 …… 간헐적으로 혹은 공황 상태, 군중 떼, 최면 상태 등에서만 암시에 쉽게 영향을 받는 것이 아니라 항상, 어디서나, 어떤 상황에서도 …… 무리의 목소리와 동일화된다"(p. 33; 강조는 저자가 한 것임).

이와 관련하여, Bion은 Freud(1921/1961b)와 달랐다. Freud는 집단 구성원들이 지도자의 존재로 인해 암시에 쉽게 영향받는 상태에 놓이게 되어, 일종의 유사 황홀 상태에서 지도자에게 동조하게 된다고 보았다. 이는 그들이 자신의 초자아를 지도자의 초자아로 대체하여 그와 동일시한 결과이기 때문이다. 이와는 대조적으로, Bion에게 피암시성(suggestibility)은 자동적인 내재적 상태이다.

Bion은 인간은 진화론적으로 중요한 신념 체계를 공유하고 있다고 제안했다. 집단정신과 충돌하는 관념을 유지하는 것이 거의 불가능하다는 것을, 인간이 알고 있다는 것이다. 인간은 개인의 신념을 종속시키고, 모순되는 지식에 저항하며 격퇴하는 실제 공유된 신념 체계를 사실로 받아들인다. 그는 "자연스러운 심리적 서식지는 단순히 집단과의 전쟁뿐만 아니라 집단 동물이라는 이유로 자신과의 전쟁을 벌이는 집단 동물이다"(1961, p. 131)라고 썼다. 우리는 집단의 사고를 수용하거나, 아니면 우리 자신의 관념을 추가하는 선택을 할 수 있다.

Trotter는 군집성이, 개인보다 무리의 생존을 우선시하여 생존과 진화를 위한 우리의 가능성을 향상시킨다고 주장한다. Bion(1992)은 Trotter의 신념을 따른다.

> 집단과의 관계에서 개인의 복지는 집단의 생존보다 부차적이다. Darwin의 적자생존이론은 (개인으로서가 아니라) 집단에서 생존하는 적자생존이론으로 대체되어야 한다(pp. 29-30).

집단에 대한 Bion의 사고하기에 미친 Klein의 영향

어느 시점에서 Bion은 자신의 집단 이론을 Klein(1946/ 1952)의 정신분석 개념과 연결했다. 『집단에서의 경험』(Bion, 1961)의 마지막 장은 그녀에게 헌정되었다. 해당 장의 서문에서 Bion은 다음과 같이 말했다.

> 나의 현재 작업은 …… 투사적 동일화와 편집-분열적 자리와 우울적 자리 사이의 상호작용에 대한 Klein 이론의 핵심적인 중요

> 성을 나에게 확신시키고 있다. …… 이 두 이론의 도움이 없었다면, 집단 현상의 연구에서 어떠한 진전도 가능할 수 없었다고 생각한다(p. 8).

Bion은 자신의 사고하기에 Klein의 "내적 대상 이론, 투사적 동일화 및 상징 형성의 실패"(Bion, 1952, p. 247)를 포함시켰다. Bion의 집단 이론은 대상(어머니/젖가슴)과의 첫 만남의 맥락에서 생성된 개인의 정신증적 불안이, 집단의 구성원과 접촉하려는 개인의 시도에서 재활성화된다는 그녀의 생각을 기반으로 한다.

Bion은 Klein이 소개한 많은 개념에 대한 우리의 이해를 심화시켰을 뿐만 아니라, Klein의 이론을 크게 확장시켰다. 예를 들어, 그는 투사적 동일화(그가 생각하기에 '집단에서 중요한 역할을 하는')(1961, p. 149)의 개념을 정신 내적 방어 기제에서 두 개인이 함께 생각하는 심리적인 대인관계의 과정으로 변형했다. Bion의 투사적 동일화 개념에서 분석가는 환자가 그에게 투사한 감정과 일치하는 것을 경험하고, 대인관계 압력에 반응하여 자신이 "다른 사람의 환상에서 …… 어떤 역할을 하고 있음"을 발견한다(p. 149). 환자는 분석가가 "일시적인 통찰의 상실"(p. 149)을 겪게 하는 방식으로 영향을 미친다.

Bion(1962, 1963)은 투사적 동일화를 의사소통의 개념으로 확장하여 매우 원시적인 사고 형태를 포함함으로써 환자가 "자신의 감정을 담을 수 있을 만큼 강력한 성격을 통해 자신의 감정을 조사"할 수 있도록 했다(Bion, 1959, p. 314). 그는 "원래 의사소통은 현실적인 투사적 동일화를 통해 이루어진다."(1967, p. 118)라고 말하면서 이를 자세히 설명한다.

Bion은 자신의 생각이 Klein의 생각을 바꾸는 것처럼 보일 때에도 계속해서 자신의 사고하기를 발달시켰다. 그 자신의 의미를 창조하는 과정이 다른 사람의 영향으로 좌우되도록 내버려두지 않았다. 그의 경력의 모든 시점에서 Bion은 특정 정신분석학파에 자신을 맞추는 것을 거부했다. "한 명 이상의 환자가 내 기법은 Klein학파의 것이 아니라고 말했다. 나는 이 말에 의미가 있다고 생각한다"(Bion, 1992, p. 166).

II. 독창성

집단에 대한 Bion의 사고하기에 미친 Freud, Klein 및 Trotter의 영향을 논의했으니, 이제 나는 개인과 집단의 삶을 모두 포괄하는 정신분석적 사고하기 이론에 대한 Bion의 기여에서 독창적이라고 생각되는 내용을 살펴보겠다. 나는 Bion의 기여에 대한 이 논의를 네 개의 하위 항목으로 나눌 것이며, 각각의 하위 항목은 그의 사고하기에 관한 다양한 측면을 다룬다. 또는 어쩌면 이것이 그의 사고하기를 바라보는 다른 정점들이라고 말하는 것이 더 정확할 것이다. 네 개의 하위 항목은 기본 가정 집단, 작업 집단, 원정신적 모체, 분석적 쌍에 대한 Bion의 개념이다.

Bion의 기본 가정 집단

Bion(1961)은 Trotter의 생물학적 무리 본능을 그가 "기본 가정 집단"(p. 153)이라고 부르는 "집단정신"(p. 60)의 요소로 변형했다. 이러한 공유된 무의식적 신념은 본능의 힘을 지닌 비사고적 반응으로, 원시적 원정신적 상태로 존재하며 사고하기를 선점하여 관찰을 무시할 수 있다. 기본 가정은 집단 구성원이 자신의 신념, 정서 및 환상을 공유하게 하는 군집 본능에서 유래하며 "목적이 있는 행동보다는 식물의 굴성에 더 가까운 …… 쉽게 결합하는 특성을 보인다"(Bion, 1961, pp. 116-117).

Bion(1961)은 인간이 함께 집단을 이루는 경향을 "결합가", 즉 "인간의 성격 안에 군집성의 특성이 자발적이고 무의식적으로 형성되는 것"(p. 170)이라고 언급했다. "인간인 …… 이상, 결합가는 필연적으로 존재한다"(p. 116). 따라서 인간이 된다는 것은 언제나 인격의 군집적 특성에 영향을 받는 것이며, "확립된 행동 패턴, 즉 기본 가정에 따라 다른 인간과 즉각적으로 결합할" 수 있는 능력을 갖는 것이다(Bion, 1961, p. 175).[4]

기본 가정의 세 가지 요소는 의존 기본 가정, 짝짓기 기본 가정, 싸움-도주 기본 가정이다. Bion은 이러한 '기본 가정 사고방식'이 집단에서 어떻게 나타나는지 설명한다. 의존 기본 가정 집단에서의 집단

---

[4] 인간은, 이성이 그것을 권해서가 아니라 무리의 암시가 이타주의의 어떠한 발달도 방해하기 때문에 이타적일 수밖에 없다(Trotter, 1916/2005, p. 46).

구성원들은 “그들의 모든 문제를 해결할 단 한 명의 지속적인 지도자를 기다리면 된다고 생각한다”(p. 82). 짝짓기 기본 가정 집단에서의 집단 구성원들은 짝을 이루는 개인들의 창조성에 참여하여, 그것이 “사람이든, 관념이든, 유토피아든 간에 하나의 메시아”(p. 152)를 제공하는 구원자 혹은 구원의 관념을 낳는다. 싸움-도주 기본 가정 집단에서 집단은 위험한 대상이나 관념을 공격하거나 도주한다. 즉, 모든 집단의 문제는 적과 싸우거나 적에게서 도주함으로써 해결될 수 있다.

“경험을 통해 배우는 것에 대한 증오가 있다.”(Bion, 1961, p. 89)라는 Bion의 신념은 인간이 기본 가정에 따라 행동한다는 생각과 밀접하게 관련되어 있다. 이는 인간은 자신에게 익숙하고 알려진 것을 바꾸려 하지 않는다는 Trotter(1916/2005)의 개념과 같지는 않더라도 매우 유사하다. “인간의 전체 역사에서 볼 수 있듯이, 경험은 항상 본능적 신념에 기초한 결정을 마주하기 때문에 저항에 부딪힌다”(Trotter, 1916/2005, p. 35). Trotter와 Bion은 새로운 관념이 이미 이해 가능한 관념과 맞지 않으면 사라진다는 데 동의한다. “몸이 낯선 단백질을 싫어하는 것처럼 마음도 낯선 관념을 싫어하며, 비슷한 강도로 저항한다. …… 새로운 관념은 과학에 알려진 가장 빠르게 작용하는 항원이다”(Trotter, 1941, p. 189).

Bion(1961)은, 경험에서 배우기 위해서는 본능적 감정의 즉각성에 직면하여 사고하는 능력을 발달시켜야 한다고 제안하는 것 같다. “우리가 역사로부터 배운 것은, 우리가 결코 역사로부터 배우지 않는다는 사실”이며, 인간은 “발달 과정에 대한 증오”를 가지고 있다

(p. 89). 이처럼 공감을 불러일으키는 언어를 사용함으로써 Bion은 사고하기와 사고하기를 반대하는 것(anti-thinking)에 관한 Trotter의 생각에 동의하는 것으로 보인다. 이는 또한 좌절을 주는 감정으로 남겨지지 않기 위해 "본능을 죽임"(p. 79)으로써 몸의 압력을 제거한다는 Freud(1930/1962)의 생각을 반영하고 있다.

기본 가정에 따라 행동하는 것은, 처음에는 베타 요소(날것의 감각 자료)로 표시되는 소속 작업 집단정신으로의 접근을 가능하게 하는데, 이것은 의미 있는 경험 단위(알파 요소)로 변환될 수 있으며, 그 이후 작업 집단에서의 사고 과정과 상징화에 연결될 수 있다. 그러나 기본 가정이 결합되는 결합가의 빠른 속도로 인해 원정신의 정서적 잠재력은 베타 요소로 비워진다. 즉, 베타 요소는 원정신의 요소로 구성된 결합가의 일부를 유지한 채 마음에 의해 추방된다. "마음은 마치 근육처럼 작동하는 것으로 느껴진다"(Bion, 1965, p. 130).

> (베타 요소는) 폐에 있는 공기가 배출되는 것처럼 배출된다. …… 환자는 자신의 마음이 숨을 내쉴 때의 폐와 같은 배출 기관이라고 느끼는 것 같다. …… 환자는 자신의 눈과 시각에 대한 정신적 대응물을 배설 근육처럼 사용한다(Bion, 1965, p. 131).

Bion의 사고하기를 다양한 정점에서 본 한 예로서, 나는 협력에 대한 그의 논의를 제시함으로써 이 하위 항목을 결론하고자 한다.

> 집단에서 환자는 협력해야 한다고 느낀다. 그는 자신의 협력할

> 수 있는 능력이 기본 집단에서 정서적으로 가장 활발히 작동한다는 것을 발견한다. 그리고 기본 집단의 기법에 쉽게 적용될 수 없는 객관적 목표들을 추구할 때는, 그의 협력할 수 있는 능력이 주고받기에 의존하게 되는 것을 발견한다. 이는 기본 집단의 정서에서 암묵적으로 동의하는 데서 오는 빠른 정서적 반응과 비교할 때 더 큰 어려움을 겪으며 성취된다(1961, p. 90).

협력에 대한 신속한 '신체적' 반응은, 진실과 발달의 추구를 포함하는 협력의 형태로 나아가는 능력을 제한하면서도 동시에 그것에 필수적이다. 작업 집단은 기본적인 가정에 따라 행동하고, 소속 작업 집단으로 변형될 수 있는 잠재력을 가지고 있다.

자신의 논의 뒷부분에서 Bion은 협력에 대한 그의 초기 사고하기를 재고하면서 기본 가정 사고방식에서 작업 집단정신으로 전환하려는 자신의 사고하기에 대한 예를 제시한다.

> 목표를 정확하게 달성하려고 노력하면서 나는 인간 집단의 구성원에 내재된 나 자신과 집단이 지닌 정서적 특성을 혐오하는 것으로 인해 …… 정말 고통을 겪었다. …… 이 특성은 집단과 협력할 수 있는 (어떤) 종류의 능력이다. 그러나 나는 지금부터 나머지 작업 집단과 의식적이거나 무의식적인 작업을 위해 협력이라는 단어를 유보할 것을 제안한다. 반면, 기본 가정에서 자발적이고 본능적으로 협력할 수 있는 능력에 대해서 …… 나는 '결합가'라는 단어를 사용하고자 한다(1961, p. 116).

앞서 보았듯이, Bion은 집단에서의 경험에 대한 내면의 정서적 반응을 포함하여 여러 정점에서 협력이라는 단어를 고려한다. 결과적으로 그는 자신의 사고하기를 바꾸어 집단 구성원들이 작업 집단에서 '협력'(즉, 동시 실행)에 참여하는 것이 입증될 때만 협력이라는 단어를 사용하였다. 다른 사람들과의 즉각적인 결합 능력으로 인해 발생하는 협력은 그가 '결합가'라고 부르는 자동적인 기본 가정이다. 협력적 행동이 작업 집단정신의 일부가 될 때만 사고하기가 일어날 수 있다. 독자는 Bion의 발언 속에서 그가 어떻게 사고함으로써 기본 가정 사고방식에서 작업 집단정신으로 전환할 수 있었는지를 들을 수 있다.

Bion의 작업 집단

Bion(1961)이 파악한 바와 같이, 작업 집단이란 기본 가정 집단과 긴장 관계에 놓인 집단정신이다. 왜냐하면 작업 집단정신은 기본 가정의 원시적 자동성과 달리 현실 원칙에 따라 공통의 목표를 추구하려는 협력적 노력을 포함하기 때문이다. 기본 가정 집단은 사고하기를 회피하는 이전의 검증된 사고를 사용하여 사고하는 것으로 보인다. 작업 집단은 "마술의 효능에 의존하기보다 (사고하기를) 발달시키고자 하는 욕구"(Bion, 1961) 때문에 존재하는데, 이는 원시적 기본 가정 사고방식과 "정교한"(p. 96) 작업 집단정신의 "고통스러운 결합"(p. 128)에 의해서만 발생할 수 있다. 이것은 우리의 가장 원시적인 두려움, 즉 발달을 싫어하고 진실을 회피하고자 마술적 사고하기에 의존하는 무의식적인 정신증적 상태를 직면할 필요가 있는 과정이다(Schneider, 2005a, 2005b, 2005c).

1950년 집단에 관한 논문에서, Bion은 진실을 아는 것의 핵심적인 중요성에 대한 결정적인 생각을 소개한다. Bion은 20년이 지난 후 『주의와 해석(Attention and Interpretation)』(1970)에서 이 생각을 완전하게 발전시켰다. 이 책의 본래 제목은 '주의와 해석: 정신분석 및 집단에서의 통찰에 대한 과학적 접근(Attention and Interpretation: A Scientific Approach to Insight in Psychoanalysis and Groups)'이다.

> 기본 가정에 따라 행동하는 집단은 조직화나 협력을 위한 능력이 필요하지 않다. 집단이 기본 가정에 따라 행동하기 시작할 때 비로소 어려움이 발생한다. 행동은 어쩔 수 없이 현실과의 접촉을 의미하며, 현실과의 접촉은 진실을 고려하게 만든다. 과학적인 방법이 요구되고 작업 집단의 활성화가 뒤따른다(Bion, 1961, pp. 170-171).

인간의 본능적 경향은 집단을 형성하는 것이지만, 기본 가정 집단은 사고하기에 반대되는 동시에 그것에 본질적이기도 하다. 작업 집단은 가정된 진실에 의문을 제기하고 사실을 검토함으로써만 진실에 도달할 수 있으며, 이는 자기에게 도전을 주는 관념의 발달로 이어진다.

그것은 마치 인간이 현실에 대한 적절한 이해 없이 행동해야 하는 것의 고통스럽고 종종 치명적인 결과를 인식하고 있으며, 따라서 마치 자신의 발견을 평가할 때 진실을 기준으로 삼아야 한다는 필요성을 인식하고 있는 것처럼 보인다(Bion, 1961, p. 100).

우리는 진실을 추구하려는 실현되지 않은 욕동을 갖고 있으며, 집단정신에도 불구하고 우리의 사고는 궁극적으로 현실과 직면하므로 작업 집단정신이 승리한다. "우리의 옛적 조상(Trotter의 '무리')의 경우가 어떠했든 상관없이 그 집단과 그 안에 속했던 개인은 불가피하게 발달 과정에 전념한다"(Bion, 1961, pp. 89-90).

"내 생각에 한 집단의 놀라운 점 중 하나는 기본 가정의 영향에도 불구하고 결국 장기적으로 승리하는 것은 작업 집단이라는 것이다" (1961, p. 135). 기본 가정 사고방식이 작업 집단정신을 장악하는 것을 막기 위해, 타비스톡클리닉(Tavistock Clinic)의 대규모 집단들에서 Bion은, 집단의 사고와 어울리지 않는다고 생각되는 개인의 사고를 고려해 보자는 초대의 의미로 다음과 같은 질문을 던졌던 이로 알려져 있다. "누구라도 야생적 관념을 받아들여 집을 제공할 사람은 없을까?"(Britton, 2010)

작업 집단의 과제는 집단의 기본 가정 사고방식에 내재된 마술적 소망에 직면하는 과정을 통해 배우는 것이다. 우리가 우리의 사고를 발달시키기 위해서는 외부 작업 집단들이 필요하다고 말할 수 있지만, 동시에 우리가 기본 가정 수준에서 작동하는 집단의 일원으로서 내재된 사고의 한계로 인해 저주받았다고도 쉽게 말할 수 있다. 둘 다 사실이다. "기본 가정 집단들이 없으면 작업 집단이 작업할 수 있는 것이 아무것도 없을 것이다"(Ogden, 2011).

Bion은, 작업 집단정신이 기본 가정 집단정신, 즉 사고하기를 반대하는 것으로 악화될 위험이 항상 존재한다고 생각한다. 학습과 혁신은, 편집-분열적 분열이 우울적 자리의 확실성과 폐쇄성을 생산적으로 불안정하게 만드는 방식과 유사하게, 작업 집단정신이 기본 가정 사고방식과 상호작용하고 이를 불안정하게 만드는 것을 허용할 때만 발생할 수 있다.

Bion의 원정신적 모체에 대한 미발달된 가정

Bion의 사고하기의 독창성을 보여 주는 집단에 대한 세 번째 개념화는, 개인의 정서적 상태의 기원인 원정신적 모체에 대한 개념화이다. 모든 인간 경험의 기초가 되는 이 모체에서는 "신체적, 심리적 또는 정신적인 것이 미분화되어 있다. …… 이 모체에서 기본 가정에 적합한 정서가 흘러나온다"(Bion, 1961, p. 102). 이러한 방식으로, Bion은 자신의 자기 모델을 확장하여 신체와 정신을 연결한다. 원정신적 모체는 의식적으로든 무의식적으로든 경험되지 않는다. 오히려 그것은 지속적인 상태, 즉 모든 정서와 사고의 심리-신체적 기반이다.

Bion(1961)이 말했듯이, 원정신적인 것은 "경험을 초월한다"(p. 101). "정서적 상태는 기본 가정에 선행하며 그것이 표현하는 특정 원정신적 현상을 따르게 된다"(p. 101).

Bion이 원정신적인 것이 경험을 초월한다고 했을 때, 우리는 또 다른 무엇이 있는지 스스로에게 이렇게 질문할 수 있다. '우리 자신의 경험 너머에 어떤 것이 있다는 것을 어떻게 알 수 있을까?' 아마도 무리의 사고방식에서 뭔가 다른 것이 발생하여 개인이 집단에 속해 있을 때 활성화되는 배경 상태를 형성할 수도 있다.

Bion의 원정신적 모체 이론은, 본능이 정신질환으로 발전하는 사건으로 전환되기 위해 몸과 마음이 상호작용하는 방식을 보여 주는 Freud의 개념을 훨씬 뛰어넘는다. Freud에 따르면, 히스테리는 무의식적인 심리적 갈등에서 비롯되며, 이 갈등은 정신적으로 너무 충격적이어서 억압을 통해 무의식 상태로 밀려나는 경험들로부터 발생한다. 이 경험을 상징적으로 표현하기 위해 신체가 사용된다. 그러나 Bion은 모든 질환이 원정신적 모체에서 진화한 것이라고 본다. 원정신적 현상은 심리적 등록 없이 신체적 상태(예: 홍조) 또는 질병(예: 결핵; Bion, 1961)이 될 수도 있고, 사고와 정서적 상태(그리고 좋은 느낌의 신체적 건강)가 될 수도 있다.

기본 가정 중 하나가 상승한다는 것은, 다른 두 기본 가정의 힘과 영향력이 정신적으로 정지된다는 것이지만 몸의 상태에는 강력하게 영향을 미칠 수 있다는 것을 의미한다. Bion의 원정신적 모체는 Marty와 동료들(1963)과 프랑스 정신신체학파 저술가들의 연구를 예고한다. 이들은 정신신체질환이 너무 불안하여 정신적으로 다룰 수 없기 때문에 몸으로 배출된 '폐제된' 정서적 경험의 결과라고 제안했다(McDougall, 1984; Schneider, 1995, 2003, 2007).

『집단에서의 경험』(1961)을 출판한 후, Bion은 원정신적 모체에 대해 거의 언급하지 않는다. 그러나 이것은 그의 사고하기 이론에서 알파 및 베타 요소에 대한 후기 관념에, 결국에는 자기의 개념화에 흡수되어 통합된 것으로 보인다. 마지막으로 출판된 논문(Bion,

1979)에서 그는 "자기 안에서 일어나는 의사소통의 문제"(p. 324)에 대해 논의했다. 그 논문에서 그는 논의의 용어들을 다음과 같이 변경했다. "나는 '몸'과 '마음'을 의미하는 용어들을 싫어한다. 따라서 나는 몸과 마음이라고 부르는 것을 포함하기 위해 '자기'라는 용어를 사용하고, 발전할 수 있는 더 많은 관념을 위해 '정신적 공간(mental space)'이란 용어를 사용하겠다"(pp. 324-325). 우리의 원시적 과거, 현재, 미래는 우리의 경험 전체로 구성된 자기 속에 얽혀 있다.

Bion은 원정신 이론에서 알파 기능 이론으로 옮겨갈 때 원정신적 현상과 베타 요소를 명확하게 구별하지 않았다(Bion, 1962). 나는 여기에서 Bion의 관념을 확장하여, 원정신적 현상을 사고가 될 수 있는 것의 기원으로 존재하는, 표상 불가능하지만 항상 존재하는 잠재성의 상태라고 제안한다. 원정신적 현상들은 동화된 것(알파 요소)도 동화되지 않은 것(베타 요소)도 아니라(Bion, 1992), 감각 자료 등록의 가장 낮은 수준에 해당하며, 이는 자동적이고 반응적이다. 기본 원정신적 상태는 외부 세계와의 접촉으로 활성화될 때까지 잠재되어 있으며, 이를 통해 베타 요소는 사고로 변형될 수 있는 잠재력을 가진 최초의 원시 조직으로 형성될 수 있다.

집단에서 기본 가정은, 배출을 위한 베타 요소로 암호화되거나 작업 집단에서 상징적 사고하기에 사용할 수 있는 알파 요소로 변형될 가능성이 있는 원정신으로부터 자동으로 활성화된다. 원정신적 요소들이 이 과정 중 하나를 생성하기에 충분한 정신적 실현을 거치지 않으면, 기본 가정의 형태로 베타 현상 이전에 계속해서 머물게 된다. 따라서 원정신적 요소들은 꿈꾸기나 사고하기를 위해 담겨질 수 없고 사용될 수 없다(Ferro, 2002; Grotstein, 2000; Schneider, 2005c, 2010).

Bion은 원정신의 개념을 가정 수준으로 조심스럽게 유지했으며, 독자들에게 "내가 의도하는 것보다 더 엄격한 인과관계를 설정하지 말라고 주의를 시킨다. 왜냐하면 임상적으로 이러한 사건들을 순환적인 일련의 (사고들의) 연속안에 있는 연결로 생각하는 것이 유용하기 때문이다"(1961, p. 101).

원정신에 대한 논의에서 Bion은 마음이 어떻게 작동하는지 보여 주고, 마음이 사고할 수 있으려면 우리가 기꺼이 당혹스러움을 받아들일 수 있어야 함을 보여 준다. 그는 자신의 사고하기의 씨앗을 담은 잠정적인 언어 사용을 통해 그 과정을 전달한다. "나는 '원정신적' 현상이 존재한다고 가정할 것을 제안한다"(1961, p. 101). 그는 계속해서 이렇게 말한다. "그것은 유용한 것으로 판명될 수도 있다. …… 경험을 초월하는 개념을 제안하지 않고서는 내 견해를 적절하게 표현할 수 없다. …… 그것이 일어나는 현상을 밝히는 데 도움이 된다면." 그는 강조한다. "다양한 관념이 어떻게 발달했는지 보여 주는 잠정적인 이론들을 배제함으로써 많은 것이 상실될 수 있다"(1961, p. 7).

형성되지 않은 관념들을 공유하려는 Bion의 의지는 그가 야생의 사고를 어떻게 사용하는지 보여 주며, 그의 곡절진로의 단편들은 독자에게 마음 이론을 발달시키는 데 '빛을 밝혀 줄 수 있는' 단어를 넘어서는 무언가를 전달한다(1961, p. 101). "의미는 조각된 작품 자체인 구조에 의해서가 아니라, 형성된 패턴과 그 패턴에 갇힌 빛에 의해 드러난다"(Bion, 1991, p. 190).

III. 집단에서의 경험

집단을 통한 Bion 개인의 경험의 단편들

분석가로서 우리는 자신을 스스로 정의하려고 시도하면서 '집단'으로부터 관념들을 받아들이고, 개성을 희생하지 않고 자신을 분석공동체와 관련하여 위치시키는 방법에 대해 고심한다. 경력 초기에 Bion은 다른 사람들의 영향을 뛰어넘어 자신만의 무언가를 만들었고, 동료들에게도 자신으로부터 독창적인 것을 가져와 그들만의 무언가를 만들도록 격려했다.

Bion은 영국정신분석협회(British Psychoanalytical Association) 회장, 멜라니클라인재단(Melanie Klein Trust)의 의장을 역임했으며, 매우 존경받고 자주 인용되는 정신분석가였다. 그럼에도 불구하고 그는 영국에서 '자신의 말이 사람들에게 들리지' 않고 있다는 느낌을 받았던 것으로 보인다. Bion은 자신이 존경받고 있는 것이 문제라고 생각한 것 같다. 사람들이 어떤 개인을 존경할 때, 그들은 그의 말을 듣지 않는다. 그의 아내 Francesca에 따르면, Bion이 런던에서 마지막 몇 년 동안 노래의 후렴구처럼 반복했던 말은 다음과 같다. "(나는) 명예에 눌려 흔적도 없이 물속으로 가라앉는 것과 비슷하다"(F. Bion, 1995, p. 15). 로스앤젤레스로 이주한 후에도 그의 말이 들리지 않는 문제는 해결되지 않았다.

> 여기 로스앤젤레스에서 나 자신과 동료들 사이의 관계는 거의 완전히 실패했다고 보는 것이 정확한 표현일 수 있다. 그들은 나를 의아해했고 이해할 수 없었다. 그러나 그들이 이해할 수 없는 것에 대해 어느 정도 존경심을 가지고 있었다. 나의 생각이 틀리지 않는다면, 이들은 나의 사고, 인성이나 관념들에 대한 이해나 동조보다는 두려움을 더 크게 갖고 있었다. 상황(정서적 상황)이 다른 곳에서 더 나아질 것이라는 데에는 의문의 여지가 없다. 영국에 대해서도 똑같이 말할 수 있었다(Bion, 1992, p. 334).

Bion은 모든 집단에서 발견되는 의존 기본 가정 사고방식이 가는 곳 어디에나 만연해 있다는 것을 통감했다. 그는 자신의 독창적인 관념과 집단에 대한 자신의 사고하기에 영향을 준 이론가들(Trotter, Freud, Klein)의 관념 사이에서, 그리고 자신과 그가 집단을 지도해 줄 것을 기대했던 런던과 로스앤젤레스의 동료들 사이에서 긴장을 느꼈던 것 같다. 그는 그들의 사고의 리더가 되는 것을 거부하는 것처럼 보였고, 자신의 공헌으로 돌리지 않고 그들이 스스로 생각하게 만들려고 노력했다(분명히 큰 성공은 없었음). 그러나 Bion은 그를 일종의 신비주의자로 몰아간 사람들로 인해 실망했을지도 모른다.

『집단에서의 경험』(1961)이 놀랍도록 많은 인기를 얻었음에도, Bion은 집단에 대한 그의 사고하기와 일반적인 그의 사고하기 이론이 정신분석적 사고에 큰 영향을 미치지 않았다고 느꼈다. Bion은 자녀에게 보낸 편지에서 이렇게 썼다. "10년 후 압박이 닥쳤을 때도 내게 부담을 주지 않았던 단 한 권의 책이 『집단에서의 경험』이었다. 이 책은 계속해서 성공을 거두고 있었다"(F. Bion, 1985, p. 213). 그리고 앞서 『집단에서의 경험』(Bion, 1961) 서문에서 그는 다음과 같이 표현하였다. "이 책에 수록된 논문들은 내가 예상했던 것보다 더 많은 관심을 불러일으켰다"(p. 7). Bion은 집단에 대한 자신의 독창적인 사고하기가, 사고하기 이론을 정교화하는 것보다는 그의 작업을 치료적 접근 방식으로 사용하는 것에 더 관심을 두는 것으로 보이는 동료 분석가들에 의해 오해받았다고 느꼈던 것 같다.

분석적 쌍에서의 기본 가정

> 두 사람의 존재에 의존하는 조사 기법을 사용해 온 사람은 (그리고 정신분석은 그런 기법이다) 한 사람이 다른 사람의 마음을 조사하는 것에 참여하는 것으로 볼 수 있을 뿐만 아니라, 집단이 아닌 짝의 사고방식을 조사하는 것으로 간주될 수 있다(Bion, 1961, p. 62).

Bion은 분석에서의 쌍을 짝으로 지칭한다. Bion에게 있어서 "정신분석적 상황은 '개인의 심리학'이 아니라 '짝'(의 심리학)이다"(1961, p. 62). "집단에 대한 나의 경험에 비추어 볼 때, 정신분석은 짝짓기의 기본 가정을 자극할 가능성이 있는 작업 집단으로 생각될 수 있다"(p. 176).

Bion이 구체적으로 언급한 적도 없고 어떤 식으로든 그 관념을 발전시킨 적도 없지만, 내가 볼 때 개인 분석 과정에서 작업 집단정신의 붕괴가 기본 가정 짝짓기를 자극하고 알파 기능을 악화하여 "분석 그 자체를 하나의 행동화"(1967, p. 87; Britton, 2013도 참조)로 전환시킬 수 있는 것처럼 보인다.

개인이 정신분석이나 집단 내 분석에 있을 때, 사고하기가 결국 기본 가정을 이기고, 환멸이 환상을 이기고, 현실이 마술적 사고를 이긴다. Bion은 이렇게 기술한다. "정신분석적 문제는 개인, 쌍, 마지막으로 집단(정신 내적 및 외적)에서 반복되는 담는 것과 담기는 것 사이의 관계에서 성장과 조화로운 해결의 문제이다"(1970, pp. 65-66). 집단에 속한 환자를 위해서, 집단은 원정신을 정신으로 전환시킴으로써 개인이 아직 심리적 형태를 부여할 수 없는 것을 심리적으로 만든다.

Bion은 개인 작업에 있어 무리의 사고방식이 얼마나 중요한지 의심하지 않는다. 개인으로서 우리는 항상 반고립(semi-isolation) 상태에 있으며, 집단이나 개인 분석가와의 접촉은 우리에게 기본 상황과 기본적인 정서적 욕동을 자극하여 신체적인 것을 정신적인 것으로 변형할 수 있는 기회를 제공한다.

집단의 압력은 환자(또는 분석가)의 삶에서 기본 가정 집단인 싸움–도주 사고방식에서 파생된다. 예를 들어, 피분석가가 환자의 집단생활에서 일어나는 작업의 결과로 분석가가 박해적이거나 독선적이라고 느낄 때이다. 집단의 사고하기는 다른 방식으로도 정신분석에 영향을 미친다. 짝이 집단은 아니지만, 두 사람은 항상 그들이 작업하는 더 큰 집단의 일부이다. 예를 들어, 특정 정신분석학파에 속해 있는 분석가가 역시 분석가이자 같은 학파에 속해 있는 환자와 함께 작업을 할 때, 그들은 자신의 분석적 접근 방식이 최고라고 믿으며 분석에 대한 암묵적인 관점을 공유한다. 그들은 지도자(Bion, Jung, Klein, Kohut 또는 다른 누구이든)에 대한 의존성의 기본 가정과 분석-진실, '메시아'를 창출하기 위해 짝을 이루고 싶은 욕구를 공유할 수 있다(1962, p. 152). 그들은 다른 분석학파들 및 학파의 지도자들과 동일시되는 분석가와 연관된 싸움-도주의 기본 가정을 경험할 수 있다.

분석가 및 피분석가인 우리는 개인, 짝, 집단이라는 세 가지 개념적 범주를 분석 상황에서 우리의 사고하기에 가져온다. 우리의 다양한 집단 구성원들은 우리의 분석 작업에 중요한 결과를 가져온다. Wallace(2007)는 그녀의 교육 분석가가 윤리 위반의 결과로 연구소에서 추방된 후 분석이 종료되었을 때 제기된 개인적 · 직업적 어려움에 대해 의사소통하는 가운데 이를 자세히 설명하고 있다. 그녀의 의사소통은 그녀의 개인 심리 및 과거와 현재와의 관계, 무의식적인 마음과 의식적인 마음, 그리고 억압된 무의식과의 투쟁의 한 예로 볼 수 있다.

Elizabeth M. Wallace의 의사소통에서 입증된 바와 같이, 짝, 개인의 전이, 투사적 동일화, 분석적 삼자, 분석의 장, 그녀와 그녀의 분석가가 구성원이었던 집단의 사고방식은 모두 불가분하게 얽혀 있다. 이는 정신분석이 수행되는 장을 구성하고, 분석가와 환자 사이에 어떤 발달이 있을 수 있는지 보여 준다. 특히 분석이 기관에서 요구하는 훈련의 일부이고 분석가가 행동화를 통해 짝과 집단의 법칙을 위반한 경우 더욱 그렇다.

전문기관 훈련 모델 구조 내에서 수련생을 분석하는 것을 유난히 어렵게 만드는 이유 중 하나는 전문기관 집단이 주는 압력이다. 분석이 이루어지고 집단의 요구 사항이 충족된다. 그래서 분석가와 환자 및 수련생 모두는 전문기관의 행위 주체들이 된다. 그러나 분석가는 또한 수련생이 최소한 전문기관의 요구 사항을 충족했는지 여부를 평가하여 전문기관에 알려야 하는 전문기관의 행위 주체이기도 하다. 이러한 방식에서 이 분석은 특별한 범주에 속하게 된다. 이는 단순히 환자 및 수련생의 심리적 성장을 위해서만 수행되는 것이 아니라, 전문기관의 필요 또한 충족시켜야 하기 때문이다.

Bion은 다음의 사실을 관찰하였다.

> 집단심리학과 개인심리학의 명백한 차이점은, 집단이 개인심리학의 특정 측면에 대해 이해 가능한 연구의 장을 제공하며, 그렇게 함으로써 집단을 사용하는 데 익숙하지 않은 관찰자에게는 낯설게 보일 수 있는 현상을 부각시킨다는 사실이 만들어 낸 환상이다 (Bion, 1961, p. 34)

달리 말하면, 개인이든 집단이든 정신분석을 수행하려면 '집단에서의 경험'을 인식하는 것이 필수적이다. 집단 치료 훈련은 치료적일 뿐만 아니라 분석가의 사고하기에도 도움이 된다. Bion은 이는 분석가가 기본 가정을 더 쉽게 인식하고 익숙해지는 경험을 제공하여, 분석적 쌍에서 작업할 때 이를 더 쉽게 인식할 수 있게 된다고 말한다.

요약하자면, 개인에게 나타나는 어떤 특성들은 그가 무리 동물로서 지닌 본능의 일부임을 인식하지 않으면 그 진정한 의미가 이해될 수 없다. 은둔자가 속한 집단에 대한 정보를 얻지 못하면, 고립되어 사는 은둔자를 이해할 수 없다(Bion, 1961).

이런 관점에서 볼 때, 개인의 관계는 집단에서 비롯된다. 정신분석에서는, 분석가가 자신과 환자가 언제 기본 가정 사고방식으로 활동하고 있는지, 또는 작업 집단정신으로 활동하고 있는지를 인식할 수 있도록 양안적 시각을 사용할 것이 요구된다.

요약과 결론

집단에 대한 정신분석적 이론에 대한 Bion의 기여는 그의 전체적인 이론 작업의 전조가 된다. 나는 집단에 대한 Bion의 사고에 미친 Freud, Trotter 및 Klein의 작업의 영향을 논하였고, 그의 집단과의 경험을 사용하여 정신분석적 사고를 근본적이고 독창적으로 재구성한 Bion의 방식들에 대해 논하였다. 그는 개인에게 항상 잠재된 형태로 존재하고 따라서 모든 분석에서 활동적인 집단 본능에 대해 광범위하지만 불완전한 이론을 우리에게 남겼다.

우리는 일반적으로 개인 피분석가를 분석할 때 집단에 대해 많이 생각하지 않는다. 나는 개인적인 해석만을 하게 되면 분석적 쌍과 집단의 구성원으로서 환자와 분석가 사이에 있는 긴장을 놓치게 된다고 제안한다. 기본 가정에 주의를 기울임으로써, 우리는 기본적으로 잠재적이지만 항상 존재하는 싸움-도주, 짝짓기, 의존 기본 가정 사고방식은 인식할 수 있다. 각각의 경우에 우리는 세 가지 기본 가정의 상호작용을 볼 수 있다. 하나의 경우가 눈에 띄게 전경이 되면, 나머지 두 경우는 배경에 머무른다(waiting in the wings).

집단정신은 일부 피분석가가 아니라 모든 피분석가에게 중요하다. 그것은 타고난 것이며 과거 경험과 관련이 없으므로, 평생에 걸쳐 우리의 발달 과정 전반에 공통분모가 되어, 우리가 더 높은 추론이라고 부를 수 있는 것과 더 낮은 본성이라고 부를 수 있는 것 사이의 끝없는 투쟁을 초래한다. 평상시에는 숨겨져 있는 그러나 분석에서 드러나는 것은 피분석가의 사고와 집단의 구성원이 되고자 하는 그의 타고난 본능적 욕망 사이의 긴장이다.

Bion은 독자인 우리에게 우리가 알고 있다고 생각하는 것과 그것을 어떻게 알게 되었는지에 대해 다시 검토하라고 요구한다. 그는 우리의 신념 체계를 흔드는 불편한 질문을 제기하여, 우리가 이해한 것을 재고하도록 자극하는 자기 의심에 우리를 남겨 놓는다. 그렇게 함으로써 Bion은 집단에 대한 Freud, Trotter, Klein의 관념을 뛰어넘고 심지어는 Bion 자신의 관념을 넘어서서 사고하도록 우리에게 영감을 준다.

참고문헌

Bion, F. (Ed.) (1985). *All my sins remembered: Another part of a life and the other side of genius: Family letters*. Fleetwood Press.

Bion, F. (1995). The days of our years. *Journal of Melanie Klein Society & Object Relations, 13*, 1–30.

Bion, W. R. (1952). Group dynamics: A review. *International Journal of Psychoanalysis, 33*, 235–247.

Bion, W. R. (1959). Attacks on linking. *International Journal of Psychoanalysis, 40*, 308–314.

Bion, W. R. (1961). *Experiences in groups and other papers*. Basic Books.

Bion, W. R. (1962). *Learning from experience*. Basic Books.

Bion, W. R. (1963). *Elements of psychoanalysis*. Maresfield Library.

Bion, W. R. (1965). *Transformations*. Jason Aronson.

Bion, W. R. (1967). *Second thoughts*. Jason Aronson.

Bion, W. R. (1970). *Attention and interpretation: A scientific approach to insight in psychoanalysis and groups*. Tavistock.

Bion, W. R. (1978). *Four discussions with W. R. Bion*. Clunie Press.

Bion, W. R. (1979). Making the best of a bad job. *Bulletin of the British Psychoanalysis Society, 18*, 321–331.

Bion, W. R. (1990). *Brazilian lectures*. Karnac Books.

Bion, W. R. (1991). *A memoir of the future*. Karnac Books.

Bion, W. R. (1992). *Cogitations* (F. Bion, Ed.). Karnac Books.

Bion, W. R. (2005). *The Tavistock seminars* (F. Bion, Ed.). Karnac Books.

Britton, R. B. (2010). Personal communication.

Britton, R. B. (2013). Commentary on three papers by Wilfred R. Bion.

Psychoanalytic Quarterly, *82*, 311-321.

Conrad, J. (2008). An outpost of progress. In *Tales of unrest*. Echo Library. (Original work published 1897).

Ferro, A. (2002). Some implications of Bion's thought. *International Journal of Psychoanalysis*, *83*, 597-607.

Freud, S. (1961a). Beyond the pleasure principle, group psychology, and other works. In J. Strachey (Ed. & Trans.), *The standard edition of the complete psychological works of Sigmund Freud* (Vol. 18, pp. 67-134). Hogarth Press. (Original work published 1922).

Freud, S. (1961b). Group psychology and the analysis of the ego. In J. Strachey (Ed. & Trans.), *The standard edition of the complete psychological works of Sigmund Freud* (Vol. 18, pp. 67-134). Hogarth Press. (Original work published 1921).

Freud, S. (1961c). The ego and the id. In J. Strachey (Ed. & Trans.), *The standard edition of the complete psychological works of Sigmund Freud* (Vol. 19, pp. 3-66). Hogarth Press. (Original work published 1923).

Freud, S. (1962). Civilization and its discontents. In J. Strachey (Ed. & Trans.), *The standard edition of the complete psychological works of Sigmund Freud* (Vol. 21, pp. 59-145). Hogarth Press. [Original work published 1930(1929)].

Grotstein, J. S. (2000). *Who is the dreamer who dreams the dream? A study of psychic presences*. Analytic Press.

Jones, E. (1940). Wilfred Trotter. *International Journal of Psychoanalysis*, *2*, 114.

Klein, M. (1952). Notes on some schizoid mechanisms. In M. Klein, S. Isaacs, P. Heimann, & J. Riviere (Eds.), *Developments in psychoanalysis*.

Hogarth Press. (Original work published 1946).

Lacan, J. (1966). *Écrits*. Seuil.

Loewald, H. (1980). The waning of the Oedipus complex. In *Papers on psychoanalysis* (pp. 384–404). Yale University Press.

Maddox, B. (2006). *Freud's Wizard: Ernest Jones and the transformation of psychoanalysis*. John Murray.

Marty, P., de M'Uzan, M., & David, C. (1963). *L' Investigation psychosomatique*. Presses Universitaires de France.

McDougall, J. (1984). The "disaffected" patient: Reflections on affect pathology. *Psychoanalytic Quarterly, 53*, 384–409.

Ogden, B. H., & Ogden, T. H. (2013). *The analyst's ear and the critic's eye: Rethinking psychoanalysis and literature*. Routledge.

Ogden, T. H. (2006). Reading Loewald: Oedipus reconceived. *In Rediscovering psychoanalysis: Thinking, dreaming, learning, and forgetting*. Routledge.

Ogden, T. H. (2009). Bion's four principles of mental functioning. *In Rediscovering psychoanalysis: Thinking, dreaming, learning, and forgetting*. Routledge.

Ogden, T. H. (2011). Personal communication.

Schneider, J. A. (1995). Eating disorders, addictions, and unconscious fantasy. *Bulletin of the Menninger Clinic*, *59*, 177–190.

Schneider, J. A. (2003). Janus-faced resilience in the analysis of a severely traumatized patient. *Psychoanalytic Review, 90*, 869–887.

Schneider, J. A. (2005a). Experiences in K and -K. *International Journal of Psychoanalysis, 86*, 825–839.

Schneider, J. A. (2005b). Reply to Dr. Alexander. *International Journal of Psychoanalysis, 86*, 1479.

Schneider, J. A. (2005c). Dreaming the truth of experience: Heaven. *Psychoanalytic Review, 92*, 777-785.

Schneider, J. A. (2007). Panic as a form of foreclosed experience. *Psychoanalytic Quarterly, 76*, 1293-1316.

Schneider, J. A. (2009). Signs and symbols in Dersu Uzsala. *Psychoanalytic Review, 96*, 173-180.

Schneider, J. A. (2010). From Freud's dream-work to Bion's work of dreaming: The changing conception of dreaming in psychoanalytic theory. *International Journal of Psychoanalysis, 91*, 521-540.

Trotter, W. R. (1916). *Instincts of the herd in peace and war.* Unwin.

Trotter, W. R. (1941). *The collected papers of Wilfred Trotter*. Oxford University Press.

Trotter, W. R. (2005). *Instincts of the herd in peace and war.* Cosimo. (Original work published 1916).

Wallace, E. M. (2007). Losing a training analyst for ethical violations: A candidate's perspective. *International Journal of Psychoanalysis, 88*, 1275-1288.

제4장

폐제 경험의 한 형태인 공황

나는 종종 공황 상태[1]를 경험하는 환자들의 증상 기저에 있는 정신적 과정이, 정신신체장애를 겪고 있는 환자들과의 정신분석 작업에서 만난 것과 매우 유사해 보인다는 사실을 발견했다. 특정 유형의 공황장애를 겪고 있는 환자들과 정신신체장애가 있는 환자들은, 의식적이고 무의식적인 심리적 작업을 수행하는 데 있어 언어적 해석을 효과적으로 사용하는 능력이 제한되어 있는 것으로 보인다. 어떤 분석에서든 언어 자체는 분석가가 환자에게 소통하는 내용 일부만 전달하는 반면, 소통의 다른 부분은 목소리 톤, 얼굴 표정 및 기타 신체 움직임, 기억 상실, 연기 등을 통해 전달된다. 그러나 공황 상태를 나타내는 특정 유형의 환자에 대한 분석 작업에서, 언어는 특

---

[1] 나는 진단적 의미가 아닌 현상학적 의미로 공황이라는 용어를 사용하고 있다. 즉, 사람이 사고하거나 말할 수 없는 거의 전적으로 신체적인 사건으로 경험되는 극심한 불안 상태를 지칭한다.

히 의사소통의 가치가 거의 없는 것 같다.

이러한 상황에서 나는 스스로가 신경증 환자를 대상으로 작업할 때보다, 심지어 일부 정신증 환자를 대상으로 작업할 때보다 의사소통에 있어서 비언어적 차원에 훨씬 더 많이 의존하고 있음을 알게 되었다. 더 나아가, 나는 이렇게 상징이 없는 증후(asymbolic symptomatology)를 폐제의 한 형태로 보는 것이 유용하다는 것을 발견했다. 상징이 없는 증후란, 즉 유아기와 아동기의 외상적 정서 경험에서 유래한, 꿈꿀 수 없는 경험이(Bion, 1962/1977) 정신으로부터 거의 완전히 제거되어(McDougall, 1989) 신체로 전가된 형태를 말한다. 유아, 그리고 이후 아동은 어머니가 원초적 경험을 안아 주고 담아 주는 데 실패했기 때문에(Grotstein, 2000; Ogden, 2004a) 그 경험을 스스로 처리하도록 남겨진다.

아주 종종, 공황은 공포 상태 또는 정신증적 해체와 관련된 극심한 불안으로 간주된다. 드물게는, 공황은 정신적 규제를 우회하여 신체적 질병으로 신체에 흥분을 직접 방출하는 상징화를 사실상 완전히 거부하는 폐제의 한 형태로 생각되어 왔다. 이 장에서 나는 일부 환자의 공황 상태는 정서를 느끼지 못하는 환자들(McDougall, 1984, 1989), 정서 표현이 불가능한 환자들(Nemiah & Sifneos, 1970), 심각한 도착증 환자들(de M'Uzan, 2003)의 상태와 비슷한 폐제[2]의

---

[2] de M'Uzan은 상징화의 전조를 무색하게 하는 거부 또는 부인의 형태를 지칭하기 위해 폐제(foreclosure)라는 용어를 사용한다. 이는 de M'Uzan(2003)이 "폐제(verwerfung) 부분에 대해 말할 때 그것이 고전적 의미의 상징화 기능의 구성을 방해하는 역할을 하는 것처럼"(p. 714), 정신증적 현상의 핵에 자리한 특정 기제를 설

형태를 포함한다고 제안한다.

de M'Uzan은 "왜곡된 해결책은 …… (폐제의) 관찰에 특히 도움이 된다."라고 제안했지만, 그는 계속해서 이 논쟁의 범위를 확장했다.

> 그러나 다른 결과도 생각할 수 있다. 예를 들어, 거의 감춰진 채 조용한 상태에서 진행되는 심각한 신체 병리의 발현이 있다. 이는 마치 '신체증'이 명백히 비자발적으로 발생되는 하나의 행위와 동등한 것으로, 히스테리 증상이 아닌 신체적으로 '행동화(acting in; 행동을 신체 밖으로 표현하는 것이 아닌 신체 안으로 넣는)'하는 증상으로 나타나는 것이다(2003, pp. 717-718).

de M'Uzan은 여기서 몸 안으로 '행동화(acting in)'하는 것을 말하고 있다. 즉, 인간관계나 상징화를 거치지 않은 채, 흥분이 신체질환이 되어 몸속으로 배출되는 것을 언급하고 있다. 이는 유기체가 마치 신체가 그 자체의 정신을 갖고 있는 것처럼 살아간다는 것을 말한다. de M'Uzan의 정신적 폐제는 내적 정신세계에서 제거되어 비정서적이고 비인격적으로 작동하는 사고하기를 포함한다.

이러한 장애들(정신신체질환, 정서 단절 상태, 감정 표현 불능증, 공황 상태)은 모두 결정적인 특징을 공유한다. 즉, 다른 심리적 상황

명하기 위해 Lacan(1966)이 적용한 Verwerfung이라는 용어를 Freud(1894/1962)가 사용한 것에 더 가깝다. 초기 외상의 결과 야기된 정신적 혼란 때문에 신체가 상징화 과정을 우회할 때, 곧 그 자체가 너무 충격적이어서 상징의 과정으로 활용될 수 없을 때, 그 정신적 혼란은 그 순간 신체 안에 복제될 수 있다.

에서 사고와 감정이 되었을 수도 있는 것의 상징화 실패와 몸으로의 전가라는 특징을 공유한다. 이 장애들에 대한 분석은 고전적인 이론적 접근 방식과 양립할 수 없다. “정신분석 과정은 정신신체 과정과 반대다. …… 몸이 스스로의 ‘사고하기’를 하는 정신신체질환에서(McDougall, 1974, p. 441)는 성격의 신경증적 부분을 이해하는 데 필요한 것과는 다른 접근 방식이 요구된다”(McDougall, 1974, p. 439).

다음 임상 논의에서 나는 초기에 자신의 공황 상태와 내적 또는 외부 삶의 사건 사이, 혹은 분석에서 관념들을 연결할 수 없었던 환자의 움직임을 설명한다. 환자는 신체 안에서의 말이 없고 상징할 수 없으며 말로 표현할 수 없는 경험에서, 감정을 표현할 수 있는 마음의 심리적 상태(더 정확하게는 정신신체의 상태)를 생성할 수 있는 지점에까지 나아갔다. 그는 이 정신신체의 상태에서 비록 말이 상당히 뒤죽박죽이고 혼란스럽기는 했지만, 감정을 표현하고 그의 경험에서 개인적인 의미를 창조하였다. 분석의 중요한 시점에서 환자는 진료 대기실에서 자신의 신체를 상징적인 방식으로 사용하기 시작했고, 결국 언어로 표현된 상징 언어(은유 포함)를 사용하여 의사소통할 수 있게 되었다. 이 임상 사례의 발표는 폐제의 한 형태로서 공황에 대한 나의 개념화와 그러한 상태를 분석적으로 작업하는 접근 방식을 보여 준다.

I

말로 하는 작업과 말없이 하는 작업

처음 면담 회기에 A를 만나기 위해 문을 열자, A는 대기실의 구석에 있는 의자에 앉아 손바닥과 손끝으로 벽을 따라 움직이고 있었다. 내가 그에게 끼어들었다고 느꼈지만, 그는 전혀 놀란 기색을 보이지 않았다. 나는 그가 내 대기실을 자신의 안식처로 사용하고 있다는 느낌을 받았다.

내 상담실 자리에 앉은 A는 조용히 방 안을 꼼꼼히 살폈다. 그런 다음, 그는 분석 카우치와 책장에 있는 책들 그리고 그날 내가 맨 넥타이에 대해 언급했다. A는 잠시 말을 멈춘 뒤 담담하게 말을 이어갔다. "오늘 불쾌한 일이 있었어요. 일의 전후 사정이 어떤지 알아보고 있지요. 사건은 오전 9시 30분쯤 저의 연말 평가를 위해 상사 사무실에 가던 중 발생했어요. 그때 배가 아팠고 가슴이 조여 오는 느낌을 받았어요. '상사가 건네주는 평가의 내용을 읽을 수 없다면 어떡하지?' 저는 화장실로 뛰어 들어갔어요. 숨을 들이쉬기가 어려웠고 심장은 쿵쾅거리고 있었지요. 저는 심장이 점점 커지는 걸 느꼈어요. 방은 빙빙 돌고 있었고, 여러 생각이 제 마음에 맴돌고 있었어요. 저는 죽어 가고 있다고 생각했지요. 그때 저는 저 자신에게 말했어요. '소화불량이야. 넌 소화에 문제가 있잖아.' 저는 그 자리로 돌아갈 수 없었어요. 그래서 바로 자리를 떴지요."

A는 자신의 불안 상태와 상사와의 만남 혹은 나와의 초기 면담 사이에 어떤 정서적인 연결에 대해서도 의식하지 못하는 듯했다. 그는 마치 우리가 오랫동안 함께 분석 작업을 했던 것처럼 나에게 말하고 있다는 것도 알아차리지 못하는 것 같았다. 이 모든 것을 염두에 두고 나는 그에게 말했다. "선생님께서 상사와 만나고 저와 만난 것이 선생님의 내면을 뒤흔들고, 신체적 반응을 불러일으킨 것 같아요. 그 반응에 너무 놀라 무엇을 해야 할지 몰랐던 것 같아요."

A는 빠르고 유쾌하게 내 의견에 반박하며 이렇게 말했다. "아, 아니, 상사와의 만남에 대해 제가 보인 반응은 그냥 오래된 흔한 배탈 정도였지요. 그 이상도 그 이하도 아니에요. 제가 알아내려고 노력 중인 것은, 제가 그 브라우니를 안 먹겠다고 왜 말할 수 없었는지, 그 이유예요."

나는 A가 그의 연말 평가와 나와의 처음 면담이 그가 생각했던 것보다 그에게 더 무서웠을 수도 있고, 그의 신체 감각이 그의 정서 상태와 관련이 있을 수도 있다는 내 생각을 거부한 것에 놀랐다. 두 번째로 환자의 신체적·정서적 반응을 그의 상사와 나와의 만남과 연결시키려고 했을 때, 그는 이렇게 반응하였다. "이 만남들 때문에 오늘이 힘든 하루가 되었다고 말할 수 있으면 좋겠지만, 오늘도 다른 날들과 다르지 않았어요."

내가 제안한 자명해 보이는 연결들을 두 번째로 거절했을 때, 나는 혼란스러움을 느꼈고 그가 수동 공격적 방식으로 둔감하게 행동하고 있지는 않은지 궁금했다. 내가 말하는 것을 환자가 무시하는 것은 흔한 일이다. 그러나 A에 대해서 놀란 점은 그의 신체적 상태와 정서적 의미 사이를 연결시킬 가능성을 거의 완전히 수용할 수 없거나 그럴 의지가 없다는 것이었다.

다음 회기에서 A는 상사와의 만남에 대해, 거의 동일한 세부 사항을 담아 자세하게 혹은 압축하지 않은 채, 반복적으로 설명했다. 나는 아무 대답도 하지 않았지만, A의 경험에 심리적 의미를 부여하려는 나의 시도가 A에 의해 받아들여지지 않았음을 알아차렸다. 나는 그가 자신의 생생한 정서적 경험에 대해 사고하거나 꿈꿀 수 있는지(즉, 무의식적인 심리적 작업을 수행할 수 있는지) 궁금했다.

그와 이야기하는 동안 나의 한 가지 기억이 스쳐 지나갔다. 몇 년 전 차로 유치원에 데려다주면서 마음이 산란해진 아들을 위로했던 기억이었다. 이 레브리는 이후 A와의 작업에서 가치 있는 기억으로 입증되었다.

II

몇 차례 면담 회기를 거친 후에, 우리는 일주일에 네 번의 만남을 시작했고 A는 카우치를 사용하기 시작했다.[3] 그는 키가 크고, 몸이

[3] 치료가 성공적이지 못하자, 행동치료사가 A를 의뢰하였다. 이런 방식으로 A는 치료사의 의뢰 안내와 나의 치료 권고사항을 잘 따르고 있었다. 나와의 첫 만남에서 그의 행동은 환자가 분석가와 함께 연기한다고 상상했던 역할을 수행하는 것과 관련이 있었다. 분석가에 대한 그의 환상은 우리가 만나기 전에 그가 나에게 가졌던 전이를 반영하고 있었다.

마르고, 말투가 부드러운 40대 중반의 남성으로, '열심히 일하는 부모'의 두 자녀 중 첫째였다. 그는 자신의 아버지가 자동차 대리점을 운영하고 있으며 자동차를 구입하기 위해 타 주(state)로 여행하는 동안 자주 집을 떠나 있었다고 말했다. 집에 있을 때 아버지는 환자에게 짜증을 많이 내었고 '그를 훈육하기 위해' 매질했다. A는 자신의 어머니에 대해 '기억하는 한 오랫동안 우울했었다'고 표현했다. 그는 그녀가 '요리를 하고, 쇼핑을 하며, 침대보를 갈아 주고, 화장실을 깨끗하게 청소했던' 사람이었다고 말했다. 자신의 부모에 대해 이야기하는 동안 그는 어떤 정서도 보여 주지 않았고, 마치 자신에게 전혀 낯선 역사, 곧 누군가 다른 사람의 아동기 역사를 들려 주는 것처럼 밋밋하고 단조로운 목소리로 말했다.

A는 조산아로 태어나 혈액 부적합으로 인한 황달 치료를 위해 밝은 조명등이 비치는 인큐베이터에서 처음 3개월을 보냈다. 어머니 역시 약물 합병증으로 그가 출생했을 때 처음 5개월 동안 병원에 입원해 있었고, 그 후에도 계속 건강이 좋지 않아 고통 가운데 있었다. 아동기 시절 어머니의 휴식을 방해하지 않기 위해 그는 친구들과 밖에서 놀아야 했다.

여름 방학이 되자 A와 여동생은 곧바로 시골에 있는 이모와 이모부 집으로 보내졌다. 환자는 집의 공간이 부족해 집 모퉁이에 있는 작은 트레일러에서 혼자 잠을 잤다. A는 트레일러에서 자는 것이 늘 두려웠다. 그는 누군가가 트레일러에 침입하지는 않을지 염려했다. (그는 남자의 가슴이 열리고 이상한 외계 생명체가 나오는 TV 쇼를 본 적이 있었다.) 이후 그는 잠을 편하게 잘 수 없었다. 여름이 다가올수록 그는 잠을 자는 데 훨씬 더 많은 어려움을 겪었다. 그가 얼마나 겁이 났는지 어머니에게 말하자, 어머니는 "아, 뭐가 무서워. 바로 문만 열면 옆집에 이모와 삼촌이 있는데."라고 말했다. A가 아동기 시절 겪었던 공포에 대해 말할 때, 목소리 톤이나 표정에 어떤 변화도 주지 않은 채 감정 없이 전달하는 것에 나는 다시 한번 놀랐다.

이 시점에서 나는 A의 불안이, 그의 부모가 그에게 부모가 아니었다는 금지되고 위험한 사고와 감정을 방어하려는 그의 노력이 부분적으로만 성공한 결과가 아닐까 의심했다. 그러나 나는 여전히 바다에 떠 있는 듯한 막막한 느낌을 받았다. 초기 회기들에서 A가 말할 때, 나는 종종 깨어 있기 위해 애쓰는 나 자신을 발견했다. 어떤 때에는 분석에서 무슨 일이 일어나고 있는지 이해할 수 없다는 불안과 허무를 경험하기도 했다. 그와 함께 있는 동안 레브리가 드물게 있었지만 나에게 거의 도움이 되지 않았다.

A는 분석 첫 2년 동안 "분명 알고 계실 텐데요."라는 식으로 반응하며 의미를 말해 달라고 요구하는 경우가 많았다. 그는 필사적으로 나에게 "모든 것이 괜찮을 것"이라고 말해 달라고 요청하고 "그런 말들을 해 주세요."라고 간청했다. 그는 내가 '답'을 가지고 있다고 믿었으며, 내가 그에게 '답이 들어 있는 마법의 봉투'를 주는 것을 완고하고 잔인하게 거부하고 있다고 믿었다. 그는 말로든 글로든 내 말을 더 많이 해 달라고 애원하는 것처럼 보였지만 우리 작업이 정체된 것처럼 보였기 때문에, 나는 내 말이 그에게 거의 쓸모가 없다는 것을 점점 더 확신하게 되었다.

III

A와 분석이 진행됨에 따라, 나는 우리 사이에(또는 그의 삶의 다른 모든 분야에서) 일어나고 있는 일에 의미를 부여하려는 나의 노력이 소용없다는 것을 느끼게 되었다. 회기들은 몇 시간 동안 지속되는 것 같았다. 나는 분석이 형식에 따른 분석으로만 끝나는 것은 아닐까 하는 생각을 자주 했다. A는 자신의 불안이 아무 의미도 없다고 생각하는 듯했다. 정말 그랬다. 그것은 마치 만남이 시작될 때마다 언급했던 가구와 같았는데, 이를 그가 익숙하다고 느꼈던 무생물에 대해 다시 알아보기 위한 노력의 일환인 것 같았다.

몇 차례 내가 A에게 예정된 분석 약속을 취소해야 한다고 알린 뒤, 그는 내 사무실 건물 입구에 서서 머릿속으로 스냅숏을 찍곤 했다. 그것은 그가 묘사한 대로 '하나의 그림엽서'였다. 한번은 그가 동해안의 어느 도시로 휴가 여행을 갔다가 돌아와서는, 도시의 정신분석 연구소를 방문하여 연구소의 방들을 돌아다니며 벽에 걸린 사진들을 감탄스럽게 바라보았었노라고 말했다. 그는 미술관이나 종교적인 성지를 순례할 때 쓰는 표현으로 말했다.

나에게 말한 것의 의미나 중요성에 대해 그가 전혀 관심이 없고 심지어 인식도 없는 것처럼 보이는 것이 나를 혼란스럽게 하였다. 그는 무관심해 보였고 사실과 정서를 구별하지 못하는 것 같았다. 나는 그의 정서 부족이 의사소통의 가장 중요한 측면인지, 즉 그가 나의 부재를 등록하면서 그에 대한 그의 정서적 반응을 경험하거나 말할 수 없는 병치를 보여 주는 것은 아닌지 의아해했다.

한참 후에야 나는 A의 경험이 모두 정서적으로 동등했음을 깨달았다. A에게는 모든 것이 다른 것과 똑같이 좋거나 나빴다. 나는 "모든 사물, 사람, 장소 및 행동이 정서적으로 상호교환 가능한 '비경험'"의 상태를 언급한 Ogden(1982)의 작업을 생각해 내었다. "사람, 장소 및 대상이 지각되고, 등록되고, 신체적으로 분화된다" (p. 147). 나는 또한 정서가 해리된 상태들(dis-affected states)을 말하는 McDougall(1984, 1989)의 설명을 다시 읽었다.

몇 달 뒤 A는 "꿈을 하나 말해야 할 것 같아요. 꿈에서 아침이었고, 깨어나 화장실에 가서는 분석 회기에 참석할 준비를 했어요. 그때 저는 정규 주간 회기를 위해 여기 이 사무실에 있었어요. 선생님은 선생님이셨고요. 분석 환경도 동일했어요."라고 다소 순응하듯이 말하며 회기를 시작했다. 그는 계속해서 말을 이어 갔다. "저는 꿈에 대한 자료를 모으기 시작했어요. 웃겼어요. 그렇지 않나요? 방 안의 벽과 모든 것이 흰색이었어요. 마치 빈 스크린 같았어요. 그래서 거기에 대해서는 더 할 말이 없어요." 나는 그의 빈 스크린 이미지가 우리의 분석 회기들과 그의 삶 모두에서 그의 사고, 감정, 신체 감각에 개인적인 의미가 없음을 묘사한 것이라고 생각했다.

A가 말할 때 나는 비자발적 눈 깜박임(눈꺼풀 경련)으로 도움을 받으러 찾아온 또 다른 환자 C 부인을 잠시 생각했다. 그녀는 빛에 극도로 민감했고, 수년에 걸쳐 눈을 뜨고 있는 것이 점점 더 어려워지게 되었다. 텔레비전을 시청하는 동안에도 그녀는 무의식적으로 눈을 깜박이지 않도록 눈을 거의 반 감고 있었다. C는 40년 넘게 '좋은'

결혼 생활을 유지했다. 첫 회기에서 눈 깜박임 증상에 대해 이야기 한 후 그녀는 남편에게 헌신적이었으며 남편과 사랑에 빠졌었다고 말했다. 그러나 몇 달 전부터, 그녀의 남편은 과음하고 비서와 불륜을 저지르기 시작했다. 그녀의 병에 대한 몇 가지 의학적 원인에 대한 장황한 설명을 듣고 나서, 나는 C에게 남편이 바람을 피우고 있다는 사실을 알게 된 후 그녀가 어떻게 반응했는지를 물었다. 그녀의 대답에서 나를 놀라게 한 것은, 모든 것이 "괜찮다."라고 말하면서 "제가 남편에 대해 악의나 원한을 느낄 이유가 없지요. 제가 왜 그렇게 느껴야 할까요?"라고 불쑥 말하는 그녀의 생기 없고 단조로운 목소리였다. 그리고 그녀는 "저는 그 점을 이해받고 싶어요. 남편에 대한 악의가 없어요."라며 다시 강조하듯 말했다.

C와 A는 둘 다 자신의 신체적 증상과 정서적 경험이 연결되어 있다는 것을 부인했다. 이 연결은 내가 아마도 지나치게 열성적으로 (A의 판매원 아버지가 말하곤 했던 것처럼–"그를 설득시키기 위해") A에게 보여 주려 했던 것이었다. C에 대한 나의 레브리에서 얻은 마음의 감정과 이미지로 인해, 나는 A의 불안의 본질에 대한 나의 초기 가설을 크게 의심하였다. 나의 언어적 개입에 대해 반응하지 못하고 내가 제안한 것 중 아주 작은 부분만을 받아들이는 그의 무능력은 나에게 곧 그의 '부인된 두려움'이 위험한 억압된 사고와 감정에 기초한 신경증적 불안이 아니었음을 암시해 주었다. 오히려 그의 '두려움'이 다른 사고, 감정, 기억, 신체 감각 등과 의미 있게 연결된 감정이 되지 못하고, 대신에 거의 전적으로 신체적 형태로 경험되었다는 것이 생각나기 시작했다.

나는 A에게 말했다. "당신의 꿈이 어떻게 빈 화면이 되었는지 제게 말했을 때, 분석이 당신에게 얼마나 암울하게 느껴지는지, 제가 당신에게 얼마나 공허한 것인지 말하려 한 것이라고 생각해요. 방향도 구두점도 없고, 놀랍거나 흥미롭거나 무서운 것도 없지요."

그러자 A는 말했다. "선생님에 대해 생각을 하려면 노력을 해야 해요. 생각이 있는데 그게 틀렸다고 상상해 보세요. 그걸 해결하는 데 드는 비용이 크지요. 이게 다과회 같아요. 대답은 '답이 없다.' '사고가 없다.'죠. 그래서 저는 옳아야 하고 이해해야 하죠. 비록 겁이 나지만 저는 선생님의 책장에 있는 책을 볼 수 있어요. 책들은 좋은 것이고 책 안에 쓰인 말들이 모든 것을 괜찮게 할 거예요. 적어도 오늘 여기를 떠나면 제가 여기서 한 일을 알게 될 거예요. 제가 말한 것을요."

나는, A의 초점이 책장에 있는 책들로 옮겨 간 이러한 갑작스러운 변화는, 내가 의사소통을 위해 단어를 사용했던(단어 사용 그 자체로 위험하게 느껴졌을) 것과 내가 더 정확하게 단어를 사용하려 했던 것으로부터 후퇴하기 위한 것이라 보았다. 그는 책을, 살아 있는 사람이 말로 표현한 관념을 담은 것으로 보기보다는, 아무도 말하지 않은 절대로 변하지 않는 단어들의 나열을 담은 것으로 재빨리 주목했다. 그러나 나는 환자의 말 속에서, 한 문장이 다음 문장과 매우 느슨하게 연결됨에도 불구하고 그에게 의미가 있는 무엇인가를 말하기 위해 단어를 사용하려는 그의 시도가 느껴졌다. 아마도 분석의 이 시점에서 책은 상호교환 가능한 물건이 아니라 단어, 의미, 감정의 일관성이 숨겨지고 보존될 수 있는 성역이었을 것이다. A는 똑같이 끔찍한 두 가지 선택 사이에 갇힌 것처럼 보였다. 즉, 한편으로는 자신의 사고를 생각하고 감정을 느끼려고 할 때 정신이 붕괴될 위험, 그리고 다른 한편으로는 사고, 감정, 개인적 의미가 사실상 결여된 세상에 살고 있는 것 사이에 갇힌 것이다.

나는 A에게 말했다. "저는 우리의 역할이 기계적이고 완전히 예상될 때, 당신은 저와 있는 것이 안전하다고 느끼는 것 같아요." A는 대답하지 않고 한참 동안 침묵했다. 그런 다음 이렇게 답했다. "말할 것이 없어요. 그것을 정당화할 수 있는 외상 경험이 없다면요. 제 생각에 최고의 회기는 제가 심장이 미친 듯이 뛰는 상태로 여기에 왔을 때입니다. 온통 정신이 없었어요." A는 말을 이었다. "여기서 그만해야겠어요." 그는 더 이상 생각이 나지 않는다고 말했다. (그때는 회기가 거의 끝나 갈 무렵이었다.) 그런 다음 그는 카우치에서 일어나 사무실을 나갔다.

나는 혼자 앉아 있으면서, A는 (그와 나의) 말, 관념, 감정에 그 스스로 마음을 열기 시작하면서 "시간이 다 됐어요."라는 말을 포함한 내 말이 담고 있는 의미를 듣는 것을 두려워했다고 생각했다. 그는 만남이 끝나는 것과 같은, 정서적인 사건이 일어나도록 허용하는 대신 일어서서 나감으로써 감정을 경험할 기회를 미리 차단했다. 아마도 그는 자신의 행동을 통해 '뭔가를 표현'하기 시작했을 수도 있다. 이 경우, 그 진술에 그가 부재에 대해 말할 수 있는 그 어떤 것보다 그의 신체적 부재가 더 현실적이며 그가 할 수 있는 어떤 방식으로든 그 부재를 통제한다고 느끼는 것이 중요하다는 감정과 관념이 포함되었을 수 있다.

A가 회기를 갑자기 떠난 후 한 시간도 채 지나지 않아 나는 빠르고 불규칙한 심장 박동을 경험했다(이때 나는 두려움을 느끼고 있다는 것을 인식하지 못했다). 나는 최근 고도가 매우 높은 네팔을 여행하면서 이런 종류의 부정맥을 처음 경험했던 적이 있다. 나는 이번 부정맥 사건을 경험하면서, 내가 네팔에서 경험한 것이 내 심장에 영구적인 영향을 끼쳐서 심장마비를 앓고 있는 것이란 생각에 두려웠다. 그 압박감이 너무 심해서, 회기 후 몇 시간이 지났을 때 심전도 검사를 받기로 했다. 검사 결과는 심장이 정상적으로 기능하고 있다는 것을 보여 주었고, 그때가 되어서야 내 반응이 원초적인 동일화, 즉 내가 일시적으로 A가 느끼지 않은 두려움을 경험한 사례가 아닌지 의아해했다.

IV

나는 우리가 함께 작업을 시작한 때부터 A가 회기 서두에 일련의 단어를 종종 사용하곤 했다는 사실을 알아차렸다. 대기실에 놓인 새 잡지, 내 책상 위에 있는 메모장, 방안을 비추는 빛에 대해 어떻게 느끼는지 언급한 후 그는 "괜찮아. 괜찮아. 괜찮아. 자, 어서. 오늘은 뭐부터 시작해야 할지 모르겠어요. 무엇을 해야 할지 모르겠어요."라고 말하곤 했다. 나는 A가 그렇게 말하면서 사고와 관념을 파악하는 중일 것이라고 이해했다.

한번은 내가 그에게 말했다. "당신의 목소리를 들으니 별문제가 없는 게 분명해요. 상황이 괜찮다면, 서로 연결이 되는 사고와 감정을 가질 수 있다면, 당신은 그렇게까지 공허함을 느끼지 않을 것이고, 제가 당신을 위해 생각하고 말하는 것 외에는 다른 선택지가 없다고 느끼지 않을 거예요. 그것이 당신을 끔찍한 마비 상태가 되게 하지요."

A는 다음과 같이 말하면서 반응했다. "저는 여기를 떠났던 월요일(새로운 시간에 만나기로 합의한 후 첫 회기)에 정말 두려웠어요. 그것은 마치 머리 뒤에 있는 식물이 발톱을 드러내는 듯한 불안을 느끼게 하는 것 같았지요. 선생님이 저를 두렵게 하는 일부예요. 저는 선생님을 막을 수 없었어요. 마치 절벽 끝에서 떨어져 영원히 떨어지는 것과 같았지요. 또는 창밖을 내다보고 있지만 블라인드를 닫을 수 없는 것과 같아요." 그는 말을 계속 이어 갔다. "저는 말할 수 없었어요. 마치 제가 이 방에 있고 방에서 산소가 다 빠져나가는 것 같았어요. 저는 입을 열 수는 있었지만 말을 할 수 없었어요."

나는 처음으로 A에게 이전 회기에서 자신을 화나게 했던 감정을 참을 수 있게 된 것 같다고 말했고, 그 감정을 가지고 와서 그것에 대해 이야기를 나눌 수 있게 된 것 같다고 말해 주었다. (그와의 회기들 사이에 내가 함께 있지 않았다는 것이 결코 그가 혼자서는 살아가거나 생각할 수 없을 거라고 느끼게 했고 영원히 그의 감정에 '블라인드를 내린 채' 살아갈 수밖에 없다고 느끼게 했다고 생각했지만, 나는 말하지 않았다.) A는 나와 더불어 새로운 개방을 시도하고 있었다. 그가 표현했듯이, "선생님을 뵈면 제가 발전을 하고, 선생님을 뵙지 못하면 바른 방향으로 나아가지 못해요. 그 말은 정말 혼란스럽게 들리네요. 마치 분석이 제 자신의 시금석인 것처럼 느껴진달까요. 제가 카우치에 누웠던 이전 환자의 향수 냄새를 맡고 온기를 느낄 때, 선생님은 그들에게 할 말이 많았고 또 그들도 선생님께 할 말이 많았었다는 것을 알게 되지요."

이 분석 기간에서 환자가 보여 준 가장 중요한 발달은 환자 자신의 정서적 경험의 여러 부분을 연결하는 (초기) 능력의 출현이었다. 이번에 그는 나와의 결별을 신체적 공포감('영원히 추락하는 것')과 연결하였다. 마찬가지로 그는 그가 나와 함께하는 것을 그의 감각적 근거의 감정과 연결할 수 있었고, (사실로 경험된 환상 속에서) 나와 진정한 대화("선생님은 그들에게 할 말이 많았고 또 그들도 선생님께 할 말이 많았었다는 것을 알게 되지요.")를 나눌 수 있다는 감정과 연결할 수 있었다.

A는 언어의 상징적 사고와 의사소통을 오가는 과도기적 상태에 있음을 암시하는 방식으로 나에게 말하기 시작한 것 같았다. 어느 순간 그는 다음과 같이 말함으로써 자신의 긴장감을 표현했다. "손가락에 D 건전지를 끼운 것처럼 제 안에 에너지가 충전되는 느낌이 들 정도로 긴장감이 올라오네요." 그가 은유를 사용한다는 것은 사실상 상징을 사용하지 못하는 상태에서 진정으로 자신의 정서를 느끼기 시작한 상태로의 상당한 진전을 보여 준 것이었다. "저는 여기서 말할 수 있지요. 그러니 저는 뭔가를 경험할 수 있답니다."

우리 작업의 이 시점에서 내가 A의 경험의 본질을 명확히 하고 내게 비언어적 의사소통의 중요한 역할을 일깨워 주는 일이 일어났다. 어느 날 A를 만나기 위해 대기실에 가고 있을 때, 대기실이 텅 비어 있을 것이라 생각했다. 문 중앙에 있는 반투명 유리판을 통해 사람의 모습이 보이지 않았기 때문이었다. 그런데 놀랍게도 문을 열었을 때, 나는 그가 공간을 가득 채울 정도로 바닥에 등을 대고 누워 있는 것을 발견했다. 그의 눈은 약간 부풀어 올라 있었고, 눈꺼풀은 천천히 열렸다 감기고 있었다.

나는 가던 길을 멈추고 머뭇거리며 내가 누구에게 말하고 있는지 확신할 수 없다는 목소리로 "A 님?" 하고 말했다. 나는 놀랐다. 내가 가벼운 발작(a petit mal seizure)을 목격하고 있었던 것일까? 아니면 심장마비를 목격하고 있었던 것일까? (나중에 나는 그가 심장마비, 즉 심계항진을 다시 일으키고 있는 것인지 아니면 이전에 '그를 위해' 내가 경험했던 내 심장에 '마비'를 일으키고 있는 것인지 궁금했다.) 그는 일어나려는 움직임도 없이 조용히 누워 있었다. 내가 서서 그를 내려다보고 있을 때, 거리감을 느꼈기에 의자를 끌어와 그의 곁에 가까이 앉았다. 나는 그의 두려움을 느꼈고 그에게 침착하게 말하기 시작했다. 나는 바닥에 누워 있는 것이 어떤 느낌일지 상상했던 것을 설명해 주고 있는 나 자신을 발견했다. 나는 "당신의 등에 닿은 바닥을 단단하게 느껴야 합니다."라고 말했다.

A와 앉아 있을 때, 아들을 유치원에 데려다주던 중 발생한 사건(어떤 의미에서는 '심장마비'도 포함된)이 다시 떠올랐다. 아들은 자기 생각에 빠져 낙담한 표정으로 차 뒷좌석에 조용히 앉아 있었다. 학교생활은 어떠냐고 물으면서 백미러를 통해 아들을 보았을 때, 그는 "좋아요."라고 말하고 있었지만, 얼굴은 슬픈 표정을 하고 있었다. 그는 더는 아무 말도 하지 않았고, 눈에 눈물이 고이더니 뺨을 타고

흘러내리기 시작했다. 나는 무슨 일이 있었는지 확인하고자 여러 가지 질문을 했다. 학교나 집에서, 친구들이나 나와의 관계에서 일어난 일 때문에 화가 났던 것일까? 학교가 가까워 올수록 아들이 점점 더 겁을 먹은 채 자신의 감정을 억제하려고 애쓰는 것을 볼 수 있었다. 그때 나는 이전에는 한 번도 해 본 적이 없던 일을 했다. 차를 길가에 세우고 차에서 나와 뒷좌석으로 가 아들의 대답을 재촉하지 않고 그냥 조용히 그의 옆에 앉아 있어 주었다.

내 앞에서 바닥에 누워 있는 A를 다시 생각하게 되자, 뭔가를 말해 주기보다는 몸으로 거기 있어 주는 것과 목소리를 들려주는 것이 더 중요하다는 사실이 더욱 명료하게 다가왔다. 우리는 이런 식으로 몇 분 동안을 계속 있었다. 나는 천천히 말했고 종종 생각을 위해 말을 멈추었다. 그는 자신이 나에게 압도당하고 불안이 가득하여 무엇을 해야 할지 몰랐다고 말했다. 그는 집에서 가끔 그랬던 것처럼 단단한 것을 느끼기 위해 등을 바닥에 대고 몸을 쭉 뻗었다. 조금 지나서 그는 안정을 찾고 일어날 수 있었다. 나는 그를 따라 사무실로 들어가면서, 생각났지만 말하지 않았던 '바닥에 닿은(grounded)'이라는 단어가 마음에 떠올랐다. A는 현실에서 중심을 잡으려고 노력했고, 나는 함께 분석 작업을 하면서 그를 알아 가는 중에 중심을 잡을 수 있었다. 이것이 놀라운 일임에도 불구하고, 나는 바닥에 접속해 있었기 때문에 불안감을 느끼지 않았다. 나는 대기실에서 A에게 유용하다고 느꼈는데, 이는 이번 분석에서 매우 드문 사건이었다.

그 후 A는 몇 분간 침묵했다. 나는 그가 말이나 감정이 없이 그저 알려지지 않은 것, 무서운 것, 정의할 수 없는 것에 대한 감각만 있을 것이라고 생각했다. 얼마의 시간이 지난 후 나는 침묵을 깨며 이렇게 말했다. "제가 틀렸을 수도 있어요. 하지만 오늘 제 생각에는 당신이 사무실에 들어올 때 어떤 사고나 감정의 흔적도 당신 안에 갖고 있지 않았던 것 같아요. 한마디로 당신은 자신과 단절되어 당신 자신과 저를 연결할 것이 아무것도 없었어요."

그는 이렇게 반응했다. "선생님 말씀이 이해되어요. 그렇지만 선생님과 사무실은 존재하지도 않았죠. 저는 이상한 경험을 하고 있었어요. 저는 여전히 단절되어 있고 불안하다고 느끼고 있어요. 저는 선생님의 사무실을 향해 뛰어가고 있었지요. 여기에 이르렀을 즈음, 저는 너무 깊이 상처를 입었고 정신이 나갔었지요."

A는 자기 자신과 모든 것 그리고 다른 모든 사람으로부터 깊은 소외감을 느낀다고 말하고 있었다. 그가 "정신이 나갔었다(out of my head)."라고 표현한 것은 그의 신체적 반응이 그의 정신 상태를 장악했음을 시사했다. 그는 정신이 나갔고(마음에서 떠나, out of his mind) 거의 완전히 신체적 감각의 세계 속에, 곧 심지어 자신의 것으로 느껴지지도 않는 몸속에 존재하고 있었다. 그는 대기실에서 자신의 공황 상태가 사고, 꿈, 감정, 환상을 대체하는 신체적 폭발이었음을 나에게 보여 주고 있었다. 하지만 그것으로만 끝낸다면 A가 더 이상 단순히 이러한 일들을 경험하고만 있는 것이 아니라는 점을 놓치게 된다. 그는 나에게 그것들을 보여 주고 그것들에 대해 말하기 시작했다. 즉, 두 사람이 서로를 향해 대화를 나누기 시작했다. 대기실에서 있었던 일에 대한 나의 차분한 반응은, A가 자신의 어려움을 좀 더 상징적으로 중재하는 방식, 즉 먼저 몸을 쓰고 나중에는 말로 나

에게 보여 주고 이야기하도록 도움을 준 도구가 되었던 것 같다.

A는 일어나 사무실로 오는 것을 내용으로 한 이전에도 꾸었던 낯익은 꿈을 말하면서 다음 회기를 시작했다. 이번 회기에는 다음의 사실이 더해진 꿈을 보고했다. "이전 꿈과 다른 점은 사무실 색깔이 보라색과 연보라색이었다는 것이죠. 꿈에서 벽 색깔이 아주 선명했어요. 과거에는 벽 색깔이 백묵 흰색이었어요. 선생님께서 아주 구체적인 메모를 저에게 건네주셨어요. 아주 명료하게 '메모 여기 있어요.'라고 말하는 것 같았어요. 선생님께 받은 메모를 가져다 테이블 위에 올려놓았어요. 저는 그것들이 필요하지 않았어요. 저는 뭔가를 말하기 시작했어요." 그는 다시 몇 분간 침묵하였고, 그사이 감정의 톤에 미묘한 변화가 일어났다.

'흑백'으로 된 이전 꿈과는 달리, A의 이번 꿈에는 벽이 보라색과 연보라색을 띠고 있었다. 그는 내가 그를 대신하여 생각하고 말하기를 원했고(그에게 내 노트를 건네주기를 바라면서) 동시에 그가 더 이상 나에게 그런 것이 필요하지 않다고 느꼈던 것 같다(그는 노트를 테이블 위에 올려놓았다). 나는 A에게 이렇게 말했다. "이 꿈에는 사무실의 색이 더 다채롭게 나오네요. 당신은 당신 자신의 생각이 있고 당신의 생각을 대신할 제 생각이 필요하지 않네요." 그는 오랫동안 침묵했다. 그러고는 "그게 사실로 느껴지네요. 오늘 이미 말한 것 이상은 말할 수 없어요."라고 대답했다.

분석 5년 차 중반이 되었을 때, 어느 회기에서 A는 잠시 침묵이 있었던 시간을 보낸 후 이렇게 말했다. "재미있게도 이런 생각이 문득 떠올랐어요. 매년 6월이면 삼촌은 정부 경매에서 야생말을 샀고, 그

때 야생마를 훈련할 C. J.라는 이름을 가진 훈련사를 고용했어요. C. J.는 훈련을 위해 둥근 울타리를 설치했지요. 직사각형 모양의 울타리였더라면 말이 구석까지 달려가서 멈춰야 했을 거예요. 그렇지만 둥근 울타리에서는 말이 구석에 몰리고 걷어차는 것보다 더 오래 달리다가 멈추게 될 거예요. 이전에 이런 식으로 울타리의 효용을 생각해 본 적이 없었어요. 그런데 C. J.는 말을 길들이는 것과 훈련하는 것의 차이를 내게 가르쳐 주었어요. 훈련을 하면서 점차적인 팀워크가 형성되어요. 말하자면 서로에 대한 공유된 지식이 생기는 것이지요. 말이 당신에게 올 거예요. 소에게 로프를 던져 묶으면, 당신이 고삐를 채워 통제하기 전에 소가 멈추게 될 거예요. 길들여진 말은 조종이 필요해요. 그 말은 끊임없이 두려움에 시달리고, 오직 당신이 등에 타서 무엇을 해야 할지 말해 줄 때만 반응할 것입니다."

그는 침묵했고, 나는 아무 말도 하지 않았다. 그렇지만 나는 그가 방금 그의 머릿속에 '떠오른' 진정한 생각, 즉 그 순간 나와 함께 있는 것이 어떤 느낌인지에 대한 생각을 내게 말했다는 것을 깨달았다. 이것은 그 순간의 진정한 생각이었을 뿐만 아니라, 그것은 또한 전이의 역사를 그 자체 안에 응집시킨 생각이었다. A와의 작업 초반에는 마치 내가 그를 쫓아다니면서 울타리에 가두어 두려는 듯했지만, 시간이 지나 그와 작업하는 방식이 달라지면서 나에 대한 A의 반응도 달라졌다.

논의

불안발작에 대한 A의 보고에 대한 나의 초기 반응은 그가 한 말들을 마치 그의 사고, 감정, 신체 상태 등에 대한 상징적 표상들로 이해하려는 것이었다. 나는 그의 증상과 그에 따른 무의식적 내용 사이에 (투사된) 연결을 만들었다. 예를 들어, 그의 상사와의 회의 중 발현된 불안을 무의식적 갈등의 반영으로 보는 식이었다. 그의 말 없는 (감각에 기반한) 경험 속에 머물며 알지 못하는 불안을 안고 사는 대신(Schneider, 2005a), 곧 이것은 완전히 아무것도 모르는 채 나아가는 것이었기에, 나는 그의 상징 없는 두려움에 나만의 언어적 상징 형식을 부여하고 있었다. 그것은 마치 내가 이렇게 말하는 것과 같았다. "(삼촌의 트레일러에 머물렀을 때 경험했던 어린 시절의 두려움에 대한 그의 어머니의 반응이 메아리가 되어) 두려워할 것이 아무것도 없지요. 나는 당신이 도망치고 있는 소망과 두려움에 대해 말해 줄 수 있어요."

돌이켜 보니 내가 첫 회기에서 A를 처음 만났을 때, 나를 향한 그의 처음 소통이 대기실 벽을 따라 손을 움직이며 벽의 질감의 실제성을 느끼는 비언어적이고 감각에 기반한 경험이었다는 것을 깨닫게 되었다. 벽의 질감의 실제성에 대해 느끼는 것은 "2차 피부 형성(second skin formation)"(Bick, 1968, 1986; Tustin, 1981, 1990)[4]을 통해

---

[4] Bick(1968, 1986)은 2차 피부 형성을 개인이 피부 표면에서 감각을 질서 짓는 것에 기초한, 자기 경험에 맞서 방어하려는 시도라고 설명한다.

그에게 현실감을 느끼게 해 주었다. 상담실에서도 A는 계속해서 방안의 사물들에 집중했고, 아이들의 점잇기 퍼즐처럼 연결하며 물리적인 안전망을 형성해 경계감을 유지하려 했다. 그런 다음 그는 그날 일찍 자신에게 일어난 일에 대해 나에게 말해 주었다. "방이 빙글빙글 돌아가고 있었어요. 생각이 머릿속을 맴돌고, 제가 죽어 가고 있다고 생각했지요." 그는 정서적인 상황 때문에 두려움을 느꼈다고 말하고 있는 것이 아니었다. 그는 예기치 않게 갑자기 발생한 감각 폭풍에 대해 나에게 이야기하고 있었다.

다음 날 그가 돌아와 거의 그대로 똑같은 이야기를 했을 때, 나는 그가 공황 상태나 나와 만났던 경험을 처리하지 못했고, Bion (1962/1977)의 표현을 빌리자면 자신의 경험을 꿈꿀 수도 없었다는 것을 알아차렸다. 그는 자신의 삶을 구성하는 가장 기본적인 사건, 즉 정서적 경험과 관련된 원정신적 감각 인상으로 시작되는 Bion의 베타 요소를 경험할 수 없다는 것을 (의식적이거나 무의식적인 의도 없이) 나에게 보여 주고 있었다. 원정신적 체계는 "신체적, 심리적 또는 정신적인 것들이 미분화된 체계이기 때문에 …… 이것이 근거가 되어 고통이 나타날 때 심리적 형태뿐만 아니라 신체적 형태로도 나타날 수 있다는 것은 이치에 맞다"(Bion, 1959, p. 102).[5] 이러한 "정

[5] 몇 년이 지나서 Bion(1987a)은 다음과 같은 질문을 제기하면서 베타 요소의 신체적 발현에 대해 더욱 구체적으로 설명했다. "부교감 신경에 뇌가 있을까? 시상은 부교감 신경과 같은 종류의 사고를 수행할까?" 이 해부학적 실체들은 마치 "그들 자신의 마음"(p. 253)을 가진 것처럼 들린다. 그는 "더 높은 수준의 마음에 의해 전혀 확인되지 않을 경우 갖게 되는 그런 종류의 두려움을 의미하는 '시상하 공포'"(Bion, 1987b, p. 319)를 언급했다.

서적 경험과 관련된 날것의 감각 인상"(Bion, 1962/1977, p. 17) 또는 베타 요소는 알파 기능이라는 정신화 과정을 통해 상징적(알파 요소로 변환)이 되어야 한다. 알파 기능이 없는 경우 매개되지 않은 정신적 경험을 처리하기 위한 두 가지 대안이 존재한다. 즉, 공간으로의 추방이나 신체로의 추방이다.

분석 초기에 나는 A의 불안 증상을 억압된 갈등의 출현이라는 측면에서 이해하고자 했다. 나는 초기 해석의 실패로 인해 오랫동안 겉보기에 비생산적인 분석에 머물러 있었다. 시간이 지나서야 나는 무슨 일이 일어나고 있는지 스스로 재구성할 수 있었다. 그 후 나는 그의 증상이 그의 상징적 기능과 의식적 · 무의식적 심리적 작업 능력 모두의 심각한 타협을 반영한다는 견해와 일치하는 방식으로 A와 대화할 수 있었다. 내가 제시한 공식화는 무의식적인 갈등과 퇴행에 초점을 맞추는 것이 아니라 A가 자신의 경험에 의미를 부여하는 데 어려움을 겪는 것에 더 관심을 두는 것이었다.

대기실 바닥에 누워 있던 A 옆에 앉을 수 있었을 때에야 비로소 나는 이전에 말로 전달한 해석이 얼마나 미성숙한 것이었는지 충분히 이해하게 되었다. 대기실에서의 사건이 일어나고 있는 동안 그리고 그 이후에 상황이 변하기 시작한 후에야 비로소 나는 그가 초점을 좁히는 것인 캡슐화 반응(Tustin, 1986, 1990)[6]과 자폐 대상[7]의 사

[6] 캡슐화 반응에 대한 방어는 "주의가 객관적 세계로부터 방향을 돌려, 환자의 직접적인 통제하의 주관적인 감각이 지배하는 세계를 선호하는 것이다"(Tustin, 1986, p. 25).

[7] 자폐 대상은 대상이 안전 생성 감각 인상으로 작용하는 유아의 피부에 눌릴 때 생성되는 단단하고 각진 표면의 감각 경험을 포함한다(Tustin, 1980).

용에 얼마나 의존했는지 알게 되었다. 이 두 가지 형태의 방어는 모두 (그가 사고로 전환할 수 없었던) 신체적 수준을 제한하는 데 사용되었으며, 상당 부분 현재까지도 사용되고 있다.

나는 A가 직접 경험 가능한 환경(예를 들어, 대기실 벽에 손을 얹어 움직일 때 벽에서 느낀 질감)에서 잠재적인 사고와 감정을 감각 기반의 모양과 형태로 변환했다고 가정했다. 이러한 방식으로 그는 피부 표면의 지속성과 통합성을 유지하면서, 피부 표면에 안전한 장소로서 "2차 피부 형성"(Bick, 1968, 1986)을 만들었다. 이것은 그가 끝없는 공간에 떨어지는 느낌의 형태를 취하는 공황의 감각과 감정을 막는 데 도움이 되었다. A가 사용한 캡슐형 방어 방식은 출생 직후 오랜 기간 어머니와의 분리 경험에 의해 영향을 받은 것일 수 있다. 이러한 분리는 어머니의 담아 주기에 심각한 실패를 초래했음이 분명하다.

나는 다양한 방식으로 감각과 언어를 오가고 있었는데, 이는 환자가 대기실 바닥에 누워 있는 것으로 시작된 회기에서 가장 잘 예시되었다. 내가 말할 때 내는 소리는 내 말의 의미만큼이나 중요했다. 더 나아가, 나는 사고하고 말할 때 의미 안에 감각적인 것을 담은 단어를 사용했다. 예를 들어, A에게 "바닥은 단단한 느낌이 들어야 합니다."라고 했을 때 마음속으로는 A가 단단한 바닥에 누웠을 때 등에서 느끼는 느낌과 자신 안에 중심이 되는 느낌을 모두 설명하기 위해 바닥에 닿은(grounded)이라는 단어를 사용했다. 그 단어의 다양한 의미는, 환자의 정신적 경험을 등록하는 한 형태에서 다른 형태로, 즉 구체적이고 감각적인 것에서 추상적인 것으로 환자가 움직여 간 것을 내가 인식했음을 반영한다.

A의 사고는 행동의 확장으로서 '조작적'이었다(de M'Uzan, 2003). 비록 우리가 상호대화하고 있는 것처럼 보였지만 말의 교환은 2차원적이었고 환자 측의 정서나 자기 성찰이 빠져 있었다. 그리고 상당 부분 나에게도 성찰이 결여되어 있었다.

그가 사고했던 방식과 모양 및 질감에 관계했던 방식에는 자폐적 특성이 있었다. 잠재적인 사고와 감정은 자신의 경험을 생각하고 꿈꾸는 과정에서 정신적 정교함과 다른 사고 및 감정과의 연결로부터 폐제되었다. 궁극적인 폐제는 자폐증이다. 시간이 지나면서 나는 이 상태를 Bion(1962/1977)의 베타 스크린[8](유사 의사소통 또는 더 정확하게는 의사불통)으로 이해하게 되었다. 지금 생각해 보면, 그의 질주하는 사고는 꿈꾸기나 사고의 과정에서 연결될 수 있는 사고가 아닌 아드레날린성, 자율신경계 반응, 즉 위험에 대한 직접적인 신체 반응의 부수현상이었다. 자신의 심장이 너무 빨리 뛰고 있어서 자신이 죽게 될 것이라는 그의 두려움은 그가 주로 감각이 지배하는 방식으로 경험을 생성하고 있음을 강력히 시사한다[Ogden이 "자폐 연속적 경험 생성 모드"라고 언급한 것(1989, p. 51)]. 내 사무실에 비치된 대상들(가구, 책 등)은 이들이 지닌 완전한 예측 가능성으로 인해 A에게

---

[8] A는 자신의 상사 사무실에서 시작된 사건을 '소화불량' 탓으로 돌렸다. Bion은 이것을 "소화되지 않은 또는 꿈꾸어지지 않은 사실들"(Bion, 1962/1977, p. 7), 혹은 "물자체가 복합된 대상"(Bion, 1963/1984, p. 40), 곧 베타 요소라고 불렀다. 정서적 경험이 알파 기능에 의해 꿈꾸기, 사고, 기억하기에 사용될 수 있는 상징적 표상으로 변형되지 않을 때, 이러한 '자극의 축적'(베타 요소)을 환각, 과도한 투사적 동일화, 정신신체장애 또는 베타 스크린(의사불통)의 형태로 제거하는 것 외에는 다른 대안이 없다는 관념이 Bion(1962/1977)의 사고에 중심이 된다.

스스로를 조직화할 수 있는 방법을 제공했다.

아들을 유치원에 데려다주는 동안 내 감정을 말로 표현할 수 없었던 레브리 상태, 곧 그 사건에 대한 나의 레브리를 심리적으로 사용할 수 있게 되자 분석에 의미 있는 변화가 일어났다. 이 변화는 내가 대기실 바닥에 누워 있는 A와 함께 조용히 앉아 있던 경험을 상징적으로 표현하는 데 도움을 주었다. 나는 대답을 기다리지 않고 그와 함께 있으면서 그가 말로 표현할 수 없었던 경험을 목격하면서 그저 A와 함께 앉아 조용히 사고하고 이야기했다. 나는 말하지 않은 것을 들을 수 있었고, 레브리가 알려 주는 방식으로 그에게 조용하면서도 참을성 있게 반응했다. 나는 (언어적 해석을 사용하지는 않은 채) 상황을 분석적으로 변형시키고 있었다.[9]

A의 직접적이고 중재되지 않은 소통을 좀 더 수용하게 되면서, 나는 환자의 날것의 투사를 좀 더 잘 담아 줄 수 있게 되었고, 그것들을 적절한 담아 주기와 꿈꾸기 없이 너무 성급하게 차단하거나 환자에게 재투사하지 않고 더 잘 안아 줄 수 있게 되었다.[10] 결국 나는 그의 경

---

[9] Bion(1990)은 이렇게 썼다. "그러나 그것은 결코 '단어'의 문제가 아니다. 사실 아이가 습득하는 것은 단순히 '언어적인' 형태가 아니라, 언어 아래(infra-verbal), 언어 위(ultra-verbal), 언어 이전(pre-verbal), 언어 이후(post-verbal)의 형태이다. 그것이 어떤 종류의 언어인가 하는 것은 설명할 방법이 없다. 아이의 언어는 …… 단어가 아닌 어떤 것으로 소통된다"(p. 149).

[10] Bion(1962/1977)의 담는 것-담기는 것의 개념은 "우리의 사고의 내용이 아니라, 우리가 사고하는 방식, 즉 우리가 살아온 경험을 처리하는 방법과 우리가 그 경험으로 심리적 작업을 수행할 수 없을 때 정신적으로 어떤 일이 일어나는지"를 담고 있다(Ogden, 2004a, p. 1354; Ogden, 2004b; Schneider, 2003, 2005b 참조).

험(같은 어떤 것)을 등록하여 그것으로 심리적인 작업을 할 수 있었다.

이전에 정신신체장애를 앓았던 C 부인에 대한 나의 레브리는 그녀를 치료하면서 내가 경험한 혼돈을 생각나게 했고, 또한 그녀가 정신적 정교함에서 자신의 경험을 어떻게 폐제했는지를 생각나게 했다. 나는 A의 공황 상태를 포함한 증상을 신체적으로 경험된 폐제된 사고와 감정으로서 이해하기 시작했다. 자신의 경험에 대한 그의 설명은 마치 불안, 두려움, 공포, 공황과 같은 감정에 관해 이야기하는 것처럼 들렸다. 그러나 내가 점차 알게 되었듯이, 그는 내가 두려움이나 공황의 경험과 연관시켰던 불안한 신체 감각에 대해 말하고 있었다. 이에 대한 질병학적인 뿌리는, 정신화를 통해 과거와 관련이 없고 현재의 규제가 없는, 지금 발생하고 있는 Freud의 현실적 신경증이다. Bion의 표현에 따르면, "그(환자)는 어떤 단일 감각 자극이라도 인식하지 못한 채 지나칠 수 없다. 그러나 그러한 과민증은 현실과의 접촉이 아니다"(Bion, 1962/1977, p. 8).[11]

A는 C 부인과 마찬가지로 정신신체장애(정신에서 분리된 신체)를 앓고 있었다. 정신신체장애 환자는 정신신체의 병리를 신체의 역기능의 형태로 나타낸다. A의 사례에서 아드레날린성, 자율신경계 활

---

[11] Freud의 현실적 신경증은 공황의 질병학적 실체의 기원이다. 현실적 신경증은 상징적 의미가 없고 분석적 치료가 불가능한 것으로 간주되었다. Freud는 이것을 아동기 초기부터 발생하는 성적 갈등과 관련된 것이 아니라 현실의 일상적 긴장에 대한 반응이라고 생각했다. 현재 통용되는 현실적 신경증은 상징적으로 신체로부터 매개되지 않으므로 "'현실적'이라는 말은 정신신경증의 증상 형성에서 직면하게 되는 매개의 부재를 의미한다"(p. 10). "현실적 신경증의 기원은 유아기의 갈등에서 발견되는 것이 아니라 현재에서 발견된다"(Laplanche & Pontalis, 1973, p. 10).

동이 폭풍처럼 몰아쳤다. 즉, 정신이 미쳐 가는 대신 몸이 미쳐 갔다. A의 신체는 사고할 수 없는 사고와 느낄 수 없는 감정의 긴장, 즉 질주하는 사고, 질주하는 심장, 과호흡, 현기증 등을 담는 저장소가 되었다. 게다가 내가 경험한 불규칙한 심장박동 에피소드는 A가 감정으로 경험할 수 없었던 두려움을 내가 대신 경험한 것으로 보인다.

A가 자신의 사고, 감정 및 신체 감각에 상징적인 형태를 부여할 수 있게 되면서, 나는 때때로 그를 따라가기가 어려웠다. 이후 회기들에서 그에게 때때로 나타났던 비논리적인 모습은 조작적이고 상징을 사용할 수 없는 경험(asymbolic experience)으로의 복귀가 아니라, 오히려 그의 사고가 비록 파편화되고 분리된 형태이기는 하지만 그가 사고를 생성하고 (몸이 아닌) 마음에 그것을 간직할 수 있게 되기 시작했다는 것을 반영하는 것 같았다. 나는 그가 두 가지 무서운 선택 사이에 끼어 있다고 생각하게 되었다. 그가 잠재적으로 압도하는 감정을 느끼도록 허용한다면 정신증적 붕괴를 맞게 될 것이다. 다른 경우는 정신적으로 정교화되기 전에 경험했던 것을 폐제함으로써 전혀 아무것도 느끼지 못하게 될 것이다. 비경험이라는 폐제 상태에서 벗어났을 때, 그의 첫 번째 경험(이전에 피했던)은 파편화되고, 상징적인 의미를 지닌 정신증적 경험이었다. 이는 폐제에서 벗어나는 위험한 첫 단계였다.

상당한 기간의 분석 작업을 거친 후 A는 상징적 사고와 관련된 감정을 진정으로 경험할 수 있었다. 예를 들면, “그의 손가락에 낀 D 사이즈 건전지”의 전기적인 효과라는 은유를 창출하기 위해 그가 언어적 상징을 사용한 경우다. A가 바닥에 누워 있고 내가 그의 가까이에 앉아 있는 동안 대기실에서 일어난 경험은 지난 몇 년간의 분석 작업의 성과를 통합하는 것처럼 보였다. 얼마 지나지 않아 A는 이전 환자의 향과 온기를 느꼈다고 말하며 회기를 시작했다. 거의 전적으로 폐제에 의존하던 이전과는 대조적으로, 이제 그는 현실로 느껴지고 말로 사고하고 전달할 수 있는 신체 감각을 경험하고 있었다.

이 분석 기간에 꾸었던 꿈에서 A는 처음으로 '조작적' 사고를 넘어서는 방식으로 꿈 사고를 정교화할 수 있었다. 이 꿈에서 그와 나는 '대화'를 하고 있었고, 그는 내 '메모', 즉 그의 사고를 대신하는 내 사고를 필요로 하지 않는 채 그 스스로가 말하고 생각할 수 있을 만큼 충분히 '일어난 일'을 견뎌낼 수 있었다. 분석 작업 후반에 그는 자신의 머릿속에서 그냥 '불쑥 튀어나온' 사고를 경험했고, 그에 대해 사고하고 꿈꿀 수 있었다.

요약

나는, 처음에는 상사와의 불안한 만남과 공황 상태 사이를 사실상 전혀 연결시킬 수 없었고, 내가 분석에서 보여 준 연결의 관념들을 사용할 수 없었던 한 환자에 관하여 기술하였다. 분석이 진행됨에 따라, 환자는 내 관념을 사용할 수 있고, 1차 과정과 기초적인 2차 사고를 포함하는 연결을 (비록 그 연결들은 깨지기 쉽고 쉽게 끊어지지만) 창출할 수 있는 파편화된 상태에서 기능하기 시작했다.

그는 사고를 사고하고 감정(예: 두려움)을 감정으로 느끼기 시작할 수 있는 이러한 조직화되지 않은 상태로부터 출발하여, 개인적인 의미를 표현하기 위해 언어적 상징을 사용할 수 있었을 뿐만 아니라 의식적 · 무의식적 심리적 작업을 수행하기 위해서 전이 의미를 지닌 은유들을 사용할 수 있는 수준으로 더 발전했다. 따라서 처음에는 신체적 공황 상태의 형태로 나타났던 폐제된 정서적 경험이 점차 사고되고, 느껴지고, 말해지고, 기억되고, 성찰될 수 있는 경험의 형태로 변형되었다.

참고문헌

Bick, E. (1968). The experience of the skin in early object relations. *International Journal of Psychoanalysis, 49*, 484-486.

Bick, E. (1986). Further considerations on the function of the skin in early object relations. *British Journal of Psychotherapy, 2*, 292-299.

Bion, W. R. (1959). *Experiences in groups*. Basic Books.

Bion, W. R. (1977). *Learning from experience*. In *Seven servants*. Aronson. (Original work published 1962).

Bion, W. R. (1984). *Elements of psychoanalysis*. Karnac Books. (Original work published 1963).

Bion, W. R. (1987a). Four discussions. In F. Bion (Ed.), *Clinical seminars and other works*. Karnac Books.

Bion, W. R. (1987b). Four papers. In F. Bion (Ed.), *Clinical seminars and other works*. Karnac Books.

Bion, W. R. (1990). *Brazilian lectures: 1973 São Paulo, 1974 Rio de Janeiro/São Paulo*. Karnac Books.

de M'Uzan, M. (2003). Slaves of quantity. *Psychoanalytic Quarterly, 72*, 711-725.

Freud, S. (1962). The neuro-psychoses of defense. In J. Strachey (Ed. & Trans.), *Standard edition of the complete psychological works of Sigmund Freud* (Vol. 3, pp. 43-61). Hogarth Press. (Original work published 1894).

Grotstein, J. S. (2000). *Who is the dreamer and who dreams the dream?* Analytic Press.

Lacan, J. (1966). *Ecrits*. Seuil.

Laplanche, J., & Pontalis, J. B. (1973). *The language of psychoanalysis*. Karnac Books.

McDougall, J. (1974). The psychosoma and the psychoanalytic process. *International Review of Psychoanalysis, 1*, 437-459.

McDougall, J. (1984). The "dis-affected" patient: Reflections on affect pathology. *Psychoanalytic Quarterly, 52*, 386-409.

McDougall, J. (1989). *Theaters of the body: A psychoanalytic approach to psychosomatic illness*. W. W. Norton.

Nemiah, J., & Sifneos, P. (1970). Affect and fantasy in patients with psychosomatic disorders. In *Modern trends in psychiatric medicine* (Vol. 2). Butterworth.

Ogden, T. (1982). *Projection, identification, and psychotherapeutic technique*. Aronson.

Ogden, T. (1989). *The primitive edge of experience*. Aronson/Karnac Books.

Ogden, T. (2004a). On holding and containing, being and dreaming. *International Journal of Psychoanalysis, 85*, 1349-1364.

Ogden, T. (2004b). This art of psychoanalysis: Dreaming undreamt dreams and interrupted cries. *International Journal of Psychoanalysis, 85*, 857–877.

Schneider, J. A. (2003). Janus-faced resilience in the analysis of a severely traumatized patient. *Psychoanalytic Review, 90*(6), 869–887.

Schneider, J. A. (2005a). Experiences in K and -K. *International Journal of Psychoanalysis, 86*, 825–839.

Schneider, J. A. (2005b). Dreaming the truth of experience: "Heaven." *Psychoanalytic Review, 92*(5), 777–785.

Tustin, F. (1980). Autistic objects. *International Review of Psychoanalysis, 7*, 27–40.

Tustin, F. (1981). *Autistic states in children*. Routledge/Kegan Paul.

Tustin, F. (1986). *Autistic barriers in neurotic patients*. Yale University Press.

Tustin, F. (1990). *The protective shell in children and adults*. Karnac Books.

제5장

분열의 병리적인 형태 및 건강한 형태와 작업하기

지난 수년 동안 분석가가 건강하지만 미성숙한 형태의 분열과 병리적 분열을 구별하지 못할 때, 경계선 환자 및 기타 심각하게 장애가 있는 환자를 대상으로 한 분석 작업에서 어려움이 발생한다는 것이 점점 더 확실해졌다.[1] 건강하고 원초적인 분열은 중요한 발달 단계를 나타내는데, 보다 풍부하게 인간적인 방어 및 의사소통/표현 방식으로의 전환 역할을 하며, 양가감정과 성숙한 자기의 통합의 강력한 전조(와 항상 현존하는 양상의) 역할을 한다.[2]

---

[1] Pruyser(1975)와 Grotstein(1985)은 분열에 대한 포괄적인 개요를 제공한다.

[2] Klein(1946/1975)은 Freud의 분열 패러다임을 발전시켰는데, 이는 그가 페티시즘에 관한 논문(1926/1961)에서 제시했고 또 다른 논문(1933/1964)에서 자세히 설명했다. Klein은 분열을 유아 정신증 병리의 일부로 보고, 따라서 내적 파괴의 위협으로 인한 위험을 관리하는 데 사용되는 원초적 방어로 보았다. 편집–분열적 자리에서 우울적 자리로 이동할 때, 반대의 자리에 있던 좋은 가슴과 나쁜 가슴은 함께 더 가까워졌다. 우리는 분열에 덜 의존하고 양가감정의 능력을 발전시킨다. 여기에는 대상의 전체성에 대한 감각을 유지하면서 대상에 대한 긍정적인 감정과 부정적인 감정을 안아 주

나는 분열이 그 양극화 효과로 인해, 상반되는 요소들이 상상 속에서 서로 관계를 맺을 수 있는 생성적 공간을 창출할 가능성이 있다는 점을 제안한다. 사물을 나누어 양측으로 분리함으로써, 개인은 방어적이고 성급한 종결을 피한다. 이것은 양가감정, 자아의 일부 회복, 견딜 수 없는 불안의 직면에서 발견되는 것처럼 양측 사이에 생성되는 긴장으로부터 새로운 일이 일어날 수 있는 여지를 열어 준다. 병리적인 분열에서는 상징화를 통해 이질적인 요소들의 통합을 이루는 어떠한 공간도 열리지 않는다. 건강한 분열에서는 사물이 새롭게 사고되고, 새로운 사고가 생성됨으로써 은유와 같은 정신적 유희가 가능해진다.

이 장에서 나는 분석적 교착 상태를 극복하는 방법으로 환자와 대화할 수 있도록 병리적인 분열과 건강한(비록 원초적이지만) 분열을 구별해야 했던 사례의 토론을 소개한다.

나는 방어로서 분열의 중요성을 잘 알고 있다. 이는 서로 위험할 정도로 상충되는 사고와 감정으로부터 개인을 보호하기 위해 고안된 특정한 정신 활동이다. 나는 또한 분열을 경험을 조직하는 방식으로 이해한다.[3] 인간 세계에서 유아는 분열을 사용하여 좋은 젖가슴/

는 능력이 포함된다. Klein의 이론에서 명확히 설명되지 않은 부분은 분열이 단순히 균형을 이루고 극복되는 방식으로만 작동하지는 않는다는 구체적인 방식이다.

[3] 가장 기본적인 수준에서 분열은 본질적으로 대부분 기본적인 동물적 방어 체계와 유사한 경험의 단순한 이항 정렬을 포함한다. 이진법의 단순성은 종 보존뿐만 아니라 자기 보존 측면에서도 유익하다. 예를 들어, 탄자니아의 세렝게티 평원에서 동물들은 위험과 안전, 포식자와 피식자를 구별하여 싸울 것인지, 도망칠 것인지, 머무를 것인지 순식간에 결정을 내린다. 삶과 죽음은 1초의 미세 분수로 측정된 반응 시

어머니와 나쁜 젖가슴/어머니를 분리한다. 유아에게 있어서 좋은 대상/젖가슴은 그것이 제공하는 기능과 안전 때문에 본능적으로 사랑받고 가치 있게 여겨진다. 이러한 본능적 분열은 상징적(해석적) 의미가 없는 신호 기능 수준에서 질서와 안전을 창출한다.[4] 최적의 상태에서는, 어머니가 유아에게 필요한 모든 것을 제공하여 원초적인 상징적 의사소통이 시작될 수 있는 해석 공간이 형성되도록 한다.

나는 분열을 통합에 반대되는 병리적인 과정일 뿐만 아니라, 더 중요하게는 통합에 이르는 예비 과정으로 생각한다. 분열은 우리 자신의 여러 측면을 서로 관계시키고, 타인에게 우리 자신과 역할의 특정 측면을 대신 살아 내도록 방어적으로 강하게 권하는 방식인, 건강한 연속체의 한 부분이다.

임상적 사례

나는 분열에 크게 의존하고 다양한 형태의 분열 사이의 미묘한 차

간의 균형에 달려 있다. 이진법의 신호 체계에는 위험 지각에 관한 결정만 내리면 되며, 복잡하고 성가시며 시간이 오래 걸리는 해석 결정 작업은 포함되지 않는다.

[4] 출생 시 유아의 생리는 정신 과정보다 더 발달되어 있다. 아직 정신적으로 견딜 수 없는 것을 분리하여 그것을 안전하게 보호하기 위해 어머니에게 투사함으로써, 그렇게 하여 정신적 시간을 가짐으로 그들은 스스로를 정서적으로 압도당하지 않도록 보호한다.

이점에 대해 많은 것을 가르쳐 준 환자에 대한 분석의 일부를 제시할 것이다. 분석의 단편은 환자 N이 카우치를 사용해 주당 4회 분석의 8년 차 중반에 이루어진 자료에서 가져왔다. N은 58세의 기혼 여성으로, 장성한 세 자녀를 두었다. 그녀는 유럽에서 태어나 미국 동부 해안의 작은 마을에서 자랐다. 그녀는 우리가 함께 작업하는 동안 광고 회사에서 높은 연봉을 받는 관리자로 일했다.

초기 정체

나는 무엇인가 당혹스러운, 때로는 놀라운 일이 일어났던 최근의 분석 기간에 초점을 맞추는 것으로 시작하겠다. 이 특정 회기들은 변화의 정점에 있었기 때문에 관심을 끌었고, 변화는 우연히 발생한 것이 아니었다. 이것은 분열의 경험 속에서 일어나는 일에 대한 사고를 폐제함에 있어서, 분열이 점점 덜 대립적이고 덜 마비적으로 작용하게 된, 정신분석적 작업의 결과로 발생했다.

N은 이전에도 종종 나에게 화를 냈었지만, 지난 몇 주 동안은 설명이 안 될 정도로 나에게 그 어느 때보다 더 격분했다. 이 기간 동안 N은 내가 그녀에게 고문 수준에 가까운 끊임없는 고통과 지옥을 일으켰다는 인상을 주었다. 분노한 그녀는 무슨 일이 그러한 분노를 불러일으키게 했는지 알아내려는 나와 나의 노력을 끝없이 폄훼했다. 그녀는 나를 향한 그녀의 독설적인 공격이 완전히 정당하다고 느꼈고, 그동안 자신이 어떻게 나를 믿을 수 있었는지 의아해했다. 때때로 그녀는, 사실은 내가 결국 그녀를 실망시킬 것임을 처음부터 알고 있었고, 그 사실을 자기 자신에게서 숨겨 왔다고 느꼈다. 우

리가 공유한 모든 역사는 지워지거나 다시 기록되었다. 나는 그녀가 나를 완전히 새로운 사람, 즉 내가 나라고 인식하지 못하는 사람처럼 나를 대하고 있다는 느낌을 받았다.

이 분노가 시작되기 전에는, 우리의 작업이 서로의 연결, 성취, 이해의 감각을 향해 나아가는 것처럼 보였다. 하지만 이 극심한 분노의 시기에 들어서자, 나는 깊은 자기 의심을 경험했고 내가 우리의 분석 작업에서 중요한 것을 놓친 것은 아닐까 하는 생각이 들었다. 나는 무엇이 그렇게 극단적이고 급격한 감정의 기복을 일으켰는지 살펴보려고 했다.

나는 분석의 초기 회기들에서 N이 나를 이상화했었다는 사실을 회상해 내었다. 그녀는 내가 그녀에게 있어 모든 좋은 것임을 알렸고, 그녀가 내 앞에 있을 가치도 없고 분석 과정에서 나로부터 대우를 받을 자격도 없다고 느꼈다고 나에게 알려 주었다. 때때로 우리의 만남은 유사 종교적인 성격을 띠기도 했다. 한 분석 회기에서, 내 의자 뒤의 창문에서 나오는 역광을 통해 후광으로 둘러싸인 수의를 입은 나를 보게 되었을 때, 그녀는 나를 그리스도 형상의 인물로 변형시켰다. N의 유창하고 감탄하는 듯한 칭찬은 듣기에 기분 좋거나 편안하게 느껴지지 않았다. 오히려 그녀의 이상화는 나를 비현실적이고 비존재적이게 하였고, 나의 실제 자기를 흉내 낸 것 같은 느낌을 주었다. 내게 그녀의 과장된 칭찬은 그녀가 얼마나 불안하고 비현실적이라고 느끼는지, 그리고 그녀가 얼마나 큰 추락을 예상하는지를 소통하는 무의식적인 방식처럼 보였다. 그녀는 이를 통해 그녀에게 무엇이 삶의 사실인지 보여 주고 있었다. 내가 보는 것이 다가 아니라는 것이다. N은 나를 이상화하면서 자신을 폄하했다.

분석이 시작된 지 몇 달이 지난 한 회기에서, N은 나에게 자신의 몸에 있는 멍을 보여 주면서, 그녀가 남편을 떠나겠다고 위협했을 때, 남편이 가족용 차로 어떻게 자신을 차고에 밀어붙였는지를 말해 주었다. 나는 N이 병리적 분열을 사용할 수 있는 정도에 깜짝 놀랐다. 그녀가 자신을 몇 차례나 죽일 뻔했던 폭력적이고 정신증적인 남편이 있는 집으로 매일 저녁 침착하게 돌아갈 수 있다는 것이 그녀에게는 전혀 이상해 보이지 않았다.

N은 자신의 의식적 · 무의식적 경험의 측면을 그렇게까지 단절시킬 수 있어서, 나에게 화를 낸 직후 재개된 분석 회기에서 태연하게 나에게 분노를 느꼈다는 사실을 부인할 수 있었다. 나는 이것이 매우 혼란스럽고 불안하게 느껴졌다.

내가 설명하고 있는 동안 나를 향한 N의 분노는 나로 하여금 그녀가 어렸을 때 어머니와 싸웠던 치열한 싸움을 생각나게 했다. 마음에 떠오른 한 가지 싸움은 그녀가 자신의 방을 차지하는 것에 따른 투쟁과 관련이 있었다. 어느 날 학교에 가려고 하는데, 어머니는 N의 친구가 방과 후에 놀러 올 예정이고 N도 물론 그녀의 물건을 정리하고 싶어 할 것이라고 설명하면서 방을 정리하겠다고 했다. 그런데 N이 친구와 함께 집에 도착했을 때 그녀의 방은 엉망이었다. 그녀의 어머니는 사이클론처럼 방 안을 휩쓸며 서랍과 옷장을 모두 비우고, 침대와 벽을 벗겨 내고, 모든 것을 바닥에 쌓아 두었다.

또 다른 경우는 N이 초등학교 때 처음으로 댄스 파티에 가고자 할 때 어머니가 그녀의 머리 손질을 도와주겠다고 제안했다. 어머니는

N의 머리 꼭대기에 닿기 위해 올라설 의자를 가져다 달라고 N에게 요청했다(그녀의 어머니는 N보다 키가 훨씬 작았다).

N의 어머니는 N이 댄스 파티가 끝난 후 친구들과 계획한 만남을 자세히 기록한 쪽지를 발견하고는 화가 나서, 의자에 올라선 후 N의 빰을 때리고 머리카락을 뽑기 시작했다.

N의 아버지는 모녀의 싸움에 절대로 끼어들지 않았다. 환자는 아버지를 무능하고 무력한 사람이라고 표현했다. 환자가 진짜로 경험했던 것과 전이/역전이로 표상된 장면 모두에서, 환자의 아버지는 있었지만 없는 존재였다. 전이 과정에서 N이 자신의 것으로 경험한 어머니의 증오심은 보호적인 아버지와의 전이 경험에 의해 해소되지 않았다. 나는 속으로, N이 최근 나를 향해 표출했던 분노를 부인하는 것은 투사적 동일화의 한 형태와 관련이 있다는 가설을 세웠는데, 여기서 나는 그녀를 향한 어머니의 정신증적이고 부인하는 분노에 대해 환자가 혼란스러워한다는 것을 경험했다.

분석 시작부터 N은 나를 그녀 안으로 들어가지 못하게 하고 내가 제기했다고 느끼는 위험으로부터 자신을 보호하기 위해 여러 병리적 형태의 분열에 의존했다. 그녀는 헤드폰과 귀마개를 사용하여 내 말을 듣지 않고 (무의식적인 환상 속에서) 나에게 투사했던 자신의 위험한 부분과 거리를 두기 위해 손가락을 귀에 꽂았다. 분석 회기들에서 그녀는 선글라스를 다양하게 착용했고, 눈을 꼭 감고 있었으며, 반복적으로 안경을 벗었다 썼다 하거나, 안경을 '잊어버려서' 볼 수 없게 하였다.

이로써 환상 속의 N은 분노, 광기, 무정형의 공포, 살인적인 사고,

성적 흥분 등 모든 위험한 소리와 위험한 사고를 분출하여 되돌릴 수 없었다. 이 회기들에서 그녀는 자신의 위험한 감정이나 일부를 나에게 투사함으로써 더 이상 자신과 싸운다는 느낌을 갖지 않게 되었고, 대신 분열의 과정에서 나와 싸우면서 자신이 내 안에서 통합된 것처럼 느낄 수 있었다. 이런 식으로 나의 "정서적 공명(affective resonance)"(Hoffman, 1992)은 나의 사고하기와 경험하기에 매우 중요했다.

나는 우리가 한 모든 작업이 헛되지는 않았는지 궁금했다. 우리의 작업이 끝났다는 두려움과 함께 우리 둘이 중재자 앞에 가서 일을 해결하는 굴욕적인 모습이 떠올랐다. 중재자는, 아마도 내 안에 그리고 우리 사이에서 상실된 것으로 보였던 것을 대체할 제3자(엄히 판단하는 사람이기는 하지만)가 아니라면, 분석 공간에 대한 감각과 분석가로서 나 자신의 온전함을 다시 찾을 수 없다는 나의 느낌을 의미했을 것이다.

콘크리트 속에 던져진 분석가의 역할

나를 향한 N의 분노에 대한 나의 불안으로 인해, 나는 단단한 바닥으로 돌아가려는 시도에서 Bion(1957/1967)의 투사적 동일화 해석, Ogden(1994)의 분석적 삼자 개념, 그리고 Hoffman(1992)의 사회적 구성주의 개념을 포함한 다양한 이론적 틀을 생각하였다. 내 사고, 감정, 지각 대신에 다른 사람의 사고에 의지하려는 것을 알게 되었을 때, 나는 내 사고 능력에 대한 더 큰 확신을 느꼈다. 나는 N이 무의식적으로, 가학적이고 분노 가득한 방식으로 나를 사고하지 못하도록 이끌어 가고 있다는 것을 깨달았다.

> 저는, 당신이 제가 당신을 언젠가라도 이해할 수 있을지에 대해 절망감을 느끼는 것이 분명하다고 생각해요. 그래서 당신이 느끼는 것, 곧 자신이 무가치하다고 느끼는 것과 자기 의심과 절망에 쫓기는 것, 심지어 사고할 능력조차 빼앗긴 상태를 저에게 보여 주어야 한다고 느끼는 것 같아요.

사실상 내가 말을 마치기도 전에 N은 내가 틀렸다고 비난하면서 장황하게 말을 시작했다. 그녀의 비난은 나를 향하고 있었는데, 그 이유는 내가 이상화된 좋은, 사랑 많은 어머니이기 때문이 아니고, 오히려 혼란을 주고 두려울 정도로 신뢰할 수 없어 전능하게 통제되어야 하는 어머니이기 때문이었다.

이때 나는 그녀가 전능함으로 나를 완전히 통제하지 못한 것에 대한 그녀의 방어적인 분노 때문에 나의 해석을 무시하거나 왜곡함으로써 만들어 내는 고립의 효과를 반드시 다루어야겠다고 느꼈다. 나는 그녀에게 다음과 같이 말했다.

> 저는 이런 일이 당신의 어머니, 자매, 남편에게 수천 번 일어났던 것일 수 있다고 상상할 수 있어요. 그러니 당신이 저에게 그런 일을 기대하는 것은 자연스러운 것이지요. 저는 당신이 이런 식으로 저를 공격하는 것은, 제가 안다고 생각하는 것과 분석가로서 제가 누구인가에 대해 파악할 수 없도록 하고, 거기에 아무런 원칙이나 이

> 유가 없다는 이유에서 제가 이해할 수 없는 것에 저를 끌어들이려는 시도일 수 있다고 생각해요. 저는 당신이 수천 번 일어났던 것들의 광기에 빠져들어 그것들 속에서 당신 자신을 상실하는 것을 막을 수 없었던 경험을 이제 저와 함께 재현하려고 노력하고 있다고 생각하지요.

환자는 이러한 해석에 반응하여 약간 차분해진 것처럼 보였다. 분석 회기 후반에 나는 다음과 같이 말하면서 계속된 침묵을 끝냈다.

> 당신과 저는 충분히 오랫동안 함께 열심히 분석 작업을 해 왔어요. 그렇기 때문에 이 침묵이 사색적인 침묵이 아니라, 겉으로는 아닌 척하면서 저를 얕잡아 보는 태도라는 것을 알고 있어요. 제 생각엔 당신이 참을 수 없는 분노를 저에게 유발시키려는 것 같아요. 저는 당신의 목표가 당신이 어렸을 때 느꼈고 지금은 참을 수 없는 무기력하고 통제할 수 없는 감정을 제가 느끼게 하는 것이라고 생각합니다. 우리 중 누구도 정확히 이름 붙일 수 없는 어떤 죄를 제가 지었다고 하면서 저에게 원한을 품는 것은, 지금 이 순간 저와 관계를 맺는 데 따르는 위험을 피하게 하지요. 모든 것이 죽음의 손아귀에 봉인되어 있어요. 당신은 끔찍한 고립감을 느끼며 이에 대한 대가를 치르고 있지요.

몇 분 후 그녀는 다음과 같은 말로 반응하였다.

> 그것이 '죽음의 손아귀'와 '원한'에 대한 당신의 언어지요. 저에게는 절대 그럴 수 없는 일이에요. 저는 한발 물러서서 여기서 무슨 일이 일어나고 있는지 이해해 보려고 노력하고 있지요. 그리고 저는 그것이 당신에게 진실하게 들리지 않는다는 것을 알고 있어요. 저는 이 경험의 성격이 반복적이란 것을 잘 알고 있어요. 저는 저의 어머니, 자매, 아버지, 그리고 당신과 했던 많은 유사한 경험 속에서의 혼란이 뒤섞이지 않도록 아주 열심히 생각하고 분석 작업을 했지요. 저는 그 점을 다행이라 생각하고 때로는 그렇게 이해하고 있지요. 그런데 이것은 그런 경우가 아니지요. 그리고 무엇보다도, 저는 그것을 극복하고 싶어서 몹시 불안해하고 있어요. 저는 이것이 단순히 우리 둘 사이에 일어난 어떤 것이 아니고 차라리 재연이었으면 하고 바라고 있지요.

나는 N의 혼란과 자신에 대한 상실감을 본능적으로 느낄 수 있었는데, 이는 내 목소리를 흉내 내는 것과 내가 사용하는 단어와 같거나 비슷한 단어를 사용하는 것(예를 들어, "너무 진지하게 생각했어요." "너무 열심히 작업했어요." "이해하려 했어요." "진실로 느껴져요.")을 통해 부분적으로 전달되었다. 나는 또한 그녀 반응의 마지막 부분을 특히 딱딱 끊기는, 거의 스타카토처럼 경험했다. 나는 처음으로 스타카토 주법이 요구되던 피아노곡을 연습했을 때, 멜로디를 유지하면서 각 음을 더 날카롭고 더 짧게 다른 음들과 더 구별되도록 만들려고 노력했던 것을 생각해 내었다. 나는 계속해서 이렇게 말했다.

> 제 생각에 당신은 저와 제 말 속에서 자신을 잃어 가고 있다고 느끼기 시작할 때 최선을 다해 저와 당신 자신을 분리하려고 노력하는 것 같아요. 저는 당신이 저와 제 생각을 당신과 아무 관련이 없는 것으로 경험함으로써 분리하려고 노력한다고 생각합니다. 그 분리가 당신을 당신 자신으로 남겨 두지요. 이는 마치 당신이 우리 둘 사이에 아무것도 통과하지 않는 6인치 플렉시 글라스(plexiglass) 스크린이 있는 것처럼 느끼는 것과 같아요.

그 분석 회기 후반에, 나는 그녀가 외로움은 견딜 만한 가치가 있는 것임을 믿어야 한다고 반복하여 말해 주었다. 그것은, 내가 그녀를 이해하지 못할 때 그녀가 느끼는 완전한 무력감과 고립감으로부터, 혹은 그녀를 내 일부로 만들려는 나의 노력과 생각에 사로잡혀 있다는 느낌으로부터 그녀를 보호해 주기 때문이라고 설명했다. 나는 그녀의 마음 상태에서 배우기를 거부하는 것처럼 보이는 것이 실제로는 나에게 사로잡히지 않도록 자신을 보호하려는 그녀의 노력이었다고 제시했다. 나는 그녀가, 그녀를 사로잡아 그들의 방식대로 일을 처리하는 (바이러스나 박테리아 같은) 누구 혹은 무언가로부터 끊임없는 위협을 느끼고 있는 것 같다고 말했다.

그녀는 높은 음조의 어린아이 같은 목소리(내 생각에 내 목소리와는 정반대)로 반응하며 밝은 미소를 지어 보였다. 그러고는 이렇게 말했다. "오, 음, 선생님의 말씀이 일리가 있습니다." 그녀의 목소리 톤에서 나는, 내가 말하는 방식 그대로는 그녀가 경청할 수 없거나, 반드시 부정해야 한다고 느끼고 있다는 것을 알 수 있었다. 그녀의 반응은 확실히 관념, 감정, 감각의 합리적인 조직화 면에서 나와 정반대이거나 내가 진실로 경험했던 것과는 반대인 것 같았다.

그녀가 말할 때, 나는 그녀에게 말이란 공허하고 그저 변장된 무기일 뿐이라는 인상을 받았다. 그리고 나는 그녀가 발화된 말을 청자를 냉소적으로 조작하는 경멸로 느꼈다는 인상을 받았다. 나는 그녀가 아무 생각 없이 새김질하는 소처럼 그저 입으로만 말을 되뇌고 있다는 느낌을 받았다.

회기가 끝나고 나서야 비로소 나는 N이 나를 공격한 것에 대한 나의 비난조의 해석과 내가 속으로 그녀를 새김질하는 소에 비유한 것 안에 위장된 나의 분노를 자각하게 되었다. 나는 다시금 그녀가 내 말 중 일부를 사용한 것이, 내가 다른 사람의 말과 생각[예: Bion(1957/1967), Klein(1935/1968), Ogden(1994) 및 Winnicott(1971)의 말과 관념]을 입으로만 흉내 낸 존재로 그녀에게 경험되었기 때문은 아니었을까 하는 의문이 들었다.

이렇게 자기 인식이 커 감에 따라, 나는 다른 사람의 이론적 틀에 대한 방어적인 사용을 줄이고 스스로 사고하기 시작할 수 있었다. 그 후 나는 우리 사이에 벌어지고 있는 일에서 복잡함과 강렬함을 더 잘 경험할 수 있었다. 그때가 되어서야 나는 그녀의 실패, 절망, 고립감 속에서 나와 N 사이의 동일화를 성찰하기 시작할 수 있었다. 그때서야 나는 그녀의 통제하려는 노력이 견딜 수 없는 불안을 반영한다는 것을 깨달았다. 나의 분노를 더 충분히 깨닫게 되자, 이전에는 불가능했던 N을 향한 더 깊은 연민을 느낄 수 있을 정도로 내 안에 변화가 일어났다. 나는 (감각적으로) 내 목소리에 변화가 있음을 듣고 느낄 수 있었다.

나는 그녀가 사실 다른 형태의 분열을 향한 어떤 움직임을 보였다는 것을 스스로 인정했다. 나는 그녀가 처음에 나를 전체성의 외형이라고는 없이 '50곡의 노래' 단편들을 이어 붙인 모습으로 경험했으며 이 경험이 날마다 바뀌었다고 말했던 때를 기억했다. 그러다가 시간이 지나면서 그녀는 이제 내가 하나의 사람이 되었으며, 자신에게 내가 단 하나의 '면', 즉 50세인 한 사람으로만 느껴진다고 말했다.

분석적 상황을 인지하는 성찰 공간

여러 분석 회기가 지난 후, N은 이전의 적대적인 상태에서 결정적인 움직임을 보인 듯했다. 처음에 나는 어떻게 대답해야 할지 몰랐다. 그녀는 심포니 공연에 다녀오면서 우리 사이에 무슨 일이 일어났는지 성찰해 보았다고 말했다.

> 악곡을 이해하지 못할 때, 저에게 떠오른 처음 생각은, 그게 어떤 느낌일지, 음악에 대해 위협적으로 느끼는 것은 무엇일지 질문해야겠다는 것이었지요. 토요일 저녁, 저는 음악이 약하게 느껴진다는 것을 알았어요. 예전에는 그냥 마음으로 악곡을 꺼 버리고 듣지 않았지요. 하지만 분석은 그 악곡에 머물면서 이해하려 노력해 보라고 가르쳐 주었고, 그래서 더 잘 들을 수 있도록 볼륨을 올리는 법을 배웠어요. 이것은 꿈에서 그리 명료하지 않거나 이해하기 어려운 이미지와 같은 것이지요. 분석은 저의 이해를 가로막는 걸림돌이 저의 지능이 아니라, 저의 어떤 다른 부분이 저를 제한하는

것이라고 깨우쳐 주었지요.

그때 제가 기다리던 바로 그 순간이 저에게 일어났어요. 불이 딸깍 켜지는 소리가 났어요. 지난 몇 주 동안은 불이 꺼져 있었거든요. 여기 주요 분석 작업 시간에서도 불이 꺼져 있었지요. 그리고 이제 불이 켜졌어요. 갑자기, 저는 보고 이해하게 되었지요. 우리의 분석 작업에 대한 믿음이 없었다면, 마치 어둠 속에 있다가 불을 켜고 보게 되는 것처럼, 저는 지금 여기에 누워서 제 앞에 전개되는 작업을 경험할 수 있는 능력을 가질 수 없었을 거예요. 저는 제 자신을 의심했어요. 그래서 제가 사고하고 이해할 수 있는 능력에 대해 극도로 불만이었지요. 저는 제 자신을 너무 심각하게 의심해서 치료와 이해의 그릇이 될 수 없었기 때문에 완전히 길을 잃은 느낌이었어요.

토요일에 저는 음악과 하나가 되어 있었어요. 이 점은 아무리 강조해도 지나칠 수 없을 것 같아요. 특히 브람스 심포니 1번에 푹 빠졌어요. 저는 모든 음표를 알고 있었지요. 그래서 문이 열리자 제가 사랑하는 음악이 있는 곳에서 비록 당신이 거기에 없었지만, 그 경험에서 당신을 벗어나게 해 줄 방법이 없었어요. 어떤 면에서 저는 이 작업을 통해 생각하게 되었어요. 제가 제 자리에 없었더라면, 거기에 있을 수 없었을 것이라고요. 그 때문에 그것이 그렇게 강력한 것이지요.

듣는 동안, 나는 그녀의 반응이 흥미를 자아낸다는 것은 알았지만, 그것이 얼마나 억지스럽고 거의 마술처럼 보였는지를 깨닫게 되었다. 아마도 그것은 나와 나머지 세계에 대한 전능한 통제를 상실하여 완전히 홀로 남게 될 불안에 대한 조증 방어[5]를 반영한 것일 것이다.

나는 또한 그녀가 자신을 치료의 '그릇'이라고 언급한 것은 매우 수동적인 표현 방식이라는 것을 알고 있었다. 그것은 복종적인 것처럼 보였고 나와 하나 됨(at-oneness)을 재확인하는 것 같았다. 그녀가 분석을 '이 작업'이라고 언급한 것은 거리감이 느껴지고, 기계적이며 비인격적인 것처럼 보였다. 내가 보기에 그녀의 특별한 통찰은 기껏해야 전체적이고 개별적인 대상 관련성을 향한 중요한 첫 단계인 것 같았다.

그것에 대해 생각하면서, 나는 우리의 분석 작업을 이해하려는 N의 감각에서 나타난 이 새로운 발달이 여러 면에서 이전의 변화와는 차이가 있다는 것을 깨달았다. 이전에 그녀는 내 사무실에 있는 동안, 그녀 자신의 조각들을 끈적끈적한 풀을 사용해 하나로 묶어 전체의 모양을 만들어 내듯이, 내가 했던 말을 사용해 나의 해석의

---

[5] "조증 방어"(Klein, 1935/1968; Schneider, 1990, 1995)는 우울적 불안, 즉 자신이 사랑하고 의존하는 사람을 해치거나 죽였을 것이라는 그래서 고통스럽고 무력하게 홀로 남아 있게 될 것이라는 두려움에 반응하여 장착된 일련의 원초적 방어이다. 조증 방어에는 대상과 관련하여 통제, 경멸, 승리라는 서로 중복되는 세 가지 방어기제가 있다. 조증 방어에 의존하는 환자들은, 그들이 상실할까 봐 두려워하는 사람을 전능하게 통제할 수 있다는 환상을 무의식적으로 상상한다. 완전히 누군가의 통제하에 있는 대상은 떠나갈 수 없다. 대상이 떠나더라도 그 사람은 경멸스럽고 무가치한 사람으로 여겨지기 때문에 아무것도 상실하지 않는다. 사실 대상을 상실하는 것은 승리감의 계기가 되기도 하는데, 대상이 없는 것이 더 낫기 때문이다.

전체를 소화되지 않은 채 꿀꺽 삼키면서, 사건에 대한 나의 해석을 받아들이고 재작업하며 자동적으로 수용했다.

이번에 그녀의 이해는, 다소 경조증적이기는 했지만, 우리 둘 모두가 포함되는 관계의 새로운 형태와 관련된 좀 더 신중한 반응을 통해 이루어졌다. 그녀가 사무실 밖에서 심포니에 대한 레브리 상태로 이러한 관념에 도달했다는 것이 중요해 보였다. 그녀의 레브리는 우리 관계에 세 번째 요소를 추가한 것처럼 보였고, 사고하고 해석하는 자기의 시작이었다. 그녀는 의미 있는 방식으로 (상상 속의 현존인 나와 더불어) '그녀 자신과 대화'를 시작할 수 있었다.

우리 관계에 맞게 은유를 창조하는 N의 능력은 상징화 공간(symbolizing space; "놀이 공간"; Winnicott, 1971)의 창조에 기여했다. 우리 사이의 "분석 공간"(Ogden, 1994)에서 우리는 스스로 사고하고 분리된 사람들로서 서로에게 이야기를 시작할 수 있었다.

다음 만남에서 그녀는 우리 사이에 일어났던 일을 회상하면서 이렇게 말했다.

> 당신이 심포니에서의 경험이 저에게 어땠는지 묻는 바로 그 순간, 공이 글러브 속으로 들어가는 이미지가 즉시 떠올랐어요. 그게 바로 별 어려움 없이 공을 잡는 방법이지요. 공을 잡는 방법은 매우 간단하면서도 강력해요. 물론 그것은 더 큰 경기의 일부이지요. 그러나 경기 중에 할 수 있는 유일한 행동은 공을 글러브로 받는 거예요. 적절한 것은 공을 글러브로 받는 것이지요. 그 순간 공이 글러브에 들어와 있는 것을 보는 것보다 더 가치 있고 실제적인 것은

> 없어요. 경기 중일 때는 글러브로 공을 잡는 것이 다이아몬드 모양의 베이스에서 일어나는 다른 어떤 일보다 더 중요한 일이에요. 그 순간 나는 경기에 참여하고 있고, 완전한 순간이지요. (환자는 아동기부터 내 인생의 가장 큰 즐거움 중 하나가 야구였다는 사실을 의식하지 못했다.)

놀이에 대한 N의 반응이 놀이 그 자체의 시작이었다. 시에서와 마찬가지로 여기서 그녀의 언어 사용은 사건에 관한 것이 아니라 그냥 그 자체로 사건이었다. 비록 그녀의 말은 야구에 관한 것이었지만 그 시간에 가장 생생한 사건은 진정으로 창의적이고 은유적인 그녀의 언어 사용이었다.[6]

몇 달 후, 어떤 회기에서 우리는 유난히도 강렬한 친밀감과 유대감을 경험했다. 나는 멈추면서 말하고, 말을 하는 동안 내 사고를 다른 관점으로 제시하고 있다는 것을 알았다. N은 자신을 놀라게 한 무엇이 있음을 알아차렸다고 말했다. 이전 만남들에서 그녀가 혼란과 불안을 느꼈을 때, 그녀는 회기들 사이에서 그리고 그 다음 회기에서는 좀 더 조직화되고 목적이 있는 회기를 가져야겠다고 다짐하곤 했다. 그녀는 회기 초반에 혼란을 느꼈을 때 자신이 나와 더 가까워지고 연결되어 있다는 느낌을 받았다고 말했다. 이제 그녀는 목적을 가지고 조직화하는 것은 감정이 아니라 사고하기로 특징지어진다는 것을 깨달았다. 그래서 그녀가 목적을 가지고 조직화하려고 했

---

[6] 추가 자료를 위해서는 Ogden(1999)을 참조하라.

을 때 그녀는 실제로 혼란을 겪었을 때보다 더 거리감을 느꼈다. (이 장이 전개되는 관점에서 볼 때, 나는 그녀의 '조직화된' 상태를 병리적 분열의 형태로 나타나는, 방어적이고 때 이른 경험의 조직화로 이해했다.)

N은 곰곰이 생각하면서 우리가 어떻게, 무엇에 대해 이야기하고 있었는지에 더하여 내가 말을 멈칫거리는 것을 통해 깊은 친밀감, 즉 이전에 느낄 수 없었던 방식으로 이해받는 느낌을 불러일으키는 경험을 했다고 말했다. 이 시점에서 나는 N에게 다음과 같이 말했다. "당신이 오늘 여기서 당신의 경험과 느낌에 대해 설명하고 있는 것은 1년 전, 심지어 6개월 전에는 할 수 없었던 일이지요."

나는 때때로 더 큰 연결과 깊은 사려가 단어의 선택, 목소리의 톤 및 말하는 리듬에 반영되어 있다는 것을 알고 있다. 나는 또한 N이 비난과 소외를 멀리하려는 나의 생각에도 반응한 것일 수 있다고 생각했다. 나는 잠정적이고 멈칫거리는 나의 말투가 준비되어 알고 있는 해석과 대조되는 느낌 상태를 반영한다는 그녀의 관찰에 동의했다. 이런 식으로, 그것은 그녀와 나 모두가 말로 표현되는 내용을 협력하여 조정할 수 있는 개방성을 허용하는 것처럼 보였다. 우리의 느낌과 사고를 말로 표현하는 이 경험은 우리 모두에게 매우 개인적으로 느껴졌다.

경험에 몰입하기보다는 거리를 두게 되면서 나의 어조에 변화가 왔다. 나는 사고하기 전에 상호작용에 참여하고 있었지만, 우리 사이에 열린 공간을 통해(시간은 좀 걸렸지만) 내면의 이야기를 더 잘 시작할 수 있었다. 나는 내가 경험했던 것에 대해 상징화하고 나 자신과 결국은 N에게 이야기함으로써 투사적 동일화의 경험에서 충분히 벗어날 수 있었다. 이를 통해 나는 경험에 대해 말할 수 있을 뿐만 아니라 그 경험을 바탕으로 말할 수 있었다.

다음 회기를 위해 대기실에서 N을 만났을 때, 나는 즉시 그녀가 기분을 좋게 하는 달콤한 향수를 사용했다는 것을 알아차렸다. 나는 그녀가 이전에는 향수를 사용한 적이 없었다는 것을 기억했고, 이렇게 향수를 사용한 것은 지난번 회기에서 일어난 일에 대한 반응일지도 모른다고 생각했다. 대기실에서의 이번 만남은 뭔가 데이트하는 느낌이 들었다.

주말에 꾼 꿈도 내가 N에게 반응하는 방식에 영향을 미쳤을 것이다. 꿈에서 나는 내 몸에 완전히 스며드는 깊고 쾌락적인 에로틱한 감각을 거리낌 없이 느꼈다. 깨어났을 때, 놀랍게도, 나는 꿈속에서 느낀 나의 성적인 힘의 생생함이 최근 N과의 분석 작업 경험과 연결되어 있다는 사실을 깨달았다. 나는 그 꿈을 자유로운 경험으로 체험하게 되었는데, 이는 내가 무의식적으로 이 작업을 하고 있다는 표시였다.

환자는 자신이 큰 호텔의 접대용 특별실에 있었던 꿈을 꾸었다고 내게 말하면서 회기를 시작했다. 그녀는 업무 수행에 인정을 받아 중요한 상을 받고 승진을 축하하기 위해 그곳에 있었다. 그녀가 막 연단에서 수락 연설을 하려던 중, 내가 어떤 여성 동료와 함께 방으로 들어오는 것을 발견했다. 그녀는 충격을 받았고, 내가 그 문란한 여자와 무슨 짓을 하고 있는지 의아해했다. 그녀는 내가 추파를 던지며 난잡한 성행위로 잘 알려진 여성과 함께 있다는 사실에 슬프고 속상해했다. 꿈속의 여자는 만나는 남자들에게 매번 상처를 주고는 관계를 끝맺었다. 그녀는 내가 군중들과 어울리는 것을 지켜보았고, 그 순간 나는 그녀의 시야에서 사라졌다.

N은 그 꿈이 우리의 지난 회기에 대한 반응이라고 생각한다고 말했다. 하지만 동시에 꿈의 일부가 회기와 맞지 않는다고 말했다. 그녀는 좋고 만족스러운 감정에 있다가 곧바로 좋지만 고통스럽고 나쁜 감정에 빠지는 익숙한 과정을 거치는 자신을 발견했다. 그녀는 내가 꿈에서 이 여자와 함께 있었던 것을 자신의 책임으로 느꼈고, 자신의 경력을 계속 이어 가면서 내가 이런 여자와 함께하도록 남겨두었다는 사실을 슬퍼했다.

그 환자는 계속해서 나에게도 화가 났다고 말했다. 내가 왜 이 여자랑 같이 있었을까? 그녀가 나에 대해 인식하지 못한 것이 있었을까? 그녀는 자신의 질문을 통해 자신이 더 만족스러운 감정을 버리고 있었다는 것을 깨닫게 되었다. 그런 다음 그녀는 '꿈에 나오는 세상의 모든 사람 중에서 왜 하필 이 여자일까?'라는 의문이 들었다. 나는 그 꿈이 그녀의 꿈이었고, 그녀가 나와 다른 여자를 짝짓는 것을 포함하여 꿈에 다양한 인물을 배치한 극작가 겸 연출 감독이었다는 사실을 다소 성찰적으로 언급해 주었다. 그 순간 나는 내가 말했던 것들이 불쾌하고 방어적으로 들렸다는 것을 알아차렸다. 아마도 극작가 겸 연출 감독자인 내가 그녀를 내 꿈에 등장시켰다는 사실에 대한 불안한 반응이었을지도 모른다.

N은 나를 향해 느낀 매력의 감정을 공개적으로 표현하는 것이 두려웠고, 내가 그녀를 거부하고 화를 낼까 봐 두려웠다고 말했다. 그런 다음 그녀는 나를 그 '문란한 여자'와 짝지은 것이, 어쩌면 자신이

간접적으로 나와 함께 있으려는 방법일 수 있다고 생각했다. 즉, 자신을 위장하고 자신과 그 경험을 비하하는 방식으로 말이다.

논의

자신을 온전하고 독립된 인격으로 경험하려는 움직임은 결코 일직선으로 나아가지 않는다. 그것은 흔히 왔다 갔다 하면서, 변덕스러운 방식으로 진행된다. 우리는 성숙한 양가감정과 건강하지만 원초적인 분열 사이에서, 서로를 부정하면서도 동시에 보존하는 변증법적 긴장을 최적으로 성취한다. 움직임이 없는 전체성은, 폐쇄의 개방(건강한 분열) 과정에 의해 저항을 받으며, 이를 통해 개인의 심리적 삶에 새로운 무언가가 일어날 수 있게 된다(Bion, 1962a, 1963; Eigen, 1985; Ogden, 1988).

N이 분열을 통해 대체로 혼란스러운 내적 세계로부터 보다 질서 있는 조직된 세계로 이동한 것은 하나의 성취였다. 방금 제시된 임상 작업은 환자가 방어적인 심리적 폐쇄와 분석의 정체를 초래했던 병리적 분열에 대한 초기 무의식적 의존을 넘어 발전할 수 있도록 돕고자 하는 노력을 포함하고 있다.

역전이의 어려움 때문에 나는 N이 원초적인 건강한 분열의 방향으로 이룬 작지만 의미 있는 진전을 충분히 인정하지 않았다(또는 충분히 인식하지도 못했다). 내가 경험한 역전이의 어려움(혼란, 무력감, 분노의 감정)으로 인해 나는 N의 성숙 과정을 받아들이지 못했다. 나는 양극화로 인해 우리를 교착 상태에 빠뜨리는 분노의 가능성을 점차 깨닫게 되었다. 나는 그녀가 반항하는 환자였다고 느꼈고, 그녀는 내가 완고한 분석가였다고 느꼈다.

그 결과 전이/역전이에서 재연된 병리적 분열에 기초한 양극화로 이어졌다. 이렇게 돌처럼 굳어진 양극화는 분석 기간 동안 지속될 수 있었다. 왜냐하면 병리적 분열의 뚜렷한 특징이 정체되어 있다는 것이기 때문이다. 즉, 환자가 지닌 무의식적으로 분열된 요소들 사이에는 소통이 없다. 이처럼 분열에 기초한 정적인 병리적 조직화는 우리에게 진정한 의사소통이나 심리적 변화를 위한 여지를 거의 허용하지 않는 양극화된 전이/역전이로 이어진다.

N은 끊임없이 속사포처럼 '나에게' 말함으로써 수년 동안 나를 부분 대상으로 대했다. 그 기간 동안 나는 산만하고 혼란스러웠으며, 때로는 지루하고 졸렸고, 어떤 때는 구역질이 나고 비현실적인 느낌을 받았다. 나중에서야 나는 그녀가 끊임없이 말하고 별것 아닌 것처럼 보이는 소소한 것으로 나에게 맹공격을 가한 것은 내가 '그녀의 모든 것을' 알아 주었으면 하는 그녀의 욕구를 드러낸 것임을 이해하게 되었다(Winnicott, 1945/1975, p. 150 참조). [7]

---

[7] N은 병리적으로 불완전한 분열의 경험을 다음과 같이 설명했다. "그것은 저를 올려다보며 비명을 지르는 책상 위의 색종이 조각과 같아요. 색종이라고 한 것은 그것이 자주 움직이고 변하면서 비명을 지르기 때문이지요. 그게 퍼즐 조각 같지는 않아요. 왜냐하면 서로 맞물리는 곳이 없기 때문이지요. …… 조각들은 매우 혼란스럽고 시끄러워요. …… 한때 그것들은 큰 종이를 조각낸 것들이었지요. …… 이 조각들은 다시금 8 1/2×11 용지 크기의 하나의 큰 전체로 모일 수 있어요."

N의 어머니와의 외상 경험(겉으로 보기에 위로를 주던 사람에서 굴욕을 주고 공포를 주는 힘으로 바뀌는 어머니의 예상치 못한 변화)은 처음에는 몸 안팎의 감각(예: 내가 메스꺼움과 졸음을 느끼는 것)의 형태로, 그리고 그녀의 내면이 외부로 드러나는 느낌의 형태로 분석되었다. 그녀의 어머니는 서랍 속의 내용물을 바닥에 비우는 것(상징적으로 말한다면 N의 사적인 부분을 밖으로 노출시키는 것), 곧 안을 밖으로 뒤집는 것으로 N을 모욕했다. 이는 환자의 사생활을 침해한 것일 뿐만 아니라 그 행위를 그녀의 친구가 목격했기 때문에 가족의 정신증적 특성을 폭로함으로써 N을 모욕한 것이었다.

N은 자신의 공포에 대해 아무 말도 하지 못했다. 그녀는 어렸을 때 감정을 말로 표현하는 것이 금지되어 있었고, 말과 사고 모두에서 순응적이었다. N은 어머니와 함께 경험했던 것과 비슷한 감정을 나에게 불러일으켰고, 자신이 느끼는 분노와 두려움을 나도 함께 무의식적으로 느끼도록 유도하였다.

N이 이전에 (양극화된 전이/역전이가 재연된) 그녀 자신의 분열된 측면들 사이에 어떤 소통의 형태를 창조했을 때, 나는 생성적 분열을 향한 N의 추가적인 움직임을 인식해야 했다. 나는 그녀에게 끌려들어가 그녀 안에서 나 자신을 상실하지 않기 위해 방어적인 분노로 다시 분열될 위험에 끊임없이 처해 있었다. 예를 들어, 나는 그녀의 심포니 반응에 대해 지나치게 회의적이었고, 그것이 불안정하고 과하다는 느낌이 들었다.

그녀는 알아차리지 못했지만, 심포니에서의 N의 레브리 상태는 그녀에게 '심포니'가 일어났을 때 일어난 일에 대한 은유였다. 심포니(symphony)는 그리스어에 뿌리를 둔 단어이다. 즉, 소리 및 상징과 관계된 의미를 갖는 포닉(phonic)과 여러 개의 악기나 일련의 상징적 요소가 부분의 합보다 더 큰 것으로 함께 모일 수 있듯이 화합의 장을 의미하는 심(sym)이 결합되어 만들어진 단어다. 그녀의 심포니는 최소한 일시적으로라도 그녀 자신의 부분들을 생성적으로 모두 모았다. 심포니 소리를 (단순히 음표를 모아 놓은 것이 아닌) 음악으로 들을 사람이 없다면, 그 소리는 아무런 가치가 없을 것이다 (Laplanche & Pontalis, 1967).[8]

지금까지 논의된 이해에 기초해 보면, N이 심포니에서 레브리에 빠지게 된 데에는 몇 가지 주요 요인이 있었던 것으로 보인다. 나는 (내 레브리 경험에 대한 분석적 사용을 포함하는) 역전이 분석을 사용하여 교착 상태의 본질을 더 잘 이해할 수 있었다. 예를 들어, 나는 환자를 되새김질하는 소에 비유함으로써 역전이에서 분석되지 않은 분노가 반영된 것임을 인식할 수 있었다. 나는 되새김질 은유에 다시 집중함으로써 보다 공감적인 성찰로 전환할 수 있었다. N이 50곡 노래 모음 중 일부로서가 아니라 온전한 인격으로서 나를 경험하는 과정의 진전이 있었다는 것을, 나는 나 자신에게도, 그녀에게도 인

---

[8] 영어 단어 '상징(symbol)'은 두 사람 사이의 합의 또는 계약을 가리키는 그리스어 단어에서 파생되었다. 이는 돌을 반으로 쪼개어 두 사람이 각각 돌의 절반을 차지한다는 것을 의미했다. 두 사람은 각각 돌의 반쪽을 가져갔다. 두 개의 반쪽은 독특하게 서로 맞물려 계약을 체결한 두 사람의 동의와 신원을 모두 의미하는 역할을 했다. 돌 전체를 깨뜨려 만들어진 두 개의 돌은 각각 그 자체로는 아무 가치도 없었다. 두 사람은 의미를 창출하기 위해 이미지를 통합하고 양면을 하나로 맞추어야 했다.

정했다. 나의 분노와 좌절을 인식하고 그로 인해 내 말과 목소리가 부드러워진 것을 인식함으로써 나는 N의 무의식적인 감정 상태의 변화를 위한 여지를 허용하였다. 그녀는 좀 더 방어적인 '사고'에서 자신에게 실제처럼 느껴지는 감정으로 옮겨 갔다.

이 과정에서 정말 필요했던 것은, 나 자신의 의식적이고 무의식적인 분노를 충분히 알아차림으로써 환자의 보다 생성적인 분열(즉, 연결되지 않은 요소들 사이에 적어도 어느 정도 충분한 담론을 허용하는 분열)을 향한 아주 작은 움직임조차 인식하고 인정할 수 있는 나(분석가)의 능력이었다.

나는 심포니에 대한 그녀의 반응이 어떻게 내 안의 변화와 직접적인 관련이 있는지 이해하게 되었다. 또한 내가 그녀의 심포니 은유에서 진정으로 새로운 무언가를 놓쳤고, 그 대신 그 경험과 은유를 억지스럽고 과장된 증언으로 일축했다는 사실도 깨달았다.

양극화에 기여한 자신의 역할에 대한 N의 인식은 양가감정과 다른 형태의 성숙하고 복잡한 심리적 분할(분열에서 결코 '넘어서지' 못하는)의 기초를 형성했던, 보다 성숙하고 생성적인 분열의 발달을 더욱 촉진했다. 분열할 수 있는 그녀의 능력이 발달함에 따라, 차이들이 더 명료해졌고, 두려움 이외의 정서로 충전되었으며, 심지어 관심과 호기심으로 환영받기도 했다.

N은 무의식적인 피드백 연결고리들로 인해 그리고 그녀의 특징인 즉각적인 점화 반응이 약화되면서 훨씬 덜 방어적이 되었다. 즉각적 점화 반응은 이전에 신체적 반응을 유발했고, 그 반응은 고착되어 명확한 소통을 방해하는 정적 배경을 생성하였다. 치료가 이

시점에 이르자, 그녀는 신체적 반응이 일어나기 전에 피드백 연결고리의 시작점에서 이를 차단할 수 있었다.

이 주제를 반복적으로 재작업함으로써, N은 더욱 눈에 띄는 변화를 이루었다. 결과적으로 나는 분석 관계에서 발생했던 변화를 훨씬 더 충분히 인식할 수 있었다. 즉, 내가 더 사려 깊어질 수 있게 되면서(예를 들면, 내가 미리 만들어진 일반적인 해석을 하는 대신에 멈칫멈칫 말을 했던 것과 같이) 우리 관계의 양극화, 곧 분열에 변화가 일어났다. 진정으로 새로운 것을 창조하려는 이 공동의 노력은 역설적이게도 우리가 서로로부터 정신적으로 풀려날 수 있게 한 경험이었다.

내가 설명한 분석 과정은 Bion(1962b)과 Ogden(1997)이 설명한 대로 분석가와 피분석가의 의식적이고 무의식적인 레브리 상태의 상호작용을 포함한다. N과 내가 꾸었던 꿈들은 이전 회기에서 해결되지 않은 채 남아 있던 전이/역전이의 주요 주제의 연속이었다(Boyer, 1988). 우리는 무의식적으로 서로 대화를 나누었고, 그 내용을 꿈에 등록하였다. 나는 꿈속에서 N을 여성으로 느끼며, 감각적이지만 왜곡되지 않은 그녀에 대한 육체적인 경험을 할 수 있었다. 두 꿈은 동일한 상징적 작업의 두 반쪽처럼 느껴졌다.

N의 꿈에는 자신의 감정을 위장하기도 하고 또 그 감정을 나와 그녀 자신에게 드러내려는 노력이 포함되었다. 나 자신의 꿈은(무섭고, '소름 끼치고', 통제 불가능하다고 느꼈을) 근친상간 병합에 미치지 않으면서, 우리가 처음으로 서로의 관계에서 경험하는 성적 생명력을 확인했다는 점에서 통합적이고 차별적인 것처럼 보였다. N과 나 모두에게 '다른 여성'은 그녀가 나를 향한 사랑/성적인 감정에서 거리를

두고 거절에 대한 두려움으로부터 자신을 방어하곤 했던, 부인되고 폄하된 형태를 한 N인 것처럼 보였다.

결론적인 논평

N과의 분석 작업을 생각하면서 다른 임상 작업에 일반화할 수 있는 몇 가지 관념을 제안하고 싶다.

첫째, 중요한 것은 서로를 둔감하고, 이기적이며, 가학적이고, 불성실하고, 기계적으로 경험하는, 정체된 양극화에 환자와 분석가를 가두려는 전이/역전이 안에 있는 분노의 잠재력을 인식하는 것이다. 이런 상황에서 치료사는 환자의 진정한 변화나 진지한 노력을 인식하는 것에 더디게 반응하고 주저할 수 있다. 분석가에게 인식된 변화는 과소평가될 가능성이 높다.

둘째, 역전이 분석(치료사가 자신의 꿈과 레브리를 분석적으로 사용하는 것을 포함하는)은 분석가가 분석의 교착 상태에 깔려 있는 무의식적 분열 과정의 본질을 이해하도록 이끌 수 있다. 이는 이어서 분석 관계에서 진행되는 병리적인 분열에 대해 분석가가 관여하는 방식에 변화를 가져올 수 있다. N과의 작업에서 내가 그녀를 되새김질하는 소에 은유적으로 비교한 것은, 역전이에서 분석되지 않은 분노를 수용하게 되었음을 반영한 것으로 인식했다. 이는 성찰적 공간, 즉 사고할 수 있는 여유 공간을 만들어 내는 시작이 되었다.

셋째, 자신의 의식적 · 무의식적 분노를 인식하게 된 분석가는 건강한 분열을 향한 가장 단순하고 인상적이지 않은 변화조차도 더 잘 인식하고 인정하고 평가할 수 있다. 건강하고 원초적인 분열은 N과의 분석 작업에서 그랬던 것처럼 종종 이전에 단절되었던 감정 상태와 자기의 측면들 사이에 (그 사이에서 의사소통이 시작될 수 있는) 생성적 공간의 창조를 시작하는 형태를 취한다. 경험적으로 이러한 심리적 변화는 사고하기, 의미 있는 분별, 환자와 분석가 사이에 상호 이해하는 대화가 일어날 수 있는 여유 공간이 생성되는 느낌을 준다. 이 분석 사례에서 분열은 환자가 결국 자신의 경험을 언어적으로 상징적인 형태로 전달하기 위해 자신을 의식하지 않는(un-self-consciously) 창의적 은유를 사용하는 것처럼 보이는 방식으로 이끌었다.

넷째, 생성적 분열을 향한 환자의 움직임을 인식한 분석가는, 환자에 의해 은유적으로나 구체적으로 (환상에) '끌려 들어가지' 않도록 환자에 대한 방어적인 반응으로 되돌아가기 쉽다. N의 분석에서 나는 심포니에 대한 그녀의 설명에 지나치게 회의적이었다. 사실 그것은 불안정하고 과장된 것이었지만, 나는 여전히 너무 화가 나서 그것이 반영한 건강한 변화를 인식하거나 인정하지 못했다.

유아 발달 과정과 마찬가지로 분석 과정에서 분석가는 원초적인 박해에 대한 환상으로부터 보다 생생한 상징화 형태로의 이동을 중재하는 데 중요한 역할을 한다. 오직 이런 방식으로만 우리는 경험을 통해 배우고, 결국 다른 사람에 대한 공감 능력과 자신에 대한 책임감을 성취할 수 있게 된다.

참고문헌

Bion, W. R. (1962a). A theory of thinking. *International Journal of Psychoanalysis*, *43*, 4-5.

Bion, W. R. (1962b). *Learning from experience*. Basic Books.

Bion, W. R. (1963). *Elements of psychoanalysis*. Heinemann.

Bion, W. R. (1967). Differentiation of the psychotic from the non-psychotic personalities. In *Second thoughts* (pp. 43-64). Jason Aronson. (Original work published 1957).

Boyer, L. B. (1988). Thinking of the interview as if it were a dream. *Contemporary Psychoanalysis, 24*, 275-281.

Eigen, M. (1985). Toward Bion's starting point: Between catastrophe and faith. *International Journal of Psychoanalysis, 66*, 321-330.

Freud, S. (1961). Fetishism. In J. Strachey (Ed. & Trans.), *Standard edition of the complete psychological works of Sigmund Freud* (Vol. 21, pp. 147-157). Hogarth Press. (Original work published 1926).

Freud, S. (1964). New introductory lectures on psychoanalysis. In J. Strachey (Ed. & Trans.), *Standard edition of the complete psychological works of Sigmund Freud* (Vol. 22, pp. 1-182). Hogarth Press. (Original work published 1933).

Grotstein, J. S. (1985). *Splitting and projective identification*. Jason Aronson.

Hoffman, I. (1992). Some practical implications of a social-constructivist view of the psychoanalytic situation. *Psychoanalytic Dialogues: A Journal of Relational Perspectives, 2*, 287-304.

Klein, M. (1968). A contribution to the psychogenesis of manic-depressive states. In *Contributions to psychoanalysis 1921-1945* (pp.

282-311). Hogarth Press. (Original work published 1935).

Klein, M. (1975). Notes on some schizoid mechanisms. In *Envy and gratitude and other works, 1946-1963* (pp. 24-42). Delacorte. (Original work published 1946).

Laplanche, J., & Pontalis, J. B. (1967). *The language of Psycho-Analysis.* Trans. D. Nicholson-Smith. W.W. Norton, 1973.

Ogden, T. (1988). On the dialectical structure of experience: Some clinical and theoretical implications. *Contemporary Psychoanalysis, 24*, 17-45.

Ogden, T. (1994). *Subjects of analysis*. Jason Aronson.

Ogden, T. (1997). *Reverie and interpretation: Sensing something human.* Jason Aronson.

Ogden, T. (1999). "The music of what happens" in poetry and psychoanalysis. *International Journal of Psychoanalysis, 80*, 979-994.

Pruyser, P. (1975). What splits in 'splitting'? A scrutiny of the concepts of splitting in psychoanalysis and psychiatry. *Bulletin of the Menninger Clinic, 39*, 1-46.

Schneider, J. A. (1990). Gender identity issues in male bulimia nervosa. In C. Johnson (Ed.), *Psychodynamic treatment of anorexia nervosa and bulimia* (pp. 194-222). Guilford Press.

Schneider, J. A. (1995). Eating disorders, addictions, and unconscious fantasy. *Bulletin of the Menninger Clinic, 59*(2), 177-199.

Winnicott, D. W. (1971). *Playing and reality*. Basic Books.

Winnicott, D. W. (1975). Primitive emotional development. In *Through paediatrics to psychoanalysis* (pp. 145-156). Basic Books. (Original work published 1945).

제6장

K와 -K에서의 경험

정신분석의 중심 목표는 꿈꿀 수 없는 것을 꿈꿀 수 있게 하고, 사고할 수 없는 것을 사고하게 하는 것이다. 환자와 분석가 모두는 비일관적인 것을 일관적인 것이 되게 만들려고 시도하면서, 알려는 그들의 욕구와 알려고 하지 않는 그들의 욕구를 지속적으로 조정한다. 이러한 노력에 있어서 중요한 것은, 고통스러운 정서적 경험을 가지고 살아가려고 시도할 때 분석가와 환자 모두가 의심을 견딜 수 있는 능력을 발달시키는 것이다.

이 장에서 나는 "진실 본능"(Grotstein, 2004, p. 104)인 인간의 알고자 하는 욕구(K)에 대한 Bion의 개념화와 관계된 관념을 다룬다. 나의 초점은 K 그리고 이와 동등하게 중요한 특성인, '알려고 하지 않고, 배우려 하지 않으며, 이해하려 하지 않는 욕구', 곧 Bion이 -K라 지칭한 것 둘 다에 있다. K는 알아 가는 것에 이르는 과정이고, -K는 그 과정을 훼손하는 것(잘못 아는 것, 잘못 표상하는 것, 오해하는 것)이다. 그것은 사람일 수 있고 느낌이나 사고일 수도 있다.[1] 나는 아는 것과 알지 못하는 것 사이를 점진적으로 조절하는 건강한 요소들로서 K와 −K에 대해 다양하게 논의할 것이다.

Bion은 −K를 "유일한 하나의 요소, 즉 시기심"(1962, p. 96)으로 논한다. 그는 그렇게 하는 것이 −K에 대한 매우 불완전한 연구를 나타냄을 알고 있고, −K에 대한 그의 이해가 시기심을 유일하거나 심지어 일차적인 동력으로 보는 관점을 훨씬 넘어서고 있음을 의미하는 것을 인정한다. 나는 −K의 발현이 시기심으로 유발된 것이 아님을 다룰 것이며, 따라서 −K가 반드시 병리적이거나 병인적인 것은 아니라는 점을 다룰 것이다. 내가 초점을 맞추고 있는 것은, −K가 성격에 의해, 특별히 성격의 비정신증적 측면(Bion, 1965)에 의해, 아무것도 알려질 수 없는 정신 상태와 소통하는 방식으로서 어떻게 사용될 수 있는가 하는 점이다.

내가 논의하는 −K의 구체적인 사용에는 알지 못함(not knowing)으로 자신의 존재를 보호하려는 방식을 포함한다. 한 개인의 존재 연속성이 위험에 처하면, 그 사람은 극도의 공황 상태에 빠져 자신에게 잠깐만이라도 안전을 찾도록 도움을 주는(공황 상태에 빠지지 않은) 다른 사람을 (예를 들면, 건강한 투사적 동일화를 통해서) 사용할 수 없는 방식으로 작동하게 된다.

Bion(1962, 1970, 1992)은 자신의 정서적 경험의 진실이 무엇인지

---

1 Bion은 사고하기(thinking)와 느끼기(feeling) 모두를 포함하는 의미로 '사고하기(thinking)'라는 단어를 사용했다. (이 책에서 역자는 thinking을 사고하기로, thought는 사고로, idea는 관념 혹은 경우에 따라 생각으로 번역하였다.)

알고자 하는 욕동(K)이 물과 섹스를 향한 욕구만큼이나 중요하다고 주장한다. 사람은 섹스 없이 살 수는 있지만 진실 없이는 살 수 없다. 왜냐하면 진실을 감지할 방법이 없으면 삶은 의미가 없기 때문이다(Schneider, 2003). 내가 보기에 −K는 K에게 꼭 필요한 짝이고, K와 −K는 서로 본질적이고 역동적인 관계를 유지하고 있는 것 같다.[2]

−K는 단순히 K의 부재가 아니다. 그것은 K에 대한 의도가 있는 공격이며 종종 마음이나 자기감을 상실하지 않으려는 노력으로 유발된다. 인간으로서 우리는 우리의 정서적 경험에 대한 모든 진실을 아는 것을 견딜 수 없다. 태어날 때, 유아가 어머니로부터 분리되는 것은 유아가 감당하기에는 너무 벅찬 일이다. 그 진실은 아이의 심리적 능력이 분리라는 육체적 현실을 따라잡을 때까지 어머니에 의해 안전하게 보호된다. Freud가 『쾌락 원칙을 넘어서(Beyond the Pleasure Principle)』에서 말했듯이, 외부 현실을 있는 그대로 지각하지 않는 것이 "대체로 더 중요"하다(1920/1955, p. 27). 이러한 방식에서 Freud는 현실을 회피하는 것이, 유입되는 자극을 처리하기 위해 마음을 사용하는 능력을 유지하는 데 필수적이라고 제안한다. 그는 이러한 지각 여과를 담당하는 정신 기능을 "자극 장벽(stimulus barrier)"이라고 불렀다(p. 27). 나는 Freud의 자극 장벽 개념이 −K를

[2] 언어의 유사성에도 불구하고 이 논의 전반에 걸쳐 '소극적 능력(negative capability)', 곧 "불확실성, 신비 및 의심을 견뎌 냄"(Keats: Bion, 1962, p. 89가 인용함)과 −K의 개념이 정반대의 현상을 다룬다는 점을 염두에 두어야 한다. 소극적 능력은 K의 특성이다. −K는 의심을 용납하지 않는다. 그것은 적극적이고 결정적인 잘못 알기이고 오해이다.

이해하는 데 매우 중요하다는 것을 발견했다. 지각하지 못하는 것은, 단순히 지각에 실패했다는 것이 아니다. 그것은 그 자체로 정신적 기능을 구성하며, 심리적으로 처리할 수 있는 한계를 넘는 외부 현실의 폭주로 인해 정신이 붕괴되는 것을 막기 위한 정신의 보호장치이다.

Oedipus는 무엇을 알고 무엇을 몰랐는가

이제 나는 정신분석의 중심 신화인 Oedipus 신화에 대해 간략하게 논의하겠다. 여기서 나는 알지 않으려는 시도의 여러 수준과 형태를 기술할 것이다. 이렇게 함으로써 나는 K와 −K의 상호작용이 정신분석의 중심이라는 것을 보여 주고자 한다.

Oedipus 신화는 Oedipus가 자신도 모르게 아버지 Laius를 죽이고 어머니 Jocasta와 결혼하는 모습을 담고 있다. Sophocles의 신화 판본에서 Laius는 델포이의 신탁으로부터 자신이 아들의 손에 죽을 것이라는 말을 들었다. 운명에서 벗어나기 위해 그와 Jocasta는 어린 Oedipus를 산에서 죽이도록 목동에게 맡긴다. 그러나 목동이 Oedipus를 죽일 수 없었기 때문에 아기는 코린트의 왕과 왕비(자기 아이를 가질 수 없었던)의 아이로 키워진다. Oedipus가 또 다른 신탁을 통해 자신의 운명이 자기 아버지를 죽이고 어머니와 결혼하는 것임을 알게 되었을 때, 그는 자신의 부모라고 생각했던 왕과 왕비를 떠남으로써 이 재앙을 피하려 한다. 그러나 Oedipus는 세 갈래 길이 합쳐지는 지점에서 만난, 한 남자(Laius)와 그의 하인 네 명을 죽인다.

테베 입구에서 Oedipus는 테베를 포위하고 있던 Sphinx의 수수께끼를 푼다. Oedipus의 정신적 위업과 용기 있는 행동으로 그는 테베의 왕이 되었고, 미망인인 테베의 왕비 Jocasta와 결혼하게 된다.

테베가 신들의 분노로 인해 수년 동안 기근에 시달린 후, Oedipus는 눈먼 예언자 Tiresias에게 신들의 분노의 근원을 자신에게 알려 달라고 한다. Tiresias가 Oedipus에게 그가 아버지를 죽이고 어머니와 결혼했다는 진실을 말하려고 하자, Oedipus는 분노하여 진실을 듣기를 거부한다. 결국에 Oedipus는 자신이 직면한 진실을 외면할 수 없게 되고, 자신이 아버지의 살인자이자 아버지의 아내의 아들이며, "친족 중 가장 가까운 자와 수치스러운 관계를 하며 살고 있는 …… 땅을 오염시키는 부정한 자 ……"(Watling, 1947)임을 깨닫는다.

John Steiner는 Oedipus가 진실에 직면하는 "영웅적인 순간"(1993, p. 119)이 극의 절정이라고 썼다. "아아! 모든 것이 밝혀졌어! 모두가 다 알아! 더 이상 숨길 수 없어! 오 빛! 죄 많은 출생, 죄 많은 결혼, 죄 많은 피의 흘림까지, 내가 이렇게 드러난 이상, 내가 다시는 너를 보지 않기를"(Sophocles: Steiner, 1993, p. 122가 인용함). 진실을 마주한 Jocasta는 목을 매고, Oedipus는 스스로 눈을 멀게 한다. 그러나 Steiner는 Oedipus를 결백한 사람으로 보기보다는 Oedipus가 진실을 알았거나 '반쯤 알았고' 그를 둘러싼 사람들도 마찬가지였을 것이라고 시사한다.

> 나에게는 그가 이 모든 사실을 완전히 알고 있었다는 것은 확실하지 않아 보이고, 그가 그것들을 반쯤 알고 있었거나, 이 반쪽 지식에 눈감아 버리기로 결정했다고 하는 것이 더 그럴듯해 보인다. …… 실제로 그들은 눈감아 버림으로써 달갑지 않은 현실을 다루었다.
>
> 편의대로 사실을 시야에서 없애고 동시에 누군가가 알고 있으면서도 알 수 없게 하는, 눈감아 버리는 것과 같은 기제는, 고도로 병리적일 수 있으며 진실을 왜곡하여 잘못된 표상으로 이끌 수 있다. 그러나 이러한 기제는 여전히 진실에 대한 존경심과 두려움을 반영하고 있으며, 이 두려움이 공모와 은폐로 이끈다는 것을 인식하는 것이 중요하다(Steiner, 1993, p. 129, 강조는 저자가 한 것임).

아이러니는 그가 진실을 평생 모르고 지내다가 결국 파국을 맞이했다는 점이다.

Oedipus는 이미 반쯤 알려진 진실을 완전하게 알게 되는 것을 필사적으로 원하지 않았다. 그리고 예언된 재앙이 피할 수 없거나 이미 일어났다는 사실을 인식하는 것이 두려워 자신의 마음과 행동에서 진실을 무시하고 거부하려고 하였다. Oedipus가 Sphinx의 수수께끼를 풀기 위해 자신의 마음[3]을 사용한 결과 테베의 왕이 되고 어머니인 왕비와 결혼하게 되었다는 것이 하나의 아이러니이다.

따라서 정신분석의 중심적인 신화는 그 핵심에, 비겁해서가 아니라 인간이기 때문에 진실을 아는 것을 감당할 수 없는 한 남자의 심

[3] 역자 주: 단순한 지능이 아니라 인간의 본질에 대한 자신의 깊은 통찰적 마음이다.

리적 고통을 그린 서사를 가지고 있다. 자신이 아버지를 살해하고 (또는 이미 살해했으며) 또한 그 자신의 어머니와 근친상간하게 될 것이라는 사실의 무게를 누가 감당할 수 있겠는가? Oedipus 신화에서 알지 못하는 것은(그가 부친살해와 근친상간이 일어날 것이라는 진실을 알았든 몰랐든) Oedipus를 파멸로 이끈 원인이 아니었다. 알지 못하는 것은 Oedipus가 하나의 삶, 인간의 비극적 삶을 살아가고자 했던, 인간적으로 이해 가능한 방식이었다. 우리 모두는 성장 과정에서 부모를 정신적으로 죽이고(Loewald, 1979) 근친상간적 소망을 품게 되는 운명에 처해 있다. 다행히도 우리는 보통 그러한 끔찍한 진실에 대해 충분히 성숙할 때까지(어린이나 성인으로서), 그리고 이러한 인간의 진실과 함께(피할 수 없는 우리 자신의 죽음과 같이 거의 견딜 수 없는 다른 진실들과 함께) 살고 화해할 수 있도록 부모(또는 아마도 분석가)의 도움을 받을 때까지는 그것을 알 수 없다. 실로 모르는 것이 대충 아는 것보다 더 중요하다.

I

임상적 사례

N은 나와 약속을 잡기 위해 전화를 했고, 명확하게 '정신분석을 받고 싶다'고 말했다. 나는 그녀의 확신에 찬 말투에서 그녀가 자신이 무엇을 원하는지 알고 있는 정신분석에 정통한 사람이고, 어쩌면

분석 공동체에 속한 어떤 인물일지 모른다는 느낌을 받았다. 그러나 나는 그녀가 왜 특별히 정신분석을 요청하는 것인지 궁금해졌다. 그녀는 아직 나를 만나지도 않았는데, 나에게 원하는 심리치료가 무엇인지 어떻게 그렇게나 확신할 수 있었을까? 이러한 생각들은 아직 초점이 맞추어지지 않은 종류의 것이었다.

N은 우리의 만남을 위해 제시간에 도착했다. 대기실에서 그녀를 만났을 때, 나는 전화에서 느꼈던 그녀의 자신감 넘치는 태도와 실제로 보게 된 그녀의 외모가 대조되어 놀랐다. 그녀는 30대 초반의 여성으로, 창백하고 말랐으며 다소 부랑자처럼 보였고 어울리지 않고 단정하지 못한 옷차림이었다.

내 상담실에 앉은 N은 '몇 년 동안 분석에 대해 생각하는 것을 억눌러 왔다'고 말하면서 회기를 시작했다. 그녀는 1년 이상 '친밀한 관계'를 유지할 수 없다는 것이 걱정스럽고 너무 긴장한 나머지 등, 허리, 무릎 통증을 느껴 직장에서 제대로 기능할 수 없기 때문에 치료를 받고 싶다고 했다. N은 종종 침대에서 거의 일어나지 못하거나, 이를 닦기 위해 침대에서 욕실로 걸어가는 데 필요한 에너지를 모을 수 없다고 말했다. 그녀는 마치 내가 그녀의 공백을 메워 주기를 기다리는 것처럼 (동시에 내가 그렇게 할까 봐 두려워하면서) 한숨과 분노의 소리로 멈칫거리며 완전하지 않은 문장으로 말했다.

잠시 멈춘 후, N은 전날 밤에 꾸었던 꿈을 이렇게 들려주었다.

> 저는 무너지고 있었고 완전히 힘이 없어서 저 자신을 지탱할 수 없었어요. 저는 미쳐 있었어요. 흥미로운 것은 저는 평생 동안 두렵

> 고 반복하는 꿈을 꾼다는 것입니다. 저는 모든 것을 잃고 결국 길거리에 나앉는 노숙자가 되는 꿈을 반복해서 꿉니다. 꿈에서 저는 룸메이트와 함께 집에 있고 밖에는 괴물들(질병으로 인해 기형이 된 사람들)이 있습니다. 사악한 느낌, 곧 〈살아 있는 시체들의 밤(Night of the Living Dead)〉의 느낌입니다. 좀비들이 집에 들어오려고 합니다. 창문을 두드리며 들어오고 싶어 합니다. 저는 그들과 이야기를 해야 하리라는 것을 압니다. 그들은 일종의 지불을 원합니다. 제가 아는 어린 소년이 저에게 "내가 감염되지 않았다고 말한 것을 기억하세요."라고 말합니다. 이후 그는 찰과상을 입었어요. 저는 "어, 우리가 뭔가 조치를 취할게요."라고 말했습니다. 제가 그를 인계받자, 그가 죽습니다.

나는 어조나 표정에 눈에 띄는 변화 없이 N이 꿈을 그렇게 쉽게 우리 대화로 가져오는 것에 놀랐다. 나는 이후 만남에서 꿈과 현실을 유동적으로 혼합하면서 주저함이나 불편함 없이 말하는 것이 그녀의 특징이라는 것을 알게 되었다.

N이 나에게 꿈에 대해 말했을 때, 나는 그녀가 온몸에 힘을 주어 몸 전체를 긴장시키고 있다는 것을 알아차렸다. 그녀가 말할 때 그녀의 입술은 거의 움직이지 않았다. 그녀의 눈은 여전히 나를 향하고 있었지만, 더 이상 나를 집중적으로 보는 것 같지 않았다. 나는 그녀에게 "당신이 저와 대화하는 동안 뭔가가 일어나고 있는 것 같아요. 마치 전화 통화를 했던 시간과 대기실에서 만나는 시간 사이에 뭔가가 바뀐 것 같아요."라고 말했다. (문득, 어쩌면 내가 그녀를 보

았을 때만큼이나 그녀도 나를 보고 놀랐을지도 모른다는 생각이 들었다.) 그녀는 나를 외면하며 이렇게 말했다. "가슴이 너무 답답해요. 이 얘기를 하면 눈물이 날 것 같아요." 그녀는 자신의 생각이 "현실과 비현실이 뒤섞여" 혼란스러워졌다고 말했다. 그녀는 '뭐가 뭔지' 몰라 했다. "저는 무엇이 꿈이고, 무엇이 기억이며, 무엇이 지금 일어나고 있는 일인지 정확하게 파악하는 데 어려움을 겪고 있어요."

N이 나를 집중적으로 바라보는 것을 멈추고 나중에 시선을 돌리는 것을 보았을 때, 그녀가 나와 함께 있는 것을 참을 수 없어 하는 것 같았다. 아마도 그녀는 꿈에서 소년을 지배했던 것처럼 자신도 '나를 지배'할 것이 두려워 나를 그녀의 직접적인 시선에서 떼어 내고 있었는지도 모른다. 즉, 그녀는 나를 그녀의 정신증, 즉 꿈과 외부 현실이 잘 구별되지 않는 마음의 상태로 데려갈 것을 두려워하고 있었다. 그 결과는 우리 둘 다 독립된 존재로서의 종말을 의미할 것이다.

나는 잠시 생각한 뒤 그녀에게 말했다.

분석가: 저한테 놀란 것 같으신데요. 저를 만난다는 단순한 행위가 제가 누구인지뿐만 아니라 당신이 누구인지에 대한 감각도 뒤흔든 것 같습니다.

(나는 점점, 아마도 그녀의 정신증과 공존하는 것이 거짓 자기이거나 성격의 해리된 측면일지도 모른다는 느낌이 들기 시작했다.)

환　자: 재미있네요. 맞는 말씀 같으세요. 선생님께서 그렇게 말씀하시는 것을 들으니 마음이 편해졌습니다. 하지만 제 안의 목소리는 "아니야, 긴장을 풀지 마."라고 말하고 있어요. 저는 제 기분을 누구에게도 알리지 않지만, 그게 오히려 잘된 일이에요. 그것은 이전 치료사와 겪었던 문제로 이어지네요.

나는 혼란스러움을 느꼈고 '그것'이 무엇을 의미하는지, 무엇이 '잘된 일'인지, 어떤 '문제'가 있었는지 알 수 없었다.

환 자: J는(나는 J가 치료사의 이름이라고 생각했다) 질문을 하거나 어떤 것에 대해 명확하게 해 주는 일이 거의 없었어요. 저는 단순히 제가 왜 불행한지 그 이유를 알아내기 위해서뿐만 아니라 (그에 대한 논리적인 설명을 생각해 낼 수 있기 위해서) 그 논리적인 것 이상을 알고 싶어서 분석을 받고 싶다고 생각하지요.

그녀가 말하는 동안 그녀의 표정에는 눈에 띄는 변화가 있었다. 그녀는 자신의 말을 믿을 수 없다는 듯 그녀의 반응에 놀란 표정을 지었다. 그녀는 거의 움츠러든 채 의자에 앉아 있는 것 같았다. 그녀가 말한 논리를 뛰어넘고자 하는 소망은, 완전히 미쳐 가는 것에 대한 그녀의 두려움과 너무 동떨어져 있고 모순적이어서, 나에게는(그리고 아마도 그녀에게도) 이상하리만큼 어울리지 않는다고 느껴졌다.

N은 이전에 시행한 네 차례의 심리치료가 모두 실패했다고 말했

다. 각각의 경우에 그녀는 치료가 끝난 데 어느 정도 책임감을 느꼈지만, 이러한 경험에 대해 그녀가 나에게 이야기할 때는 치료사가 한 일과 실패한 일에 관해서만 이야기했다. N은 자신의 분노가 폭발했을 때, 치료사 중 한 명에게 "제 사무실에서는 분노가 허용되지 않습니다."라는 말을 들으며 어떻게 '쫓겨났는지'를 설명했다. 다른 치료사는 N이 '낙태 꿈'을 꾸었다고 보고하자, "저를 모욕하지 마세요."라고 반응하며 치료를 종료했다. 또 다른 치료사는 항우울제에 관한 기사가 실린 잡지를 저에게 던지며 "당신의 증상에 대해 거짓말하고 있는 게 아니라면, 치료를 받을 것이 아니라 항우울제를 복용해야 합니다."라고 말했다.

N의 이전 심리치료 경험에 대한 설명을 듣고 난 후, 나는 그녀와 그녀의 이전 치료사들 모두가 그녀의 근본적인 정신증에 대해 겁을 먹었을 가능성에 대해 그녀 스스로 눈을 감아 버리는 것처럼 보였다. 그녀의 치료사가 "분노를 허용하지 않습니다."라고 한 것은, 치료사가 N의 정신증이나 그녀가 치료사 안에 정신증자가 되고 있다는 감정을 불러일으키는 방식을 견뎌 낼 수 없음을 거의 숨기지 않고 드러낸 진술인 것처럼 보였다. 나는 (환자가 설명했듯이) 그 치료사들을, 광기가 전염되지만(일부는 나 자신의 혼란 속에서 느꼈다) 확고히 인정되지 않은 내적 대상들로 보았다.

II

31세의 행정관인 N은 4남매 중 막내였다. 그녀의 바로 위 오빠는 그녀보다 열 살 위였다. 환자는 자신이 "원치 않았던 아기"라고 말했다. "어머니는 (다른 자녀가 성장하고 나면 어머니와 이혼을 계획하고 있었던) 아버지와의 이혼을 피하려고 나를 낳았다고 해요." 그녀의 아버지는 임신 사실을 알고 분노하며 어머니에게 태아를 낙태하고 산후 자궁 적출 수술을 받으라고 명령했다.

나는 이 말을 듣고 N이 태어나기 전부터 부모 어느 쪽의 마음에도 N을 위한 심리적 공간이 없었다는 인상을 받았다. 그리고 아마도 이것은 그녀의 무의식적인 내적 대상관계를 채워 버린 부인(denial)의 밑바탕이 되었을 것이다. 그녀가 일주일에 네 번 분석을 원한다고 전화로 명확하게 요청한 것은 (그녀는 내가 원한다고 믿는 상상의 환자로 자신을 소개함으로써) 나와 함께하는 자리를 확보하려는 무의식적인 노력을 나타내는 것 같았다.

초기 회기 중 한 회기에서, N은 나에게 몇 개의 꿈을 보고하였다. 그중 하나는 다음과 같다. "제가 서점에 있었어요. 그때 저는 제가 훔친 줄도 몰랐던 네 권의 책을 훔친 혐의로 경찰(제 친구)에게 쫓기고 있었어요." 그녀는 거기서 멈춰서 분노에 가까운 목소리로 말했다. "아무것도, 더 이상 할 말이 아무것도 없습니다!" 그녀의 갑작스러운 변화는 내가 평소 듣던 방식(즉, 환자의 말과 나 자신의 집중되지 않은 생각 사이를 표류하는 레브리 상태)을 흔들어 놓았다. 나는 이 꿈이, 그녀가 의도하지 않은 채 아마도 내 마음/책을 훔치거나 분석가로서의 역할을 찬탈함으로써 나와 분석에 해를 끼칠 수 있다는 그녀의 우려를 반영한다고 다소 반사적으로 표현했다. 돌이켜 보면서, 나는 내 개입이, 환자의 분노 폭발과 내가 그것에 놀랐다는 것을 무시했다는 것을 깨달았다. 오래 기다린 끝에 N은 이렇게 말했다. "모든 것이 사라지고 있어요. 제 생각을 이야기하고 나면, 저는 그것을 상실하게 돼요." 다시 돌이켜 보니, 환자는 분석가인 나와 그녀 자신의 마음을 상실하고 있다고 느꼈던 것을 내게 말하고 있었다.

멈출 새도 없이 그녀는 또 다른 꿈을 말하기 시작했다. "테이블 위에 40개의 섬세한 커피포트를 진열해 놓은, 매장의 유리 테이블. 고객이 무모하게 테이블을 두드려서 몇 개의 포트가 테이블에서 떨어져 깨집니다. 그러나 저는 그것과 어떤 연관성도 없습니다. 저는 결코 제 첫인상을 신뢰하지 않습니다. 그 인상들이 흐릿해집니다. 누군가를 신뢰하는 것은 좋은 생각이 아닙니다."

나는 그녀에게 그 꿈은 분석이 무모하고 통제 불능이 될 것이라는 그녀의 걱정을 표현하는 것 같다고 말했다. 깨지기 쉬운 물건이 너무 많이 들어 있는 '매장'을 내가 얼마나 잘 운영할 수 있을까? 내게는 그녀가 자신의 사고가 분석의 용기, 즉 분석가인 나 자신의 사고하고 행동할 수 있는 능력을 망가뜨릴까 봐 두려워하는 것으로 보였다.

네 권의 책을 훔치는 꿈과 커피포트가 부서지는 꿈 모두 (주 4회기로 이루어진) 분석을 시작하는 것에 대한 환자의 불안을 반복해서 보여 주는 것처럼 보였다. 동시에 꿈에는 어렴풋한 희망의 기운이 있었다. 경찰은 그녀의 친구였을 뿐만 아니라 포트 중 오직 몇 개만이 깨져서 그녀의 내적인(그리고 투사된) 혼란과 파괴력의 충격을 보다 잘 견딜 수 있게 남겨 두었다.

N이 나에게 40개의 커피포트에 대한 꿈을 이야기하는 동안 나는 극도로 초조하고 불안해졌다. 몇 가지 이야기가 마음에 떠올랐다. 예수께서 사탄에게 유혹을 받으면서 광야에서 40일 동안 금식했다는 이야기, 인간의 탐욕과 타락에 대한 형벌로 40일 동안 밤낮으로 비가 내린 Noah의 방주 이야기, 그리고 『아라비안 나이트(Arabian Nights)』에 등장하는 Ali Baba와 40인의 도둑 이야기이다. 이 이야기에서 Ali Baba의 탐욕스러운 동생 Kasim은 부자들에게서 훔친 '전리품'을 빼돌린 혐의로 40명의 도둑에 의해 살해되어 토막으로 잘렸다.

이러한 레브리들을 바탕으로, 나는 환자에게 나에 대한 그녀의 요구가 도둑질, 사기, 탐욕의 표현이므로 그녀가 처벌(아마도 부러지거나 절단되거나 살해되는 등)을 받을까 봐 두려워하고 있다고 말해 주었다. 게다가 내가 그녀에게 피해당하고 그녀와 함께 작업할 수 없거나 작업을 원하지 않게 될까 봐 그녀가 두려워한다고 했다.

N에게 이 말을 한 후, 나는 N이 연상을 하지 않는 상황에서 꿈의 내용을 문자적으로 취하여 기계적으로 사용하고 있었던 나의 '레브리들'로 점점 공백을 채우고 있다는 공허감을 느꼈다. 나는 N이 내가 뭔가를 말한 후에 자주 내가 언급한 사건이나 진술이 결코 일어나지 않았던 것처럼 행동하여 '그것을 지워 버리고' 나를 혼란스러운 상태에 남겨 둔다는 것을 한동안 알고 있었다(반쯤 알고 있었다). 예를 들어, N은 나의 해석에 반응하여 "우리는 이 문제에 대해 어제 이미 이야기했습니다. 제가 말하는 내용이 당신에게는 기억하지 않아

도 될 만큼 중요하지 않다는 것에 정말 화가 납니다."라고 말했다.

N이 자신의 마음을 사용할 수 있는 능력이 없는 상황에서, 나는 나의 마음을 그녀의 마음으로 대체하고 있었고(마치 환자의 무의식적인 사고인 것처럼 나의 레브리들을 사용하면서), 그러면서도 그 사실을 외면하고 있었다. 그렇게 함으로써 나 역시 실제로 무슨 일이 일어나고 있는지 완전히 혼란스러워하고 있다는 느낌으로부터 나 자신을 보호하고 있었다.

내가 나의 방어적 개입에 대해 곰곰이 생각하고 있을 때, N은 또 다른 꿈을 내게 보고하였다. "제 치아 중 하나와 금니 사이에 무엇인가 박혀 있었습니다. 이쑤시개로 그것을 파내려고 했더니 이가 점점 더 깊고 깊게 갈라져 그 끝이 없는 것 같았습니다. 음식 찌꺼기를 꺼내려고 시도했어요. 계속 파고 파고, 깊게 깊게 들어가도 찌꺼기에 이르지 못했습니다. 끝이 없었어요." 나는 그녀가 꿈을 보고할 때, 문장에서 주어가 사라지듯("시도했다" "이르지 못했다" "끝이 없다"), 환자가 더는 자신의 것처럼 느껴지지 않는 자신의 점점 더 외면된 욕망에 굴복하면서, 그녀도 하나의 독립된 주체로서 사라지고 있다는 것을 알아차렸다. 이번에도 N은 꿈에 대해 아무런 연상이 없었다.

그녀가 나에게 꿈을 이야기한 뒤 침묵이 흐르는 동안, 나는 환자에게 나 자신의 연상을 제공할 필요가 없다고 느꼈다. 침묵이 이어지는 동안, 나는 환자와 의식적인 대화와 무의식적인 대화를 시작하기 위해서가 아닌, 무슨 일이 벌어지고 있는지 알지 못하는 것에 대한 나의 참을성 없음과 그렇게 불안정한 환자를 분석하는 것에 대한 나의 불안을 스스로 모호하게 하려고, 환자의 꿈에 대한 나 자신의 레브리와 연상을 얼마나 많이 사용했는지를 더 충분히 깨닫게 되었다.

III

N과 나는 다음 여러 회기 동안 그녀의 정신분석 요청을 계속해서 탐구하였다. 이 기간 동안, 그녀는 자신이 매우 우울해지고 때로는 인생을 마감하고 싶은 생각이 들 때도 있지만, 내가 견뎌 줄 수 있다면 자신도 이러한 감정을 견딜 수 있다고 나에게 일러 주었다. 이 말에는 지금까지 그녀에게서 들어 본 적이 없는 자기 인식의 특성이 있었다. 그녀는 이전 치료사들을 소외시켰던 방식으로 나를 놀라게 하지 않기를 바란다고 말했다. 우리는 일주일에 네 번 만나는 것과 분석에서 카우치를 사용하는 것에 합의했다.

분석을 시작한 처음 몇 달 동안은 분석 작업이 순조롭게 진행되는 것 같았다. 하지만 5개월쯤 지나자 N은 분석 시간을 잊어버리고 약속하지 않은 날 혹은 약속하지 않은 시간에 왔다. 그리고 그녀는 두 번이나 상담료 지급을 잊어버렸다. 내가 계획한 휴가를 다녀왔을 때, 그녀는 우리가 다시 분석을 시작하기로 한 날짜를 잊어버렸다. 또한 열쇠를 잊어버리거나 핸드백을 상담실이나 대기실에 놓고 가는 일도 잦았다. 환자가 이런 것들을 놔두는 것에 대해 나는 그녀가 나와 함께 있지 않을 때 그녀가 나와 자신을 잃을까 봐 두려워서 자신의 일부를 내가 돌볼 수 있도록 남겨 놓았을 수도 있다고 말했다. 내 안에 그리고 나와 함께 존재하고 싶어 하는 그녀의 소망은 자신의 일부를 상실하는 것에 대한 두려움과 연결된 것처럼 보였다.

N은 이렇게 대답했다.

환 자: 제가 배변 훈련을 할 때, 어머니는 화장실에 갈 때마다 사탕 한 개를 주셨습니다. 어머니는 사탕이 새에게서 나왔다고 말했어요. 어느 날 공원을 걷다가 죽은 새 한 마리를 보았는데 어머니가 "사탕을 가져온 새가 바로 저 새야. 이제 더 이상 사탕은 없을 거야."라고 말씀하셨어요. 저는 공원에서 하루 종일 죽은 새 옆에 머물면서 울었습니다.

분석가: 당신의 내면과 외부에서 좋았던 모든 것이 한순간에 무너질 수 있다는 생각에 매우 두려움을 느꼈을 것입니다. 세상에서 당신에게 정말 안전한 곳이나 의지할 수 있는 사랑하는 사람이 없었네요. 지금도 없고요.

이 대화에서 N은 내적 대상이자 외적 대상으로서 어머니와의 사랑의 관계에 대한 상징, 더 정확하게는 "상징적 동등시"(Segal, 1957)를 어머니가 잔인하게 깨뜨린 결과, 자신의 마음을 상실했다고 내게 말하고 있었다. 이러한 "연결에 대한 공격"(Bion, 1959)은 K에 대한 공격, 즉 어린 시절 환자가 알고 있다고 생각했던 모든 것에 대한 공격의 발현이다. 이어서 그녀가 어머니의 잔인한 공격의 진실을 직면하는 고통에 맞서 자신을 방어하기 위한 방법으로 환자가 알지 못함을 사용한 것은 −K의 발현이다.

IV

분석이 시작된 지 6개월쯤 되어 갈 무렵, 대기실에서 N을 만났는데, 그녀는 눈에 띄게 마음이 동요되어 보였다. 이전 회기에서 환자는 그래픽 디자이너로서 복잡한 수치 계산을 매우 잘 수행할 수 있음에도 불구하고 거리 주소와 전화번호에서 숫자를 혼동하는 것에 대해 이야기했다. 나는 그녀가 그녀의 마음의 일부는 잘 작동하도록 발달시켰지만, 다른 부분은 세상의 현실을 구성하는 사실에 대해 버틸 수 없다고 느끼는 방식으로 발달시켰다고 반응해 주었다.

한번은 상담실에 들어선 그녀가 "요즘 생생한 꿈, 밤에 꾸는 꿈, 또한 낮에 꾸는 꿈을 꾸고 있어요."라고 말하며 시작했다. 그녀는 계속해서 다음의 꿈을 나에게 보고했다.

> 저는 오빠와 사냥꾼, 무법자들과 함께 숲에 있었는데 남들과 똑같이 생긴 남자가 백마에 올라탔고 제가 기민하게 움직이며 기어가려고 하는 동안 저를 총으로 쏘았어요. 오빠는 그 남자를 도끼로 살해한 후 토막 내었지요. 피가 낭자하게 흘렀지만 저는 겁이 나지 않았어요. 다만 오빠가 미쳐 버릴까 봐 걱정되었을 뿐이었어요. 오빠는 자신이 또 다른 사람을 죽이는 것을 막기 위해 팔과 다리를 자르고 냄비에 놓인 달걀이 되었어요. 의사가 손으로 달걀을 휘젓고 저의 오빠는 형체를 갖추기 시작했어요.
>
> 저는 대기 중으로 증발해 사라지는 느낌에 잠에서 깼지요. 저는

그 사람이 당신과 어떤 관계를 맺을 수 있는지 알아요. 그는 모든 사람이 똑같은 곳에서 왔고, 저는 저를 순응하게 만드는 분석에 대한 두려움을 가지고 있지요. 휘저은 달걀도 똑같아지지요.

N은 그 꿈이, 그녀가 자신의 (우리의 첫 전화 통화부터 그녀가 두려워했던) 원초적이고 정신증적인 측면을 가지고 나를 신뢰했다는 사실을 반영한 것이라고 말했다. 나는 내가 알아차린 것을 그녀에게 말하며, 이렇게 말했다.

분석가: 당신이 저와 함께 분석을 계속한다는 생각은 매우 위험한 것처럼 느껴지지만, 당신은 그 위험을 감수했습니다. 제 생각에 당신은, 저를 놀라게 할까 봐 두려워했던 당신이 누구인가를 꿈이 단지 저에게 말해 주는 것뿐 아니라 보여 주기를 바라는 것 같습니다. 저는 당신이 스스로를 꿈속의 인물처럼 기괴하고 소름 끼치는 존재로 경험하고 있는 것 같다고 생각해요. 꿈속의 의사조차도, 다른 사람을 죽이지 않기 위해 팔다리를 절단한 사람의 신체 잔해를 손으로 섞으면서 공포에 빨려 들어가고 있지요. 당신이 무너져 내리면서 저까지 함께 무너뜨릴 수 있다는 그 두려움을, 저는 아주 문자 그대로 받아들이고 있어요. 그러나 동시에 저는 당신이 저에게 꿈을 말함으로써 지금까지 저와 함께 경험한 것을 바탕으로 기꺼이 그 위험을 감수할 의지가 있다는 것 또한 저에게 보여 주고 있

다는 것을 알고 있습니다.

환 자: (가라앉은 목소리로) 음, 그렇군요. 그런데 그걸, 즉 아픔을 어떻게 해야 할지 모르겠어요.

한참을 침묵한 끝에 그녀는 또 다른 꿈을 보고했다.

환 자: 저는 사하라 사막을 탐험하고 있었습니다. 뭔가 잘못되었습니다. 제 텐트만이 거기에 있었지요. 해 질 녘에 텐트 밖으로 나와 산책을 했습니다. 계속 걷다 보니 날은 점점 어두워지고 바람도 거세어 사방으로 모래가 날리고 제 발자국이 지워지고 있었어요. 텐트로 되돌아가기 위해 어디로 가야 할지 몰랐어요. 기억나는 건 얼굴을 만지고 있었고, 제 얼굴이 피부가 아니라 모래 같은 느낌이 들어서 놀랐다는 것뿐이에요. 이상하게도 그 꿈에는 뭔가 기분 좋은 느낌이 있었어요.

나는 잠시 동안, N이 내가 개입을 통해 전달하려는 내용, 곧 그녀가 사라지고 있다는 느낌을 어느 정도 이해했지만, 그녀가 이것을 자신의 의식적 사고에 아직 충분히 사용할 수 없다는 느낌을 받았다. 그녀는 고통을 표현하고 꿈을 이야기하는 것으로만 반응할 수 있었다.

V

N은 근무 일정이 예상치 못하게 '꼬여' 출장을 떠나야 했기 때문에 다음 회기를 취소해야겠다는 메시지를 남겼다. 그녀는 다음 회기를 시작하자마자 이렇게 말했다.

> 저는 지난 이틀 동안 꿈을 꾸지 않았거나, 꿈을 꾸었지만 기억할 수 없었고, 요통, 두통 등 이상한 증상을 겪었다는 사실을 알았습니다. 몸이 긴장되고, 뻣뻣하며, 온몸이 아팠습니다. 저는 지난번 선생님을 본 이후로 제 모든 시간을 꽉 채웠고, 제가 만날 수 있는 것보다 더 많은 약속을 했다고 오늘 생각했습니다.

그녀는 계속해서 (마치 그녀의 이런 생각이 자신의 아픔과 고통에 대해 보고한 것과 다르지 않다는 듯이) 말했다.

> 아, 어제, 아니면 그 전날에 저를 불안하게 만든 일이 일어났습니다. 저는 당신이 누군지 잊어버려서 Dr. B가 선생님인 줄 알고 Dr. B와의 약속을 취소하려고 전화했습니다. (Dr. B는 N이 나와 상담을 시작하기 전 상담 약속을 위해 만났던 분석가였다. 그녀는 나를 만난 후 Dr. B와의 다음 약속을 취소했다.) 선생님을 만나기 전에 Dr. B를 만났던 수개월 전부터 내 책상 달력에는 Dr. B의 전화번호가 있었습니다. 그의 사무실에 전화를 한 다음, 그의 집에 전

> 화했습니다. 저는 완전히 혼란스럽게 느꼈습니다. 그 사람이 누구인지, 제가 왜 그에게 전화했는지 아무 생각이 없었습니다. 그도 혼란스러워했습니다. 그가 "전 선생님께서 몇 달 전에 취소하신 줄 알았어요."라고 했고, 저는 "죄송해요. 전 선생님께서 몇 달 전에 취소하신 줄 알았어요."라고 말했습니다. 저는 완전히 당황해서 그가 한 말을 되풀이할 수밖에 없었습니다.

처음에 나는 N이 나에게 한 말에 말문이 막힌 채 있었다. 아마도 이것은 그녀가 나의 사고할 능력을 무력화시키는 또 다른 방법이었을 것이다. 그런 다음 나는 N의 무질서한 행동, 약속 취소, Dr. B와 나를 혼란스럽게 하는 것이 그녀가 최근 회기를 빠지기 전에 보고했던 매우 무질서하고 통합되지 못한 꿈과 관련이 있는지 (속으로) 생각해 보았다. 그녀가 약속을 취소하기 전 이전 회기에서 나는 그녀가 그녀의 정신증에 나를 끌어들일까 봐 두려워하면서도 내가 그 끌림을 충분히 견딜 만큼 강하다고 느낀다는 나의 해석을 어느 정도 사용할 수 있다는 인상을 받았다. 나는 그녀가 나의 해석을 지워 버렸을 뿐만 아니라, 마치 부정적인 환각 속에서 나와 그녀 자신의 많은 부분까지도 지워 버렸다는 사실에 놀랐다(Green, 1975).[4] 그녀와 나는 둘 다 '모래 위의 발자국처럼 지워졌다'.

나는 그녀가 그녀에게 무슨 일이 일어나고 있는지를 나에게 전하

---

[4] 부정적인 환각은 −K의 변형이다. 즉, 견딜 수 없는 외부 현실의 한 측면에 정신적 공허를 투사하는 것이다.

려고 애쓰고 있다는 점에 관해 내가 어떻게 이해하고 있는지, 가능한 한 최선을 다해 소통하는 것이 중요하다고 느꼈다.[5] 나는 N에게 이렇게 말했다.

분석가: 저는 당신은 저를 만난 것도 잊어버리고, 우리 회기가 있었다는 것도 잊어버리고, 마지막 회기에서 무슨 일이 일어났는지 잊어버리고, 당신이 누구인지, 왜 당신이 지금 하는 일을 하고 있는지 알지 못하는 것, 즉 꿈속의 인물이 그의 팔과 다리를 절단한 것처럼, 당신도 당신의 마음을 절단할 수 있다는 것을 다양한 방식으로 제게 보여 주고 있다고 생각합니다. 저는 이제 당신이 정신을 잃고 자신을 잃는 무서운 경험을 저에게나 당신 자신에게도 더 이상 숨기려 하지 않는다고 생각합니다. (내가 나중에 덧붙였다.) 어떤 면에서 지난 회기에서 제가 말한 내용이 당신이 정신을 잃는 것이 어떤 느낌인지 더 자유롭게 경험할 수 있게 해 준 것 같아요. 왜냐하면 제가 죽임을 당하거나 미치지 않은 채 당신이 살아남을 수 있도록 제가 도울 수 있다는 어떤 확신을, 당신이 느꼈기 때문이지요.

환 자: 선생님이 말하는 것은 오랫동안 진실이었습니다. 저는

---

[5] Bion(1967)은 환자가 사고할 수 없는 것처럼 보이는 상황에서 성격의 비정신증적 부분에게 성격의 정신증적 부분에 대해 이야기할 것을 제안한다. 내가 N의 부정적인 환각, 곧 −K의 발현에 대해 N에게 말했던 것은 이것을 염두에 둔 것이다. 나는 환자의 부정적인 환각을 단순히 K의 붕괴가 아니라 −K 경험의 소통으로 받아들였다.

어머니가 특정한 것들을 기억하려 하지 않기 때문에 어머니와 갈등이 있습니다.

나는 그녀가 우리 사이에서 일어나고 있는 일에 대해 단 몇 초간만 이야기할 수 있었고, 곧바로 나에 대한 감정을 어머니에게 전치하고 있다는 것을 알고 있었다.

환 자: 어머니는 우리가 함께했던 지난 3년을 기억하지 못합니다. 그녀는 저를 때린 것을 기억하지 못합니다. 그녀는 우리가 같은 상담실에 있었음에도 불구하고 저와 상담하러 갔던 기억이 없습니다. 독립해 나간 지 2년 후, 저는 대학을 졸업하고 처음으로 그녀를 방문했습니다. 예정대로 저녁에 도착했는데, 어머니가 제가 집에 오는 것을 잊어버리는 바람에, 저는 침입하듯 들어가야 했습니다. 그녀는 자신의 인생에서 저를 지웠습니다. 그녀는 제가 그녀의 삶에 있었던 적이 없다고 말합니다.

N이 지나치듯 뭔가를 말하고 있었지만, 나는 그녀가 아는 것이 두려워 들을 수 없었던 그 말의 의미를 듣고 있었다.

분석가: 저는 당신이 방금 말씀하신 것을 반복해 드리고 싶습니다. 당신은 어머니의 삶에 한 번도 있었던 적이 없습니다.

그녀의 말을 반복하면서 어조와 억양의 변화를 통해, 나는 그녀가 알고 있지만 아직 완전히 사고할 수 없었던 것(즉, 심리적 작업을 수행하는 데 완전히 사용할 수 없었던 것)을 강조하고 있었다. 나는 단지 그녀의 말을 구성하기 위해 반복하고 있었다. 나중에 나는 이렇게 말했다. "당신의 어머니는 당신이 사고하는 것의 일부가 되었을 뿐만 아니라 당신이 누구이고 제가 누구인지를 잊어버리는 구멍을 갖고 생각하는 당신이 사고하는 방식의 일부가 되었습니다."

논의

N과 나의 작업은 첫 전화 통화에서 시작되었다. 그녀는 정신분석에 대한 요청을 (하나의 목소리, 하나의 관점으로) '명확하게' 했다. 이것은 나에게 그녀가 정신분석의 수련자였고 아마도 정신분석 공동체의 일부라는 (잘못 알고 있는) 레브리를 불러일으켰다. 대기실에서 만났을 때, 우리는 둘 다 깜짝 놀랐다.

이 초반에 공유된 놀라운 경험으로 인해 나는 그녀에 대한 나의 첫 인상을 재고하게 되었고, 그녀 자신을 혹은 그녀가 나와 무엇을 하고 있는지를 '알고 싶어 하지 않는' 방어적인 욕구를 존중하는 방식으로 그녀와 이야기하게 되었다. 나는 그녀의 정신분석 요청을 −K의 표현으로 보았다. 곧 깊은 분석적 개입을 원하는 듯 보이지만, 동시에 자기 자신에 대해서는 가능한 한 적게 나에게 드러내려는 방식이었다. N은 아직 알려지지 않은 재앙, 즉 자신에게 "소개되는[6] 것"과 관련된 재앙을 두려워하는 것 같았다. "그래서 소수의 사람만이 자신에게 소개되는 것이 중요하다고 생각하지만, 환자가 살아 있는 동안, 환자가 결코 제거할 수 없는 유일한 상대는 환자 그 자신이다"(Bion, 1980, p. 12).

40개의 커피포트에 대한 꿈은 사막으로 간 예수, Noah의 방주, Ali Baba에 대한 레브리를 포함하여 나에게 일련의 레브리를 불러일으켰다. 나는 이러한 레브리들을 일련의 개입을 위한 기초로 사용했다. 나는 나의 '레브리들'(처음 전화 통화에서 그랬던 것처럼)을 '임상적 사실'(Britton & Steiner, 1994)로 받아들이게 되었고, 아마도 불확실성을 담아낼 수 없는 나의 무능력 때문에 방어적이 되어, 나의 공식화들을 '과대평가된 관념들'(p. 1070)로 다루었다는 것을 알게 되었다. 나의 레브리들을 문자 그대로 받아들이고 거기에 기초해 해석함으로써 나는 나 자신의 혼란 상태로부터, 그리고 N의 병리의 깊이를 인식하는 것으로부터 나 자신을 보호하려고 시도하고 있었다.

N의 외현몽의 내용이 탐욕의 이미지를 많이 포함하고 있었지만, 나는 그녀를 탐욕스러운 인간으로 경험하지 않았다. 오히려 나는 그녀가 나와 분석에 미칠 영향을 두려워하는 것으로 보았다. 그녀는 자기의 평범한 욕구를 탐욕으로 느끼는 것 같았다. 이러한 욕구의 탐욕으로의 전환은, 그녀가 자신의 평범한 인간적 욕구를 알지도, 받아들이지도 않도록 하는 데 도움이 되었다. 그녀는 나를 욕구함으로써 자신이 (모성적 전이에서) 나에게 파괴적이라고 경험하는 것을

---

6 역자 주: 진실과 마주하게 되는 것이다.

두려워하여 뭔가를 사고하고, 알고, 느끼는 자신의 능력을 공격했다. 그녀의 탐욕으로 인해 나와 그녀의 어머니를 파괴하는 것은 그녀의 마음과 그녀의 자기를 상실하는 것과 동일할 것이다.[7]

N과 함께 몇 달 동안 분석 작업을 한 후, 나는 점점 더 자주 상황이 겉보기와 다르다는 것을 깨닫게 되었다. 이는 그녀가 분석 작업에 참여하는 것처럼 보이거나, 그로부터 안도를 느끼는 것처럼 보이는 것을 포함했다. 결국 나는 나의 해석에 대한 환자의 열성적인 반응과 순응이 −K(자기 보호적인 거짓 이해)의 형태를 나타낸다는 점, 즉 그녀가 그녀와 내가 서로에게 말하는 내용을 사실상 심리적으로 사용하고 있지 않다는 점을 이해하게 되었다.

N은 내(또는 그녀)가 그녀가 누구인지에 대해 너무 많은 것을 알게 되면, 그녀가 나를 압도하고, 나에게 해를 끼치며, 분석을 파괴하지는 않을지 두려워했기 때문에, (자신도 모르게 책을 훔치는 그녀의 꿈에서처럼) 나에게서 분석을 훔쳐야 했다고 느꼈다. 자신의 광기와 파괴성을 숨김으로써 나로부터 분석 내용을 훔쳐 내고자 했던 N의 두려움은, 그녀의 진정한 사고와 감정의 모방적 태도와 훼손이(내가 −K의 형태로 보는) 사실은 자기 존재의 마지막 남은 부분을 보호하고자 하는 욕구의 발현을 표현한 것이었음을 내가 이해하게 된 핵심적인 계기가 되었다. N에게 있어서 안다는 것은 자신의 파괴성에 대한 두려움에 압도되는 것과 같고, 모른다는 것은 (비록 깨어지기 쉬운 상태이

[7] 이것은 Bion이 광범위하게 기술하였지만 명시적으로 −K와 연결시키지 않았던 개념, 즉 도덕적 오해의 형태를 띤 −K의 예이다.

기는 하지만) 제정신을 유지할 수 있다는 것과 같았다.

그녀가 내 상담실에 있는 동안 그녀의 절단 꿈에 대한 나의 해석은 그녀에게 가치가 있었던 것처럼 보였다. 그러나 내 사무실을 떠난 직후, 그녀는 사고를 비워 낼 뿐만 아니라 사고하고 기억할 수 있는 자신의 능력을 공격함으로써 정신 상실이 임박했다는 느낌에 대한 인식을 해체했다.

나는 그녀의 부정적인 환각을 −K의 극단적인 형태로 보았다. 그녀의 내적 세계의 반영으로 망상을 정신증적으로 구성하는 대신, 경험의 전체 영역이 제거되었다. 그것은 나뿐만 아니라 그녀의 생각하고 기억하는 능력, 즉 K의 멸절이었다. 역설적이게도 부정적인 환각은 나와 그녀의 관계 맥락에서 그녀의 정신증을 완전히 경험하고 그 정신증적 과정을 나에게 전달하려는 무의식적 의지를 반영한다는 점에서 K를 향한 첫 번째 단계였다.

나 역시 알지 못하는 상태를 나 자신의 의심('소극적 능력')과 혼란을 잠재적으로 풍요로운 상태로 경험하는 형태로 좀 더 잘 견디기 시작했다. 나는 그녀의 알려 하지 않는 욕구를 압도하지 않으면서 그녀의 경험에 대해 N에게 이야기하는 동시에, 오직 내 목소리의 톤을 통해서만 그녀에게 새로운 것을 소개했다. 그녀의 문장을 거의 한 마디 한 마디 반복함으로써("당신은 그녀의 삶에 있었던 적이 없어요."), 나는 그녀의 알려 하지 않는 욕구를 존중하는 것과 그녀가 심리적으로 사용할 수 있을 만큼만 충분히 새로운 것을 제공하는 것 사이에 균형을 유지하려고 시도하고 있었다. Ogden은 이러한 형태의 개입을 "환자가 알고 있었지만, 자신이 알고 있다는 것을 몰랐던 방식을 강조하려는" 노력이라고 말한다(2003, p. 603).

종합하면, 이 장에서 나의 초점은 알지 못함(−K)의 생존 가치에 맞추어져 있었다. 나는 주로 시기심이 아니라 생존하려는 시도에 의해 추동된 −K의 사용에 대해 제시했다. 오해에는 적응적인 기능이 있어서, 자기 경험의 진실이 무엇인지 알아 가는 것을 견딜 수 없는 개인의 상태를 전달하는 역할을 하기도 한다. 알지 못하거나 알고 싶어 하지 않는 그러한 형태들은 (아이로서 혹은 어른으로서) 알 준비가 되어 있지 않은 것을 알게 된 결과로 마음이 파괴되는 재앙으로부터 자신을 보호하는 방법을 표상하는 것이다.

참고문헌

Bion, W. R. (1959). Attacks on linking. *International Journal of Psychoanalysis*, *40*, 308–315.

Bion, W. R. (1962). *Learning from experience*. Basic Books.

Bion, W. R. (1965). Transformations. In *Seven servants*. Jason Aronson.

Bion, W. R. (1967). *Second thoughts: Selected papers on psychoanalysis*. Jason Aronson.

Bion, W. R. (1970). *Attention and interpretation*. Tavistock Publications.

Bion, W. R. (1980). *Bion in New York and Sao Paulo* (F. Bion, Ed.). Clunie.

Bion, W. R. (1992). *Cognitions* (F. Bion, Ed.). Karnac Books.

Britton, R., & Steiner, J. (1994). Interpretation: Selected fact or overvalued idea? *International Journal of Psychoanalysis*, *75*, 1069–

1078.

Freud, S. (1955). Beyond the pleasure principle. In J. Strachey (Ed. & Trans.), *Standard edition of the complete psychological works of Sigmund Freud* (Vol. 18, pp. 7-64). Hogarth Press. (Original work published 1920).

Green, A. (1975). The analyst, symbolization, and absence in the analytic setting. In *On private madness*. International University Press.

Grotstein, J. S. (2004). The light militia of the lower sky: The deeper nature of dreaming and phantasying? *Psychoanalytic Dialogue, 14*, 99-118.

Loewald, H. (1979). The waning of the Oedipus complex. In *Papers on psychoanalysis*. Yale University Press.

Ogden, T. (2003). What's true and whose idea was it? *International Journal of Psychoanalysis, 84*, 593-606; *86*, 1-20.

Schneider, J. A. (2003). Janus-faced resilience in a severely traumatized patient. *Psychoanalytic Review*, *90*, 869-887.

Schneider, J. A. (2005). Dreaming the truth of experience: Film note on "Heaven." *Psychoanalytic Review, 92*(5), 777-785.

Segal, H. (1957). Notes on symbol formation. *International Journal of Psychoanalysis, 38*, 391-397.

Steiner, J. (1993). *Psychic retreats*. Routledge.

Watling, E. F. (1947). *The Theban plays*. Penguin Books.

제7장

중증 외상 환자의 분석에 나타난 양면적인 회복력

"나를 죽이지 못하는 것이 나를 더 강하게 만든다."[1]
–Friedrich Wilhelm Nietzsche, 『우상의 황혼(Twilight of the Idols)』(1889)

회복력은 우리가 매일 자신에게 요구하는 어떤 것이다. 세상의 급속한 변화와 격렬함은 우리에게 회복력을 요구한다. 오늘날의 세상에서 우리는 계속해서 적응하라는 요청을 받는 것 같으며, 자신을 너무 많이 잃지 않으면서 그렇게 하려고 시도한다. 생명을 유지하거나 정신을 보존하는 데 필요한 회복력은 경험으로 변화되고 있는 중에도 우리가 누구인지의 연속성을 유지하려고 시도하면서 삶의 분리에 대응하는 방법이다. 그러나 우리는 한편으로 다른 사람의 욕구를 존중하여 우리 자신의 일부를 포기하는 건전한 행위와 다른 한편으로 우리 자신의 너무 많은 부분을 희생한 나머지, 결국 더 이상 자신으로 존재하고 성장하는 것을 멈추는 것 사이의 경계가 어디에 있는지 결코 확신할 수 없다.

[1] "나를 파괴하지 않는 것은 무엇이든 나를 더 강하게 만든다(Whatever does not destroy me makes me stronger)."

다음 사례에서 나의 주된 의도는 우리가 회복력을 갖기 위해 치러야 하는 대가와 관련된 보편적 현상을 설명하는 것이다. 심각한 외상을 입은 이 환자와의 분석 작업은 내게 외상, 회복력, 상징화 간의 복잡한 연관성을 가장 명확하게 밝혀 준 임상 경험이었다. 외상이 정신적 조직화에 미치는 파괴적인 영향은 분석 문헌에 잘 기록되어 있다. 이에 반해, 회복력이 수반하는 심리적 비용에 대해서는 거의 언급되어 있지 않다.

이 장에서 나는 환자의 개별적인 회복력 형태를 이해하고 그 이해를 사용하여 정서적 성장을 촉진하기 위한 환자와 나 자신 모두의 노력이 포함된 분석 경험을 논의할 것이다. 전개되는 분석적 경험은 종종 놀라움과 겸허함을 느끼게 하는 과정이었다. 나는 분석 관계의 경험을 바탕으로, 광범위한 외상 경험을 거치며 환자를 지탱해 준 회복력의 건강한 측면뿐 아니라 그 회복력의 병리적인 이면도 이해하게 되었다. 즉, 다른 사람과의 정서적 연결에 내재한 환자의 손상에 대한 강렬한 의식적 · 무의식적 불안, 절대적인 자립(self-reliance) 능력을 상실할 가능성, 실제든 상상이든 사건에 대처하기 위한 즉각적인 행동 능력이 방해받는 데서 비롯된 위험 모두를 이해하게 되었다.

이론적 토대

Freud(1915/1957, 1920/1955, 1926/1959)는 경제적 은유를 사용하

여, 외상을 해소될 수 없는 "자극의 양의 축적"으로 긴장이 커지는 것에 직면하여 느끼는 무력함이라고 정의하였다(1926/1959, p. 137). 그는 외상을, 정신을 압도하는 과도한 양의 흥분이 (내적 또는 외부로부터) 유입되는 것으로 이해했다. Freud에 따르면, 유입되는 흥분의 엄청난 양으로 인해 발생하는 과도한 자극은 관리하기에는 너무 강력하여 영구적인 정신 장애를 초래한다.[2]

외상에 대한 더 많은 이해는 Bion의 작업에서 얻을 수 있다. Bion(1962)은 외상을 직접적으로 다루지는 않았지만, 기능 이론을 정교화하면서 외상의 개념을 고려하는 데 유용한 '알파 요소' '베타 요소' '알파 기능'과 같은 몇 가지 용어를 도입했다. 이 개념들은 의식적인 경험들과 무의식적인 경험들이 어떻게 조직화되고 의미가 부여되는지, 그리고 경험에서 어떻게 의미가 박탈될 수 있는지(be denuded of meaning)에 대한 더 큰 이해를 제공한다.

Bion(1962)의 개념화에서 베타 요소는 의미를 생성하는 과정에서 연결을 만드는 데 활용될 수 없는 날것의 감각 인상들이다. 따라서 베타 요소는 비우기에 적합하다. 예를 들어, 치료를 파괴하는 안으로 들이는 행동화(acting-in)와 밖으로 표출하는 행동화(acting-out)와 같은 환각, 도착, 충동적인 행동들 안에서 적합하다.

(베타 요소를 알파 요소로 변형시키는) 알파 기능은 경험에 의미를 부여하는 일련의 정신적 작용을 말하는 Bion(1962)의 이론적 구성

---

[2] 영어 단어 'trauma'는 '상처'를 의미하는 그리스어 단어에서 파생되었는데, 이는 '찌르다/관통하다(to pierce)'에서 유래되었으며, 외부 충격으로 인해 피부가 손상된 모든 상처를 의미한다.

개념이다. 알파 요소는 개인적인 의미를 생성하는 과정에서 연결될 수 있으며, 그 의미는 기억으로 저장될 수 있다. 알파 기능은 깨어 있는 동안과 자는 동안 모두에서 꿈꾸기와 사고하기를 위해 필연적이다.

최적의 상태에서, 알파 기능은 날것의 감각 자료(베타 요소)를 먼저 감정과 연결된 지각으로 변형시킨 다음, 이를 상징으로 변형시켜 공상하기와 꿈꾸기 및 다른 형태의 의식적 · 무의식적인 심리적 작업에 사용될 수 있도록 만든다. 베타 요소를 알파 요소로 변형시킬 수 있는 능력이 없다면, 우리는 의식적 · 무의식적 경험을 분화하여 생성할 수 없으며 더 이상 깨어 있는 것과 잠들어 있는 것, 꿈꾸기와 지각하기를 구별할 수 없다(Bion, 1970; Grotstein, 2000, 2002; Ogden, 2001, 2003). 알파 기능이 없으면 개인은 "잠이 들 수도 없고 깨어날 수도 없다"(Bion, 1962, p. 7).

알파 기능과 꿈꾸기는 개인이 정서적 경험을 생성하고 수정하는 중첩된 과정들이다. 알파 기능에 결함이 있으면, 정신적 과정이 정체되어, 심리적 작업을 수행하는 데 필요한 사고를 생성할 수도 없고 외부 및 내적 대상 세계 모두의 경험에서 배울 수도 없다. 그러한 상황에서는 사고하고 창조할 수 있는 인간의 능력이 발달하지 않으며, 연결이 만들어지지 않을 때 경험의 요소들은 아무런 의미를 더하지 못한다.

내가 생각하기에 외상은 알파 기능을 압도한다. 외상을 특징짓는 과잉 자극은 과도한 베타 요소를 생성하며, 이는 마비되고 과도하게 늘어난 알파 기능에 의해 알파 요소로 변형될 수 없어 '넘쳐흐른다

(spill over the top)'. 결과적으로 모든 정신 에너지는 날것의 베타 요소를 막는 데 소모된다. "베타 요소는 (알파 기능이 부재하거나 마비된 상황에서) 근육 조직의 움직임과 유사한 비워 내기 과정을 통해 처리된다"(Bion, 1962, p. 13).[3]

꿈꾸기는 인간으로서 살아 있다는 것을 의미하는 Bion(1962)의 핵심 개념화이다. Bion의 용어로 말하면, 분석은 외부 세계에서의 의식적이고 살아 있는 경험을 꿈꾸기(무의식적으로 깨어 있는 꿈꾸기와 수면 중의 꿈꾸기 모두)에 사용할 수 있게 하고, 무의식을 레브리와 기억에서처럼 의식적인 작업에 사용할 수 있게 한다. 진짜 꿈에서,[4] 꿈꾸는 사람이 무의식적인 심리적 작업을 하는 과정에서 이미지와 서사가 생성된다.

유아가 정신적 외상을 경험한 경우, 학대와 방임의 심각성만큼이나 정신 발달에 중요한 것은 아이가 그 경험을 얼마나 혼자 감당해야 했는가이다. 만약 유아의 어머니가 유아의 충격적인 경험을 담아낼 수 없고, 소화할 수 없으며, 유아의 외상 경험에 대해 꿈꾸거나 레브리를 생성할 수 없다면, 유아는 유아가 외상적 경험을 어머니에게 맡기기 전의 경험보다 훨씬 더 혼란스럽고 의미가 박탈된 "이

[3] 꿈꾸기와 '꿈을 꿀 수 없음'의 정신분석 이론에 대한 Bion의 수정된 이론의 논의를 위해서는 Ogden(2003)과 Grotstein(2002)을 참조하라.

[4] 꿈이 아닌 '꿈'은 무의식적인 심리적 작업을 포함하지 않으며, 꿈꾸는 사람은 꿈을 통해 정신적인 변화를 경험하지 못한다. 꿈꾸기가 아닌 꿈의 예로는 환각, 외상 이후의 반복적인 꿈, 환자와 분석가 모두가 아무런 연상도 떠올릴 수 없는 꿈, 일정한 소리만 있고 이미지가 없는 '꿈'이 포함된다.

름 없는 공포"(Bion, 1967, p. 116)에 남겨지게 된다. 가장 중요한 것은 유아의 투사된, 아직 소화되지 않은 경험을 '소화'할 수 있는 레브리 상태를 유아에게 제공할 수 있는 어머니의 능력이다. 그러나 Bion(1962)은 다음과 같이 지적한다.

> 좌절을 견디는 현저한 능력을 갖고 타고난 유아는, 레브리를 할 수 없어 유아의 욕구를 충족시켜 줄 수 없는 어머니의 시련 속에서도 살아남을 수 있다. 다른 극단의 경우에서, 좌절을 현저히 견딜 수 없는 유아는, 레브리가 가능한 어머니와의 (건강한) 투사적 동일화를 경험하더라도 붕괴 없이 살아남을 수 없다. 끊임없는 모유 수유만이 도움이 될 것이며, 다른 이유가 없더라도 식욕 부진만으로도 살아남는 것은 불가능하다(p. 37).

회복력의 문제를 구체적으로 다루지는 않지만, 나는 Bion이 여기에서 어머니의 레브리가 부재한 경우라도 좌절을 견딜 수 있는 현저한 능력을 가진 유아는, 곧 회복력을 가진 유아는 유아의 투사된 외상 경험에서 의미를 창조하는 레브리 상태를 생성할 수 없는 어머니의 무능력을 어느 정도 보상할 수 있음을 제시하고 있다고 생각한다.

Freud와 Bion의 이론은 정신적 외상이 인간이 감당할 수 없는 과도하고 견딜 수 없는 정서적 경험을 포함한다는 기본 전제를 공유한다. Freud는 이것이 심리적 격변을 초래하고, 의식적 자각에서 나타나는 현상을 억제하려는 끊임없는 노력, 즉 억압과 증상 형성을 초래한다고 생각했다. Bion(1962)은 외상을 입은 개인이 의식적 · 무의식적 의미(즉, 알파 기능)를 생성하는 정신적 기능을 차단함으로써 무의식에서 정서적 동요를 제거하려 한다고 덧붙였다.

I

임상적 사례

다음 사례에서 나는 33세의 전문 무용수인 A와 함께한 정신분석 작업을 자세히 설명하겠다. 그녀는 아동기에 반복된 폭력적인 신체적 · 심리적 외상이 있었음에도 창의적인 잠재력의 상당 부분을 보존할 수 있었다. 나는 환자가 자신의 창조적인 잠재력을 유지할 수 있었던 것은 그녀의 성격이 지닌 회복력의 한 측면을 반영한다고 생각한다.

첫 통화에서 A는 주제를 바꿔 가며 빠르게 이야기를 이어 갔다. 그녀는 가늘게 엮여 있어서 부서질 것 같은 악몽처럼 보였고(강렬한 정서를 담고 있는, 역자가 첨가함) 꿰맨 부분이 터질 것 같은 인물처럼 보였다. 나는 그녀의 말을 들으면서 팽팽하게 조인 너트, 볼트, 리벳이 튀어나오는 이미지를 떠올렸다. 이것들은 씹는 껌에 함께 엉켜 있는 파편화된 대상들처럼 보였다.

A는 섭식장애로 영양사에게 도움을 받았고, 자신은 날씬하다고 말했지만 나에게 체중을 조절할 수 있도록 도와달라고 부탁하였다. 나는 영양사가 이미 마른 사람이 체중 감량에 도움이 되는 프로그램

을 요청하는 것에 대해 뭔가 문제가 있다고 느끼지 않았을까 생각했다. A의 말을 몇 분 동안 듣고 나서, 나는 또한 영양사가 그녀에게 압도되는 감정을 느꼈을 것이라 생각했다.

A는 여러 차례의 수술과 끊임없는 상담에도 불구하고 왼쪽 무릎의 상태가 좋지 않아 춤을 그만두어야 한다는 말을 몇몇 정형외과 의사로부터 들었다고 말했다. 그녀는 내가 그녀의 체중 감량을 도울 수 있다면 무릎을 살려서 춤을 계속 출 수 있을 것으로 생각했다고 말했다. 그녀는 춤을 출 수 없다면 살아갈 이유가 없다고 말했다.

A의 목소리에는 숨이 멎을 것 같은 긴박감, 거의 절박함이 담겨 있었다. 그래서 나는 그녀가 도움받기를 원하는 것이 체중 감량뿐인지 물었다. 그녀는 긴장된 목소리로 오랫동안 우울증을 앓아 왔고 최근 들어 우울증이 더욱 심해졌다고 말했다. 그녀는 며칠 동안 침대에서 일어날 수 없었고 자살을 생각하고 있었다. 그녀는 총을 사용하여 자살하는 것을 고려했지만, 의사로부터 총이 잘못 발사되면 살 수는 있겠지만 완전히 무력한 상태의 삶을 살 수 있다는 주의를 받았다고 말했다.

그녀는 자신이 사랑했던 몇 안 되는 사람 중 한 명이자 아직 생존해 계신 이모가 지난주에 차에 치여 위독한 상태로 병원에 입원했다고 말했다. 그녀의 할머니는 최근에 돌아가셨다. 그리고 그녀의 아버지는 3년 전 그녀의 어머니를 잔혹하게 살해한 혐의로 감옥에 갇혀 있었다.

나는 환자가 나에게 말한 것을 문자 그대로 받아들여야 할지 몰라 말문이 막혔다. 나는 전화를 끊기도 전에 그녀가 자살하지는 않을까 궁금했다. 나는 허를 찔린 느낌이었고, 그녀가 요구하는 것을 내가 해결해 줄 수 있을지 확신이 서지 않았다. 그녀가 나에게 말하고 있는 내용이(역사가 보여 주는 것만큼이나 극적인) 그녀가 분석을 받고자 하는 이유에 대한 전부는 아닌 것 같았다.

나는 그녀가 생존의 문제로 분석에 오고 있다고 느꼈다. 그녀는 사실상 "제 인생은 선생님 손에 달려 있어요."라고 말하고 있었다. 나는 평정을 되찾기 위해 노력하면서 이러한 인상을 제쳐 두려고 노력했다. 그녀가 체중 감량을 도와줄 수 있는지 다시 한번 간청했을 때, 나는 직접 만나 이야기하자고 제안했다. 나는 또한 영양사가 느꼈던 것처럼 그녀가 나도 그녀의 상황에 압도당했다고 느끼지는 않았는지 묻고 있는 것 같다고 말했다.

A는 내가 직접 만나야 한다고 말한 것을 잠시 고민하면서 가만히 있었다. 그녀는 내가 휴가를 떠나기 직전에 전화했다. 내 휴가 계획 때문에 며칠 후 사무실로 돌아올 때까지 그녀에게 회기를 제안할 수 없었다. 우리는 그녀가 더 빨리 누군가를 만나야 한다는 데 합의했다. 그래서 나는 그녀에게 동료 몇 명의 이름을 알려 주었고, 필요하다면 그녀가 병원 응급실 서비스를 이용할 수 있도록 합의했다.

비록 나는 그녀의 세세한 이야기에 놀랐지만, 그녀의 이야기를 들으면서 내면의 힘도 느꼈다. 아마도 그것은 내가 말하는 것을 듣고 고려하는 그녀의 능력에 대한 나의 반응이었을 것이다. 실제로 다음 날 그녀는 우리의 통화가 도움이 되었다는 메시지를 남겼다. 그녀는 나로부터 이해를 받는다고 느꼈고 더 명확하게 생각할 수 있게 되었다고 말하면서, 나와의 약속을 기다리기로 했다고 말했다. 그녀의 결정은 그녀가 자신에게서 벗어나서, 행동을 취해야 한다는 평소의 접근 방식을 당분간 중단할 수 있음을 가리키는 것 같았다. 나는 안도감을 느꼈다. 하지만 그녀에게 무엇을 줄 수 있을지 계속 고민했는데, 이는 행동을 취해야 한다는 나 자신의 내적 압박감을 반영한 것이었다.

II

대기실에서 처음 마주쳤을 때 A는 키가 작고, 짧게 자른 머리에 검은색 바지, 티셔츠, 검은색 재킷을 입고 밑창이 두꺼운 검은색 옥스퍼드 구두를 신어 다소 사내아이 같은 느낌을 주었다.

내 사무실에 앉았을 때, 그녀는 우리가 통화한 뒤 TENS 장치(만성 통증을 완화하는 전기 장치)를 사용한 덕분에 무릎이 좋아졌다고 말하면서 회기를 시작했다. 나는 그녀가 전화상으로 나눈 우리의 대화에 대해 언급하지 않았음을 알고 있었다. 대신 그녀는 신체적(그리고 정신적) 고통 완화를 위해 행동을 취한 것에 집중했다. 나는 그녀의 무릎과 팔을 움직이는 기계적이고 기계 같은 장치의 떠다니는 배경 감각 이미지(a fleeting background sensory image)를 경험했다.[5] 그녀에게 말했다. "전화에서 말했듯이 춤을 출 수 없는 것이 당신을 죽을

---

[5] 이 '인상'은 배경 감각 인식의 한 형태였으며, 아직은 단어와 관념 또는 정의된 일련의 감정에 묶인 이미지가 아니었다.

만큼 두렵게 하지요. 당신은 의지할 곳이 없다고 느끼고 있지요." 나는 그녀가 나에게 말해 준 그녀의 단편적 삶의 이야기와 '반사적으로' 자기 스스로 해결하려는 그녀의 태도로부터 내가 직관한 것에 기초하여 의견을 말해 주었다. 이는 그녀가 나나 다른 어떤 인간과도 연관이 없는 TENS 장치에서 안도감을 느꼈던 것에 반영되어 있었다. 그녀는 자신의 생존이 분석에 달려 있었기 때문에 분석을 받으러 왔다. 그러나 그녀는 나에게 의지할 수도 없었고, 의지하려고 하지도 않았다.

A는 내 의견을 인정하였고, 곧바로 주식 중개인의 보조원으로 일했던 일에 대해 조금 이야기해 주었다. 그녀의 아버지가 감옥에 갇힌 후, 그녀는 그녀와 아버지의 재정을 관리하는 책임을 맡았다. "저는 내가 할 수 있는 재정을 최대한 활용하기 위해 주식 중개인이 되는 훈련을 받았습니다." (나는 이것을 두려움과 고립감을 피하는 데 도움이 되는 운영 회복력의 한 형태로 보았다.)

겉으로 보기에 환자는 능숙한 보조자로 일하고 있었기 때문에 직장 동료들은 환자의 삶이 고통, 신체적 질병, 말할 수 없는 외상으로 가득 차 있다고 의심하지 않았다. 그녀의 위장은 매우 효과적이었다. 그러나 그녀는 무릎 수술을 여러 번 받았고, 현재 강박적으로 폭식과 구토를 하고 있으며, 음식 섭취를 제한하고, 약물과 알코올을 과도하게 사용하고 있다고 계속해서 말했다(Schneider, 1990, 1995).

A는 아버지가 어머니에게 얼마나 잔인했는지, 그녀가 어머니를 지켜 주지 못해 얼마나 무력감을 느꼈는지 보고하였다. 또한 누군가를 살해하는 것에 대한 자신의 두려움(8세 때부터 느꼈던)을 설명했

고, 남자들을 향한 분노에 대해 자세히 말했다. 나는 내가 그녀를 만나는 것이 목숨을 걸 만큼 위험한 일이라는 것을 그녀가 우리 모두에게 경고하는 것이 아닌지 궁금하다고 말했다. 나의 해석에 대한 그녀의 반응은 열정적이지 않은 동의의 끄덕임이었다. 그녀가 분노를 두려워하는 것에 대한 나의 해석은 나에게도 밋밋하고 진부하게 느껴졌다.

III

A는 전날 밤에 꾼 꿈을 바로 말하면서 다음 회기를 시작하였다. "꿈은 집에서 일어난 일이었어요. 바닥에 부드러운 카펫이 깔려 있고, 벽난로에서 불이 깜박거리고, 크고 편안한 안락의자 옆 바닥에 개가 쉬고 있는 아늑한 굴이었죠."

환자는 계속해서 그 꿈의 정서는 즐거운 느낌이었고, 그 굴은 그녀가 항상 갖기를 꿈꾸어 왔던 그런 집이었다고 말했다. "어렸을 때 꿈의 집에 대해 세밀하게 묘사한 그림을 그렸습니다. 아버지는 제가 그린 그림을 발견했을 때 화가 나 그 그림을 빼앗으며 '너는 너를 누구라고 생각해?'라고 다그쳤어요. 그 이후로 저는 그림 그리기를 그만두었어요."

내 첫인상은 꿈속의 이미지가 그녀가 품고 있는 희망을 표상한다는 것이었다. 그 희망은 분석이 그녀의 어린 시절에 결핍되었던 것을 채워 줄 수 있으리라는 것이었다. 그녀가 계속 말을 이어 갈 때,

나는 그 '희망'이 N의 꿈(사람이 없는)에서 나온 것만큼이나 나에게서 나온 것임을 깨달았다.

내 마음은 Ernest Hemingway의 『다른 나라에서(In Another Country)』로 향하였다. 이 단편 소설은 내가 수년 동안 생각해 본 적이 없었다. 밀라노를 배경으로 한 이 소설의 줄거리는 신체적·정서적 상처를 입고 최전선에서 돌아온 몇몇 군인의 이야기를 담고 있다. 매일 그들은 재활 치료 센터에 갔다. 그곳에서 사람들은 새롭고 신비하며 검증되지 않은 기계 장치에 앉아 독자의 눈에 속이 훤히 보이는 광적인 열정을 가진 의사로부터 그 기적적인 치료 능력에 대해 교육을 받았다. 한때 이탈리아 최고의 펜싱 선수였던 소령의 무릎은 부상으로 인해 부메랑처럼 굽은 상태로 굳어 있었지만, 기계의 도움으로 다시 위대한 펜싱 선수가 될 것이라는 말을 들었다. 의사는 증거를 보여 주기 위해 치료 전과 후의 사진 세트를 벽에 전시했는데, 실제로 이 군인들은 기계를 최초로 사용한 이들이었다.

이 이야기를 염두에 두면서, 나는 A의 반응하지 않는 무릎에 대한 기계적 치료, 그녀가 여러 의사의 진료실을 방문했던 것, 그리고 TENS 장치를 사용하여 무릎을 전기로 자극했던 것에 대한 나의 이전 감각 이미지를 떠올렸다. 나는 또한 무릎이 그녀가 원하는 대로 기능하려 하지 않았을 때, '벽에 내던져 버리고' 싶었다는 그녀의 말도 떠올렸다. 때때로 그녀는 "이거 받아들여. 너는 이게 아프다고 생각하고 있어. 내가 진짜 고통이 뭔지 너에게 보여 줄게! 잠깐, 기다려 봐!"라며 아이를 학대하는 부모의 언어를 사용하여, 무릎이 해 줄 수 있는 것 이상의 것을 강요하며 잔인한 어조로 무릎에 대고 말했다. 동시에 나는 나의 이전 해석들이 얼마나 기계적이었는지를 더욱 자각하게 되었다.

이 시점에서 꿈에 대한 나의 반응이 바뀌었다. 나는 그 꿈이 진부하다고 느껴지게 하는 특성이 있음을 깨달았다. 나는 또한 외현몽의 내용과 그것이 나에게 불러일으킨 일련의 이미지 사이의 뚜렷한 대조가 있음을 알고 있었다. 이로 인해 나는 꿈의 설정이 마치 Martha Stewart 카탈로그의 광택 있는 페이지처럼 너무 완벽하게 꾸며진 것으로 보인다고 생각하였다. 그 꿈은 아마도 절망과 공허의 깊이를 희망으로 채우려는 광적인 시도였을 것이고, 어떤 것(나와 분석)을 보이는 것보다 더 크게 만들려는 무의식적인 시도였을 것이며, 임박한 정신적 파편화에 직면하여 그녀가 가질 수 있는 자기감을 유지하려는 시도였을 것이다.

우리가 이런 식으로 계속한다면, 분석보다는 오히려 A의 "잠자는 개를 건드리지 않는" 꿈에 나오는 것처럼 안전하고 편안한 일차원적인 경험을 함께하게 될 것 같았다. 이 모든 일은 내 안에서 순식간에 일어났고, 나는 그 순간 그 꿈에 더 이상 반응하지 않기로 마음먹었다.

A는 지난번 회기를 마치고 내 사무실을 나오자마자 근처 카페에 들러 음식을 배불리 먹고는 억지로 토했다고 말하며 다음 회기를 시작했다.

분명히 '아늑한' 꿈은 아름답게 차려진 음식이 상하는 것과 같이 일단 받아들이게 되자 그녀를 지탱할 수 없었고 실제로 독성이 있었다. 그녀가 너무 빨리 게걸스럽게 먹어 치운 나를 이상화하는 그녀와 나의 관계는 소화될 수도, 지속 가능할 수도 없었다. 그녀는 나에 대해 자신이 만들었던 것을 참을 수 없었다. A에게 '나를 받아들이는 것'은 실제로 일어났던 일에서 얻은 것을 과장하는 것을 의미했다.

다음 몇 번의 회기에서 우리는 환자가 카우치를 사용한다는 조건 아래 약간 낮춘 상담료로 주 4회의 만남을 진행하기로 합의했다.

IV

A는 자신의 어머니가 알코올 중독자이자 조울증 환자로 입원해 ECT 치료를 받았고 여러 차례 우울증을 겪었다고 설명했다. 환자가 자립을 향해 나아갈 때마다(예를 들어, A가 초등학교를 졸업할 때, 무용 발표회에 참가했을 때, 고등학교를 졸업했을 때, 독립했을 때), 어머니는 정신적 붕괴를 겪었던 것으로 보인다. 그녀의 어머니의 '붕괴'에는 자신의 손목을 긋는 것, '우연히' 침대와 자신의 몸에 불을 지르는 것, 약물을 과다 복용하는 것 등이 포함되었다. 이런 경우 어떤 때는 A가 예정된 활동을 취소하고 어머니를 병원으로 데려가기도 했다. 이 이야기를 들으면서 나는 이상한 혼란의 감정을 느꼈다. (할인된 상담료로 그녀를 만나겠다고 제안했던) 나는 A를 돌보아 주고 있었던 것인가? 아니면 (카우치를 사용하여 일주일에 네 차례 만나기로 동의해 준) 그녀가 분석가가 되고자 하는 나의 욕구를 돌보아 주고 있었던 것인가?

A는 "저도 어머니처럼 붕괴한다면 누가 저를 돌보아 줄까요?"라고 내게 물었다. 그녀의 이력을 고려할 때, 나는 분석을 받는 것이 그녀가 그녀의 어머니만큼 미쳤다는 것을 의미할 수도 있고, 혹은

그녀가 결코 제정신을 되찾지 못할 정도로 그녀의 어머니보다 더 미쳐 버릴지 모른다는 A의 두려움을 잘 이해할 수 있었다.

나는 그녀에게 말했다. "제 생각에, 당신은 너무 아파서 어떻게 돌보아야 할지 전혀 알 수 없는 사람을 책임지는 것이 어떤 것인지 저보다 더 잘 알고 (당신이 바라는 것보다 더 잘 알고) 있을지도 모른다고 말하고 있는 겁니다."

A는 답했다. "그녀는 통제 불능 상태였고 아무 말도 들으려 하지 않았으며 중독에 사로잡힌 채 자기 자신을 파괴하려고 혈안이 되어 있었어요. 그녀를 도울 수 있는 사람은 없었어요. 우리는 함께 작은 춤을 추고 있었지요. 우리는 너무 가까웠기 때문에 어떤 객관적 시각도 없었어요."

이 만남 이후 A는 나에게 꿈을 보고했다. 그 꿈은 단순히 자신의 어머니가 죽었다는 사실을 알게 되는 꿈이었다. 나는 그 꿈이 그녀 자신이 느낀 악마적 빙의 상태를 몰아내는, 즉 그녀가 내적 대상 세계 안에 살아 있던 어머니와의 관계를 끊으려는 시도라고 느꼈다. A는 어머니가 세상을 떠난 뒤에도, 거의 정신증에 가까운 (예를 들어, 무릎에 대고 장광설을 늘어놓으며) 동일화를 통해 어머니를 살아 있게 하려고 시도하면서, 어머니와의 복잡한 관계를 보호했었다.

나는 그녀가 자신의 어머니만큼 미친 사람이 아닌지 확인하기 위해 인생의 많은 시간을 보낸 것 같다고 말했다. 그러나 그 생각을 놓아 버리는 것은 어머니와의 연결을 끊는 것이고, 어머니를 잃는 것은 또한 자신을 잃는 것이다.

그녀는 이렇게 반응했다. "나는 선생님을 만나기 시작했을 때 선생님이 나에게 선생님의 눈을 통해 사물을 보도록 강요할까 봐 두려웠어요. 하지만 선생님은 그렇지 않으셨지요. 나는 이제 내가 원하는 것을 받아들이고 동의하지 않는 것을 선택하더라도 선생님이 내 안에 침투해 들어올까 두려워하지 않을 수 있어요." 이어 그녀는 계속 말을 이어 갔다. "이상해 보일 수도 있지만 이렇게 선생님과 이야기를 나누는 것만으로도 마음이 편안해져요. 여기 우리 둘뿐이잖아요."

A의 어머니의 마지막 붕괴는 A가 자신의 아파트로 이사했을 때 일어났다. 다음 날 그녀의 아버지는 그녀의 어머니를 살해했다. A가 댄스 리허설을 하고 있는 중에 삼촌이 와서 어머니가 돌아가셨다는 소식을 전했다. A는 가족의 병든 현실에 휘말리지 않기 위해 '자신의 일을 하면서' 계속 춤을 추었다. 그러나 그 대가로 상실의 경험, 심지어 변화의 경험마저도 자신에게서 분리해야 했다. "어머니가 돌아가시고 아버지가 감옥에 갇힌 후, 저는 집을 팔기 위해 집을 청소하고 바닥에 묻은 핏자국을 닦아야 했어요."

A는 이어지는 회기에서 나에게 다음과 같은 꿈을 보고했다. "제가 토마토와 칠면조 조각을 먹고 있었는데 누군가 왜 그걸 빵 사이에 넣어서 샌드위치를 만들지 않느냐고 물었습니다." 나는 그녀에게 말했다. "당신은 꿈에서 당신 자신과 저에게 '내게 빵이 없어도 나는 여전히 샌드위치를 만들어 나 자신을 먹일 수 있다'라고 말하는 것 같습니다."

A가 혼란스러운 외부 세계를 다룰 수 있는 놀라운 힘을 갖고 있다는 것과 외부 세계가 그녀에게 겨우 허락한 부스러기 같은 것들로 많은 일을 해냈다는 것은 의심의 여지가 없다. 집에서 일어난 모

든 일에도 불구하고 A는 학교에서 좋은 성적을 거두었고 결국 좋은 대학교에 입학하여 미술 석사 학위를 받았다. 그녀의 부모는 재정적으로 충분한 여유가 있었지만 그들의 내키지 않아 하는 지원에 의존하고 싶지 않았기 때문에 그녀는 부모에게 돈을 요구하지 않기로 했다. 대학과 대학원에서는 시에서 지원하는 식권을 사용하였고 시에서 운영하는 진료소의 진료를 이용했다.

V

방금 논의된 회기들 이후 얼마 지나지 않아 A는 (자주 그랬듯이) 나에게 꿈을 보고하면서 회기를 시작했다. "어린 소녀가 어떤 남자와 함께 방에 있었어요. 그리고 저는 지켜보고 있었어요. 그 어린 소녀는 허벅지에 붕대를 감고 있었습니다. 그녀의 아버지는 그녀를 동물, 새가 있는 새장에 가두었습니다. 새들은 그녀를 찢기 시작했고, 특히 그녀의 다리를 갈가리 찢었습니다. 그녀는 자신의 공포가 신체적인 고통에 대한 두려움이 아니라 새장에 던져지고 찢겨져 나가는 정서적인 고통에서 비롯되었다는 것을 깨달았습니다."

이어서 그는 이렇게 말을 계속하였다. "전화로 제가 처음 선생님께 통화했을 때를 생각하고 있었어요. 저는 절박했었지요. 그런데 내 말을 들어 주는 사람이 있었고, 그런 일이 일어났는데도 놀라거나 화내지 않는다는 것이 신기했어요. 저는 선생님께 전화로 내 삶에 대해 많은 것을 말씀드렸어요. 그건 정말 저에게는 굉장히 특이

한 일이었지요."

A는 잠시 침묵했다. 이 짧은 침묵 동안 나는 이 꿈과 이전의 완벽한 '꿈의 집'을 묘사한 꿈이 대비를 이룬다고 생각하고 있는 나를 발견했다. 지금 꿈속의 환자는 새장에 던져진 환자이자, 꿈의 화면에는 보이지 않지만 자신을 새장에 집어넣고 있는 환자인 것 같았다. 환자가 동물들과 함께 새장에 자신을 던진 것은 부분적으로 그녀 자신을 그녀가 원초적이고 피할 수 없는 야만적 힘이 방출될 것을 두려워하면서도, 분석 속으로 뛰어들고 싶은 그녀의 상충하는 소망을 표현한 듯했다. 그녀는 이전에 어머니의 광기의 새장에 자신을 던졌는데, 그것은 꿈의 이미지에서도 나타나는 것처럼 보였다.

이 회기와 이후의 회기들에서 A는 회기 동안 그리고 회기 이후에 내가 그녀를 지지해 주고 있다는 느낌을 받으면서 ('찢겼다'고 느끼며) 자신이 붕괴하고 있다고 상상하거나 느끼는 것을 허용할 수 있었다. 이것은 그녀에게 하나의 변화였다. 이 꿈과 아늑한 굴의 꿈에서 볼 수 있듯이, 그녀의 회복력 있는 기질은 자신을 신성하게 여기고 누구도 침범할 수 없게 지키는 온전한 존재로 보는 관점에서 시작되었다. 그러나 이로 인해 그녀는 자신의 생존을 위협하는 듯한 더 깊은 불안을 바라보지 못하게 되었다.

VI

분석 과정을 거치면서 A는 아버지와 함께 살았던 삶이 어땠는지 자세히 이야기해 주었다. 환자는 어머니를 돌볼 때, 특히 어머니의 한두 번의 자살 시도 후 어머니를 병원에서 집으로 데려올 때, 얼마나 아버지의 보복을 두려워하며 살았는지 말해 주었다. 한번은 그녀가 어머니를 집에 데려왔을 때 아버지가 두 사람 모두 집 밖에 가두었다. 또 다른 경우에, 아버지는 A가 어머니를 도왔다는 이유로 A에게 보복하기 위해 침대에 물을 뿌리기(상징적으로 소변을 보는 행위)도 했다. 그런 일들이 있는 밤에는, A는 새벽 2시에 아버지가 출근할 때까지 이웃집 차 안에서 잠을 잤고, 아버지가 출근하고 나서야 침실 창문을 통해 집으로 기어들어 왔다.

아버지는 A가 좋아했던 것들을 견딜 수 없어 했다. 그는 딸의 반려동물들을 고문했다. 한번은 A가 집에 도착했을 때 그녀의 아버지는 홧김에 그녀의 반려견 콜리를 '처분'하였고 그것에 대해 자랑스럽게 떠벌리고 있었다. 그런 경험을 통해 아버지의 행동을 예상하게 되었고, 아버지가 이후의 개들을 없애자고 말했을 때 A는 선제적으로 행동했는데, 한번은 자신의 개를 키워 줄 농부를 찾아냈고, 또 다른 경우는 아버지가 개를 죽이기 전에 동물 보호소에 데려다주었다. 그 당시 A가 자신의 개를 향한 아버지의 행동을 예상한 것은 의심할 바 없이 기지 있는 대응이었다. 하지만 그것은 동시에 그녀 특유의 회복력이 병적인 결과로 이어지게 했다. 즉각적인 결정적 조처를 하다 보면 환자는 두려운 위험을 안고 견디며 생활하기 어렵게 되고, 현실적인 위험과 상상의 위험을 구분하기 어렵게 된다.

A가 아버지를 대하는 방법을 이야기하는 동안, 환자가 몇 달 전에 어떻게 수영을 배웠는지에 관해 나에게 말했던 이야기가 떠올랐다.

"아빠가 저를 물에 빠뜨렸어요. 저는 헤엄을 치든지 물에 빠지든지 하는 것을 배워야 했어요. 하지만 그게 효과가 있었어요. 저는 물에 대한 두려움을 갖지 않게 되었고 탁월한 수영선수가 되어 수영팀에 들어가게 되었지요." A는 자부심을 느끼며 이 이야기를 했지만, 그녀가 수영을 한 번도 즐겨 본 적이 없다는 것이 분명했다. 그녀의 방어적 성취감은 그녀가 더 강하게 동일시한 '가라앉거나 헤엄치는' 사고방식의 암울한 비인간성과 단절되어 있었다.

A가 27세였을 때, 그녀의 아버지는 주먹으로 치명적인 일격을 가해 어머니의 비장을 파열시키고 척추를 부러뜨려 그녀를 살해했다. 그는 살인죄로 유죄 판결을 받고 종신형을 선고받았다.

다음 해의 분석 과정에서 A는 자신의 아버지에 대해 끔찍하게 나쁘지도, 이상화되지도 않은 한 사람으로 말하기 시작했다. 그녀는 다섯 살이었을 때 아버지가 춤추는 법을 가르쳐 주었던 때를 회상했다. 아버지는 판지에 그녀의 발을 조심스럽게 올리고는, 발 모양을 따라 판지를 잘랐다. 그리고 아버지는 차차차 스텝에 맞게 바닥의 적절한 위치에 발 모양의 판지를 테이프로 붙였다. 아버지는 딸의 댄스 파트너였고, 그들이 춤을 출 때 그녀를 "공주님"이라고 불렀다. A가 열 살이 되었을 때, 아버지는 딸에게 드럼 세트를 사주었다. 그녀가 드럼을 치는 동안 아버지는 클라리넷과 색소폰을 연주하며 함께 음악을 만들었다.

그녀의 아버지는 아들을 원했기 때문에 A는 어렸을 적 배관 관련 서적과 기타 주택 개조 매뉴얼을 손에 넣었고 '말괄량이'로서 아버지를 도와 집안일을 하였다. 놀랍게도 A는 아버지에게서 충분한 무언가를 발견해, 단순히 순응에 기초한 거짓 자기 관계를 넘어서는 진정한 관계를 그와 맺을 수 있었다. 달리 말하면, A는 아버지와의 진정한 관계의 건강한 요소를 유지할 수 있는 내적 공간을 창조할 수 있었다.

VII

A는 춤을 출 수 없다면 적어도 춤을 만들 수 있다고 마음을 먹었다. 그래서 그녀는 안무를 시작했고, 결국 그녀의 춤 일부를 무대에 올렸다. 그녀는 또한 그림을 그리기 시작했고 놀랍게도 색을 사용하여 그림을 그리는 데서 특별한 형태의 즐거움을 발견했는데, 아마도 그녀가 느끼고 있던 내면의 생기가 발달하는 것을 반영한 것일 것이다.

그녀는 말했다. "그림에는 춤과 마찬가지로 판단과 실천적 사고를 잠시 멈출 수 있는 공간이 있어요. 저는 제가 그린 그림을 보고 놀라게 돼요. 저는 그림을 보면서 '내가 누구인지'를 알게 되지요." A는 자신의 그림이 그녀가 자신의 감정, 마음, 몸을 보고 경험할 수 있는 상징적 표현이 되었다고 말하는 것 같았다.

결국 A는 자신의 그림들을 모아 슬라이드 포트폴리오를 만들어 자기소개서를 쓴 뒤 갤러리를 방문해 자신의 작품을 갤러리 주인들에게 보여 주기 시작했다. 그녀는 존경받는 예술가가 자신의 집에서 매주 집단의 모임을 하는데 그 집단에 합류하라는 초대를 받았고,

이를 받아들였다.

그녀는 춤을 추는 데 무릎을 사용할 수 없었던 것처럼 시력을 잃을까 봐 두려웠다고 말했다. 하지만 그녀는 "만일 시력을 잃는다면, 손으로 곡을 쓸 수 있지요."라고 덧붙였다.

분석이 진행된 지 몇 년이 지난 후, A는 잠시 휴식을 취하고 뉴욕으로 가서 자신이 안무한 춤 비디오테이프 중 일부를 제작사에 보여주기로 했다. 그녀는 분석을 중단하기로 한 이 결정이 그녀에게 생애 처음으로 자유로움을 주었다고 느꼈고, 그것을 흔들리지 않는 결심으로 나에게 표현했다.

A가 분석을 잠시 쉬는 것은 행동화의 한 형태였는데, 그녀의 특유의 회복력의 한 측면은 결정적인 행동을 신속하게 취할 수 있는 능력으로 정의되는 것처럼 보였기 때문에 나는 놀라지 않았다. 그녀는 부분적으로는 자신의 경계를 잃지 않으면서, 또한 나에게도 그녀의 어머니에게도 아버지에게도 속하지 않은 자신의 것으로 느껴지는 꿈을 좇고 있다는 확신을 얻기 위해 분석을 피하여 뉴욕 거리로 갔다.

A가 3개월 뒤 분석에 복귀했을 때, 그녀는 자신이 계획한 일을 성취했다고 느꼈다. 그녀는 뉴욕에 있는 동안 꿈의 집이 실제로 어딘가에 존재할 수도 있다는 희망을 여전히 품고 있다는 것을 깨달았다고 말했다. "어떻게 보면 그게 그렇지 않다는 것을 아는 것이 안도감을 주지요. 당신이 보는 것이 존재하는 모든 것이에요. 그러니 당신이 더 많이 볼 수 있으면 거기에는 더 많은 것이 존재하는 것이지요. 하지만 볼 수 있는 데까지이고 그 이상은 존재하지 않아요."

논의

회복력이 있는 아이였던 A는 상당할 정도로 그녀 가족의 억압적인 병리로부터 극복해 나올 수 있었다. 그녀는 [비록 그녀가 어느 정도 강력한 정신증적 동일화에 빠지기는 했지만(Searles, 1963/1965)] 정신증적인 파편화, 해리 또는 정신증의 분리된 주머니에 크게 의존하지 않고도 자기 삶의 어떤 것을 발달시킬 수 있었고 온전한 정신을 유지할 수 있었다.

A와 함께 분석 작업을 하면서 분명해진 것은 개인이 외상의 영향에서 완전히 벗어날 수 없다는 점이었다. 외상에 직면하여 상당한 정도의 심리적 건강을 얻으려면 외상을 피하는 것이 아니라 외상 안에서 살고, 외상을 꿈꾸고, 외상을 사고하여 그것을 자신의 것으로 만들어야 한다. 그래서 외상의 경험에 자신의 인격적 흔적을 남겨야 한다.

A는 대체로 활력을 유지할 수 있었고, 가족이 제공해야 했던 것 중 가장 좋은 것을 심리적으로 활용할 수 있었다. 예를 들어, 그녀는 때때로 아버지 성격의 정신증적 측면의 한계를 초월하여 그녀와 건강한 아버지-딸 관계를 충분히 형성할 수 있도록 '도움'을 줄 수 있었다.

그러나 실제로 자신의 경험이 제공해야 하는 것보다 더 많은 것을 끌어내겠다는 결심으로 인해 A는 강박적이고 주도적이며 어떤 면에서 외부 현실과 단절된 상태가 되기도 했다. 예를 들어, 그녀는 춤을 사용하면서 신체 움직임의 예술적 활용 가능성을 신체적으로 자기 파괴적인 곡예의 형태로 전환했다. 내가 보기에 춤은 A가 초기 아버지와 딸의 환상적인 관계를 생성하고 유지하며 신체의 통합적 감각을 강화하는 수단이었던 것 같다. 따라서 춤을 추는 것은 심각한 결함이 있는 것에서 좋은 것을 추출하려는 강렬한(그리고 운명적인) 노력을 표현한 것이었다. 그래서 그녀의 몸이 따라 주지 못했을 때, 그녀와 아버지와의 관계 대부분이 환상에 불과했다는 사실이 드러났다.

그녀는 안무와 그림 그리기 작업을 통해 그녀 자신의 독특한 정신신체를 진정으로 반영하는 재능을 사용하게 되는 전환을 경험했다. 안무를 통해 환자는 자신의 세대 안에서 자신의 자리를 찾아가는 것처럼 보였다. 그녀는 아버지와의 무의식적인 갈등과 직접적으로 연결되지 않는 방식으로 창의력을 사용하여 주고받는 특성이 있는 부모의 역할을 맡고 있었다. 안무가는 차세대 무용수들의 스승이자, 그런 의미에서 무용수들의 예술적 부모이다. 그녀의 안무는 무의식적인 내적 대상 세계의 투쟁에서 벗어나 진정한 '나 아닌(not-me)' 경험을 창조하고 흠모하려는 첫 번째 시도였다.

A가 분석 관계에서 '나 아닌' '타자성(otherness)'을 느끼기 시작하면서(예를 들어, 분석을 잠시 쉬기로 한 결정 등) 안무와 그림을 그리는 행위에서 자신만의 마음을 창조했다. 환자가 '나 아닌', 곧 그녀가 창조하거나 파괴할 수 없는 '타자'를 인식했을 때 비로소 그녀는 창의적일 뿐만 아니라 다른 사람들에게도 창의적인 영향을 미칠 수 있는 심리적 여유가 생겼다. 그녀는 다른 사람에게서 무엇인가를 받아 변

형된 상태로 돌려 주는 것이 어떤 기분인지 경탄하고 진심으로 놀라워할 수 있었다(Schneider, 2003). 이 분석 작업 동안 춤, 그림은 '타자'(변형시키고 변형되었지만, 그 자체로 인식 가능한)가 되었다. A에게 그것은 타자에 대한 경이로움의 경험이자 동시에 자신의 통제력이나 심지어 영향을 넘어서는 것에 대한 두려운 인식이 되었다.

A는 분석 경험에서의 변화가 자신의 창의성에 영향을 미칠 것을 두려워했다. 나는 이 두려움을 유아 시절 그녀에게 필수적이었던 '돌에서 피를 뽑는(것과 같은 불가능한 것을 시도하는)' 그녀의 능력을 포기하는 것에 대한 두려움으로 해석했다.

환자와 나는 그녀의 회복력 속에서 건강과 병리가 분리될 수 없음을 인식할 수 있었다. 그녀는 외부 위험에 과민해졌고, 자신의 생존을 위협하는 것과 단순히 좌절감을 주는 것을 구별할 수 없었다. 이런 방식으로 그녀의 회복력은 적은 것으로부터 많은 것을 만들어 내는 문제가 있는 양상과 관련이 있었다.

자신이 관리하기에는 너무 강력했던 외상적이고 압도적인 정신적 자극과 관련된 불안(Freud, 1915/1957, 1920/1955, 1926/1959)으로 인해 A는 자신의 환경에 매우 민감해졌고, 신체 및 기타 행동 기반 책략(Bion, 1962)을 통한 자극의 배설에 민감하게 반응하게 되었다. 이러한 방식으로 좌절을 해소함으로써, 그녀는 날것의 감각 경험(베타 요소)을 감정, 상징, 의미가 담긴 상징적 사고(알파 요소)와 연결하여 기억으로 저장되기에 적합한 지각으로 변형시키는 과정을 차단하였다. 오히려 그녀의 의식적 · 무의식적 경험들은 의미가 없어졌다. 이러한 방식으로 그녀의 경험들은 환상하기, 꿈꾸기, 기타 형태의 의식적 · 무의식적인 심리적 작업을 위해 사용될 수 없었다.

종합해 보면, A의 놀라운 자기 보존적인 심리적 자원 활용 능력(psychological resourcefulness)은 어린 시절부터 이어진 극심한 방임과 학대에 직면하여 발휘되었으나, 이는 상당한 정신적 비용을 치르고 성취된 것이었다. 그녀는 외상뿐만 아니라 자신의 회복력의 병리에 대한 답을 얻고자 분석을 시작했다. 이 병리에는 위험해 보이는 거의 모든 상황에 대해 그녀가 생존의 문제인 것처럼 반응했다는 사실이 포함되어 있었다. 분석 자체는 마치 그녀의 삶이 그것에 달린 것처럼(즉, 그녀가 행동에 옮길까 두려웠던 자살 충동에 대한 반응으로) 시작되었다. 분석 환경에서 A는 극심한 자립심과 나에게 의존하는 것을 꺼리는 모습을 보였다. 처음에는 자기 삶의 경험에서 한 방울의 자양분이라도 짜내려는 그녀의 욕구가 자신의 몸에 과도한 요구를 하여 결국 왼쪽 무릎의 결합 조직이 파괴되는 결과를 낳은 것을 포함하는 다양한 형태로 나타났다.

그녀의 회복력과 그것의 구성요소들은 심각한 외상 경험에 직면했을 때는 삶을 유지하게 했지만, 감정, 사고하기, 꿈꾸기, 상상하기가 불안 해소를 위한 즉각적인 행동에 몰두하느라 폐제되었을 때는 삶을 고갈시켰다. 내가 A와 함께했던 작업의 핵심은 회복력의 무의식적이고 양면적인 특성에 대한 분석이었다.

참고문헌

Bion, W. R. (1962). *Learning from experience*. Basic Books.

Bion, W. R. (1967). *Second thoughts: A theory of thinking*. Jason Aronson.

Bion, W. R. (1970). *Attention and interpretation*. Tavistock Publications.

Freud, S. (1955). Beyond the pleasure principle. In J. Strachey (Ed. & Trans.), *Standard edition of the complete psychological works of Sigmund Freud* (Vol. 18, pp. 3-64). Hogarth Press. (Original work published 1920).

Freud, S. (1957). Instincts and their vicissitudes. In J. Strachey (Ed. & Trans.), *Standard edition of the complete psychological works of Sigmund Freud* (Vol. 14, pp. 105-140). Hogarth Press. (Original work published 1915).

Freud, S. (1959). Inhibitions, symptoms, and anxiety. In J. Strachey (Ed. & Trans.), *Standard edition of the complete psychological works of Sigmund Freud* (Vol. 20, pp. 77-175). Hogarth Press. (Original work published 1926).

Grotstein, J. S. (2000). *Who is the dreamer who dreams the dream? A study of psychic presences*. The Analytic Press.

Grotstein, J. S. (2002). "We are such stuff as dreams are made on"—Annotations on dreams and dreaming in Bion's works. In C. Neri, M. Pines, & R. Friedman (Eds.), *Dreams in group psychotherapy theory and technique*. Jessica Kingsley Publishers.

Nietzsche, F. W. (1889). *Twilight of the idols*.

Ogden, T. (2001). *Conversations at the frontiers of dreaming*. Jason Aronson.

Ogden, T. (2003). On not being able to dream. *International Journal of Psychoanalysis, 84*, 17-30.

Schneider, J. A. (1990). Gender identity issues in male bulimia nervosa. In C. Johnston (Ed.), *Psychodynamic treatments of anorexia nervosa and bulimia* (pp. 194-222). Guilford Press.

Schneider, J. A. (1995). Eating disorders, addictions, and unconscious fantasy. *Bulletin of the Menninger Clinic, 59*(2), 177-199.

Schneider, J. A. (2003). Working with pathological and healthy forms of splitting: A case study. *Bulletin of the Menninger Clinic, 67*(1), 32-49.

Searles, H. F. (1965). Transference psychosis in the psychotherapy of chronic schizophrenia. In *Collected papers on schizophrenia and related subjects* (Chap. 23). Hogarth Press Ltd. (Originally published 1963).

제8장

섭식장애, 중독 및 무의식적 환상

섭식장애에 대한 정신분석적 이해는 Freud(1905/1953, 1950/1966)와 Bruch(1970, 1973, 1978)의 설명을 중심으로 이루어졌다. 나는 지난 50년 동안 Ronald Fairbairn, Frances Tustin, Ogden 등이 발전시킨 원초적·내적 대상관계 개념을 추가함으로써 이러한 이해가 크게 향상될 수 있다고 생각한다.

나는 두 가지 개념에 기여하고 싶다. 폭식-구토 의식의 강박적이고 리드미컬한 특성과 관련된 첫 번째 관념은 섭식장애 환자의 경험이 자폐적 형태(autistic shape)와 대상을 포함하는 피부 표면에 위치한 감각 지배 경험이라는 것이다(Ogden, 1989; Tustin, 1984, 1986). Ogden이 정의한 자폐 접촉적 자리(autistic-contiguous position)는 내적 대상에 대한 무의식적 방어 애착의 병리적 형태와 관련이 있으며, 섭식장애 환자를 치료하는 치료사의 전이/역전이를 이해하는 데 사용될 수 있다. 섭식장애의 중독적 특성과 관련된 두 번째 관념은 대상에 대한 환자의 애착이 나쁜 대상을 취해 좋은 것으로 바꾸려는 헛되면서도 무의식적인 환상적 탐구를 반영한다는 것이다(Fairbairn, 1944/1952).

이론적 공식화

Freud는 거식증과 폭식증 같은 섭식장애를 구강 통합 기제와 Oedipus기의 성기적 소망과 관련된 무의식적인 성적 갈등으로 인한 히스테리 증상으로 개념화했다. 1899년에 (Fliess에게 보낸 편지에서) Freud(1950/1966)는 폭식증, 즉 심인성 구토가 근본적인 구강 가학적이고 식인 풍습적인 성적 환상을 대표한다고 썼다. 이 환상은 섭식장애가 있는 어린 소녀의 관점에서 그녀가 아버지의 페니스를 먹고 그의 아기를 임신할 수 있다는 것이었다(Freud, 1905/1953). 심인성 구토는 무의식적인 성적 갈등과 이에 따른 타협 형성으로 인해 발생하는 소녀의 신경증적 · 히스테리적 증상이었다.

Freud의 관념은 1960년대와 1970년대에 섭식장애 논의에 있어 중요한 요소를 제기한 Hilde Bruch에 의해 수정되었다. Freud는 섭식장애를 Oedipus기 문제와 관련된 전환 히스테리로 보았지만, Bruch(1970, 1973, 1978)는 분리 및 개별화라는 Preoedipus기 문제와 관련된 것으로 보았다. Bruch는 Freud의 욕동-갈등-방어 모델이 아니라 섭식장애 환자를 특징짓는 자아의 약함과 대인관계의 장애에 초점을 맞추었다. 그녀는 섭식장애를 정신 내적 사건으로서뿐만 아니라 대인관계 사건으로도 보았다. 섭식장애는 분리된 사람이 되고 싶은 것과 어머니와 함께 있고 싶은 소망 사이의 갈등을 표현한 것이었다. 성 동일성은 소녀와 어머니가 때때로 분리되어 있더라도 실제로는 하나라는 환상을 유지하는 데 도움이 된다(Schneider, 1991).

그녀가 환자들로부터 보고 들은 것을 설명하기 위해 Bruch는 섭식장애가 Oedipus 문제나 아버지와의 성적인 상호작용과 관련이 있는 것이 아니라 오히려 적절하게 반응하지 못한 어머니로부터의 분리와 자율성의 Preoedipus기 문제와 관련이 있다고 결론지었다. Bruch는 거식증 환자가 날씬해지기 위해 노력하는 것은 어머니로부터 자신을 분리하려는 적응적 노력이라고 생각했다. Bruch는 섭식장애 환자가 배고픔, 포만감, 충분함 또는 정서와 같은 내적 상태를 알아차리거나 자세히 설명하는 데 어려움을 겪는 경우가 많다고 지적했다. Bruch는 또한 그녀의 섭식장애 환자 대부분이 다른 사람들과의 관계에서 효과적으로 기능하지 못한다고 지적했다.

이러한 상황은 Freud와 Bruch의 개념에서 대상관계 이론에 기초한 새로운 용어들이 등장할 때까지 계속되었다. 두 명의 기여자인 Winnicott(1949/1975)과 이후 McDougall(1974)의 작업은 대상관계 관점에서 섭식장애를 이해하기 위한 틀을 제공했다. 이 관점에서 볼 때, 정신신체질환은 그것이 상징적으로 표상되지 않기 때문에 개인이 심리적으로 경험할 수 없는 어떤 것을 신체적으로 표현한 것이다(McDougall, 1974). 이러한 상황에서 신체는 정신이 표현할 수 없는 것을 드러내기 위해 이용되며, 이는 결핍된 상징적 표상으로 인해 정신적 정교화를 거치지 않은, 긴급한 본능적 방출의 공모자가 된다.[1] Winnicott(1949/1975)에 따르면, 불완전한 환경으로 인한 침범은 감각을 통해 파악되어 결과적으로 '존재의 연속성'(p. 245)이 발달하는 데 있어 죽음과 불안의 경험을 가져온다. 병리는 원래의 정신신체의 짝이 정신-마음(psyche-mind)의 짝으로 대체될 때 발생한다. 대상관계 관점에서 섭식장애의 감각적 측면은 섭식장애가 어떻게 기능하는지 이해하는 데 특히 중요하다.

Ogden과 Tustin

Ogden(1989)의 자폐 접촉적 자리는 섭식장애를 이해하는 데 특히 중요한 것으로 보이는 경험의 차원이다. 이것은 '심리적 발달을 생물학적인 것에서 비인격적-심리적인 것으로' 그리고 '비인격적-심리적인 것에서 주관적인 것으로'라는 2단계 진행으로 제시한 Klein(1958/1975)에 대해 Ogden이 재해석하고 정교화한 것에 기초한 것이다. 어떻게 경험에 의미가 부여되는지를 설명하기 위해 Klein은 두 가지 심리적 자리(편집-분열적 자리와 우울적 자리)를 제안했는데, 각각의 자리는 특정 불안의 특성, 대상 관련성의 형태 및 방어와 관련이 있다(Ogden, 1989).

편집-분열적 자리 및 우울적 자리와 마찬가지로 자폐 접촉적 자

---

[1] 자기의 기원이 신체에 있다고 처음으로 쓴 사람은 Freud(1923/1961)였다. "자아는 무엇보다도 신체 자아이다"(p. 26). 나중에 그는 "자아는 궁극적으로 신체 감각, 주로 신체 표면에서 솟아나는 감각에서 파생된다."라고 썼다(p. 26, 1927년에 추가된 각주).

리는 순수한 실체로 발생하지 않는다는 점을 염두에 두는 것이 필요하다. 자리는 형태나 색깔과 같이 경험의 질에 더 가깝다. 색깔이 형태와 별개로 존재하는 것처럼 자리는 순수한 형태로 발생하지 않는다. 오히려 경험은 전체로서 존재한다. 우리는 모든 것을 한꺼번에 말할 수 없으므로 경험의 단일한 특성이나 차원에 관해 이야기한다. 각각의 자리는 응집력을 가지지만, 모든 경험의 전체를 구성하지는 않는다.

섭식장애 환자는 우울적 자리가 제시한 것처럼 경험을 조직화하기 위해 언어적 상징을 분명히 사용하고, 편집-분열적 자리가 제시한 것처럼 투사, 내사, 분열, 투사적 동일화 및 상징적 동등시를 확실히 다루고 있다. [이 자리는 사람들이 '자신의 경험에 의해 살아 있다'고 느끼고, 사고와 감정이 생각되거나 느껴지지 않고 '그냥 일어난다'고 느끼는 존재 상태를 생성하는 심리적 조직화이다. 개인은 (주체로) 반응하기보다는 자동적으로 반응한다.] 그러나 나는 자폐 접촉적 자리 또한 섭식장애 환자가 경험에 의미를 부여하는 방식을 설명하는 데 중요하다고 생각한다.

편집-분열적 자리가 우세한 시기 이전에는 경험에 의미를 부여하는 것과 관련이 있는 보다 원초적인 시기(Ogden의 자폐 접촉적 자리)가 있다. 이 시기에는 감각적 인상과 표면의 경험 사이에 전상징적(presymbolic) 연결을 형성함으로써 날것의 감각 자료가 정렬된다. Ogden(1989)은 "자기 경험의 기원은 바로 이 표면에 있다."(p. 49)라고 제안했다. 이 경험은 유아가 대상을 내면화하기 전에 발생한다. 이러한 경험 양태에서 존재 연속성에 대한 유아의 감각은 감각 경험,

특히 피부 표면 감각과 리듬을 중심으로 조직화된다. 이러한 감각 경험은 최초의 가장 근본적인 대상관계를 형성하며, 이는 어머니가 안아 주고, 수유하고, 흔들어 주며, 말을 걸어 주는 유아의 경험과 관련되어 있다.

이 자폐 접촉적 양태에서 대상은 대상으로 경험되지 않는다. 대신에 그들은 자폐 감각적 형태(autosensuous shapes; Tustin, 1984)와 자폐 감각적 대상(Tustin, 1980)의 관계 형태로 지각된다. 자폐적 형태는 피부 표면에 감각적 인상을 남기는 부드러운 표면과 피부가 접촉할 때 발생하는 "'느껴진' 형태"이다(Tustin, 1984, p. 280). Tustin(1984)은 우리가 앉아 있는 의자를 엉덩이와 등에 미치는 감각으로만 정신적으로 축소함으로써 자폐적 형태의 경험을 창조할 수 있다고 제안했다. 따라서 의자가 만들어 내는 감각이나 감각적 인상 외에는 대상으로서의 의자에 대한 감각이 없다. Ogden(1989)은 자폐적 형태는 피부, 타액, 대변, 소변과 같은 유아 자신의 신체의 부드러운 부분과 마찬가지로 어머니 몸의 부드러운 부분을 포함하는 부드러운 대상에 대한 경험이 지배적이라고 제안했다. 또한 자폐 접촉적 경험 양태에서는 '진정시키기' 및 '차분하게 하기'와 같은 단어들이 이 양태의 형태 경험에 연결된다고 제안했다.

Tustin(1980)은 또한 자폐 감각 형태와 대비되는 자폐 감각 대상을 정의했다. 자폐 감각 대상의 특성은 대상이 피부 표면에 닿았을 때 만들어진 '단단함'의 경험이다. Tustin은 이 감각이 접촉된 장소에 국한되지 않는다고 제안했다. 오히려 유아는 이것을 멸절로부터 신체를 살아 있게 하고 보호하는 데 필요한, 신체의 모든 부드러운 부분을 지켜 주는 갑옷으로 경험한다. 이 '유사 보호'는 인간과의 연결을 대체하고 피부가 단단한 표면과 접촉할 때 생겨나며, 이로 인해 타인의 돌봄이 안으로 들어올 수 없고 타인을 향한 자신의 욕구도 밖으로 나갈 수 없는 내부의 밀폐된 공간이 형성된다.

Ogden(1986)은 유아가 자폐 감각 대상을, 노출되고 취약할 수밖에 없는 자기의 표면을 정의하고 묘사하고 보호하는 '가장자리(edgedness)'라는 안전 생성 감각 인상(safety-generating sensory impression)으로 경험한다고 제안했다.

이 논의에서 특히 중요한 점은 자폐적 형태와 자폐적 대상과의 관계가 인간과의 관계에서 오는 예측 불가능성에서 벗어나 있고 이것들이 필요할 때마다 정확하게 같은 방식으로 복제될 수 있다는 점에서 '완벽하다'는 것이다. 그것들은 평생 똑같이 유지된다.

Ogden(1989)은 사람이 썩고 있다는 무서운 감정, 괄약근과 기타 신체 내용물을 담는 수단이 제대로 작동하지 않아 침 · 눈물 · 소변 · 대변 · 혈액 · 월경액 등이 새는 느낌, 사람이 떨어지는 것에 대한 두려움, 예를 들어 끝도 없고 형태도 없는 공간으로 떨어질 것이라는 두려움 때문에 잠드는 것과 연결된 불안을 포함하는 자폐 접촉적 불안의 특징적인 징후를 설명한다(p. 68).

감각 경계의 상실과 피부의 구멍을 통한 제어할 수 없는 누출에 대한 방어는, 내적인 담는 대상이 확립되지 않은 상태에서 성격을 함께 안아 주기 위한 대안, 곧 Bick(1968, 1986)이 "…… '제2의 피부'의 형성"(1968, p. 485)이라고 부르는 형태를 취할 수 있다.

Bick(1968, 1986)에 따르면, 유아의 존재를 특징짓는 가장 근본적인 두려움은 자기 멸절(self-annihilation)에 대한 두려움이다. Meltzer(1975)는 '점착적 동일화(adhesive identification)'라는 개념을 도입하여 비통합의 불안으로부터 자신을 보호하기 위해 대상에 표면적으로 들러붙는 방어적 방식과, 동일화를 대신하여 모방과 흉내를 사용하는 현상을 설명했다. 대상에 대한 의존은 유사 독립(pseudoindependence)으로 대체된다. '제2의 피부'의 형성은 자기감을 제공하려는, 곧 자기감이 존재하지 않는 자기의 통합되지 않은 부분들을 함께 안으려는 개인의 시도이다. 나중에 성인이 되었을 때, 개인은 특히 일상적인 관계의 변화(예: 회기와 회기 사이, 주말 또는 치료 회기가 멈추었을 때)를 둘러싼 의존과 분리의 문제로 정신분석의 전이 안에 이 두려움을 드러낸다.

유아는 '자폐적 형태'에 집착하여 전체성을 성취하기 위해 무의식적인 환상 탐구를 하며 문자적으로 그리고 비유적으로 그들의 감각적 자기의 누출을 강박적으로 복구한다. 섭식장애 환자들의 경우, 그들의 삶이 이 불가능한 탐구의 성취에 달려 있다는 감각이 있으며, 이것이 그들의 경험을 강박적이고 반복적인 성격으로 이끈다. 나는 폭식과 구토의 의식적인 행위가 지닌 강박적이고 주기적인 특성이 이들을 하나로 결합하여 유지하게 하는 일종의 외부 '접착제' 역할을 한다고 믿는다.

Fairbairn

Ogden(1989)과 Tustin(1980, 1984)의 감각 기반 모델은 Fairbairn

(1944/1952)의 내적 대상관계 이론을 보완하고 보충한다. Fairbairn의 이론은 대상 표상 및 내적 세계와 관련이 있는 것으로, 분열성 성격의 가장 원초적인 측면을 설명하기 위해서는 Ogden과 Tustin의 감각 이론이 필요하다. 마찬가지로 Ogden과 Tustin의 감각 이론은 Fairbairn의 대상관계 이론의 일부이며 그 이론을 완전하게 만들기 위해 반드시 포함되어야 할 요소이다. 감각 지배적인 자폐적 형태와 대상은 Ogden(1989)에 의해 Fairbairn의 내적 대상관계 이론의 '가장 초기 단계(soft underbelly)' 또는 전조로 인식되었다.

> 분열성 상태는 야누스의 얼굴을 가진 것으로 생각될 수 있다. 즉, 한 얼굴은 환자의 전능성의 환상/망상이 미치지 않는 곳에 있는 외부 대상 세계를 향한 두려움과 갈망으로 향하고 있고, 또 다른 얼굴은 Klein과 Fairbairn이 구상한 내적 대상 세계와 연결된 것보다 더 원초적인 감각 지배적인 상태로 향한다. 바로 이 후자의 '얼굴'이 분열성 경험의 불분명한 초기 단계이며, 이곳에서는 환상이 상징 이전의 감각 지배적인 경험으로 대체된다(Ogden, 1989, p. 87).

Fairbairn의 대상관계 이론, 특히 나쁜 대상을 받아들여 통제하고 좋게 만드는 개념은 섭식장애의 중독성을 설명하는 데 도움이 된다. Fairbairn(1944/1952)은 유아가 이론적으로 전체 대상과 관련하여 가설적으로 전체 자아(즉, 자기)를 가지고 태어난다고 제안했다. 출생 직후, 유아는 외부 현실로서의 어머니와 마주하게 되며, 어머니가 쾌적하고 바람직한 자궁 내 상태를 재현해 줄 수 없다는 현실을 접하게 된다. 이러한 상황은 자아를 좋은 구성요소와 나쁜 구성요소의 분열로 이끌어 간다. 그때부터 유아는 필연적으로 만족을 주는 대상과 만족을 주지 못하는 대상 모두와 관계를 맺어야 한다. Fairbairn에 따르면, 좋은 대상을 내면화할 이유가 없다. 오히려 어머니가 만족을 주지 못했다고 아기가 느낄 때만 어머니라는 나쁜 대상을 내면화할 필요가 있다.

나쁜 대상을 내면화하는 목적은 유아가 그것을 통제하여 좋은 대상으로 변화시킬 수 있도록 하기 위해서이다. 따라서 나쁜 대상은 외부 현실로부터 내면화되고, 나쁜 대상과의 관계는 분노로 억압된다. 자기의 이러한 부분들과 대상 사이의 유대는 사랑과 의존뿐 아니라 분노와 증오로도 결합된 애증의 유대이다.

Fairbairn은 인간이 가장 근본적으로 대상과 관련되어 있으며, 다른 인간을 향한 욕구는 물, 음식 또는 성에 대한 욕구보다 더 깊이 느껴진다고 가정했다. 그러므로 그 사람이 좋은 사람이든 나쁜 사람이든 어떤 사람도 버림받지 않을 것이다. 어머니가 나쁜 존재로 경험되면, 유아는 어머니를 붙잡고 끊임없이 어머니와 다시 작업하려고 시도하며, 어머니를 좋게 만들려는 헛된 시도로 어머니를 받아들이고 버린다. 나쁜 대상일지라도 대상이 부재하는 것보다 낫기 때문에 개인은 증오하거나 거절하는 대상과 지속해서 관계를 맺는다. 중독을 부추기는 나쁘고 증오하는 어머니에 대한 애착이 있다. 통제 불능의 폭식증 환자는, 만족할 줄 모르는 식욕을 가지고 있다고 상상되는 내면의 증오하는 자기를 악의적으로 먹이고 있다. 그것은 어머니가 그들을 먹이는 것과 동일시되는 그들 자신이 자신을 증오하는 버전이다. 음식은 스스로 자초한 '구강 강간'이 된다. 강간이 섹스에 관한 것이 아니라 증오의 성적 형태 또는 매체인 것과 마찬가지로 어떤 경우에는 '먹는' 폭식은 음식이나 배고픔보다는 공격성과 더 관련이 있다.

섭식장애의 경우, 나쁜 대상과의 관계는 사랑을 얻으려는 중독적이고 끈질긴 시도로 변하게 되며, 그 사랑은 결코 충족될 수 없음이 분명하다. 증상은 개인이 나쁜 대상을 받아들여 통제한 다음 폭식과 구토의 행위를 통해 그것을 제거하려는 반복적인 시도로 나타난다.

섭식장애의 중독성은 개인의 삶이 무의식적으로 상상하는 특정 행위나 탐구를 완료하는 데 달려 있다는 환상과 관련이 있다. 이러한 무의식적인 환상 탐구는 다양한 형태의 표면적 행동으로 나타날 수 있다. 예를 들어, 한 사람이 어머니의 사랑을 얻기 위하여 약물에 취한 정신 상태를 반복적으로 유도하거나, 얼마의 돈을 벌려고 하거나, 몇 권의 책을 쓰려고 하거나, 그 밖에 고도의 추진력으로 성취를 이루려고 강박적으로 시도하는 경우 등이 있다. 중독된 활동은 현실과 그 개인의 대상관계에서 강박적으로 반복된다.

나는 섭식장애 환자의 무의식적 환상 탐색은, Fairbairn의 용어로 말하면 내적인 나쁜 대상 어머니를 좋은 대상으로 변형시키려는 것이라고 생각한다. 그 사람의 삶이 완성되는 데 필요한 이 무의식적 탐구는 정의상 달성될 수 없다. 왜냐하면 사람은 과거를 바꿀 수 없기 때문이다. 어머니는 우리가 원하는 방식으로 더 사랑스러워질 수 없다. 그러나 우리가 할 수 있는 일은 어머니가 누구인지, 그리고 어머니에게서 받아들일 수 없는 것이 무엇인지 파악하는 것이다. 그렇다고 해도 어머니를 되돌리거나 없었던 것으로 할 수 없다. 과거는 바뀌지 않을 것이다. 그러한 탐구는 절대로 완성되지 않을 것이지만, 개인이 탐구 자체와 맺는 관계는 바꿀 수 있다.

이러한 이론적 배경을 바탕으로, 이제 나는 대상관계 이론에서 얻은 이 관념들로 섭식장애 환자에 대한 이해를 확장할 수 있는 몇 가지 방식을 임상적으로 설명하겠다. 이 사례에서, 나는 전이/역전이 문제와 관련된 환자의 자폐 접촉적 경험을 다룬다. 또한 이 사례는 Fairbairn의 대상관계 이론이 환자의 중독 행동을 이해하는 데 어떻게 도움이 되는지를 보여 주며, 환자가 자폐 접촉적 자리에서 편집-분열적 자리의 문턱으로 어떻게 이동하는지를 설명해 준다.

임상적 사례

나와 오랫동안 분석 작업을 했던 34세 미혼 남성 K는 평생을 폭식과 구토 속에(때로는 하루에 40번까지) 살아왔기 때문에 나를 찾아왔다. 데이터 전문가로 일했던 K는 수학의 전문 언어에 익숙했지만, 출근하는 길에 줄지어 있는 식당에 들러 엄청난 양의 음식으로 폭식하는 일이 잦았기 때문에 매일 직장에서 보내는 시간은 겨우 몇 시간에 불과했다. K는 밤마다 잠이 들까 봐 폭식과 구토를 하며 깨어 있었고, 때로는 몇 시간밖에는 잠을 자지 못하기도 했다. 나를 만나러 왔을 때 그는 잇몸질환을 앓고 있었는데, 구토를 반복하면서 역류한 위산으로 인해 치아의 75%가 망가져 있었다.

첫 만남에서, 그는 주기적으로 바지 옆 주머니에 불룩 튀어나온 부분에 손을 대었다. 회기가 끝나 갈 무렵, 그는 수백 장의 명함 뭉치를 꺼내면서 내 명함을 요구했다. 더럽고 너덜너덜해진 명함들은 K의 자폐 대상들로 기능했다. 그는 이 명함들을 계속해서 피부에 닿도록 유지했다. 명함의 모서리와 균일한 형태는 항상 사용 가능했고, 찢어진 명함이 생기면 언제나 대체 가능한 다른 명함이 있었다.

K는 자신이 따뜻함과 살아 있음을 느낄 수 있는 유일한 시간은 먹을 때뿐이라고 말했다. 그가 먹을 때면 신체 화학 반응이 변하고 혈액이 피부로 흘러 들어가 체온이 상승하는 것을 느낄 수 있었다. 그는 죽음의 문턱에서 비틀거리면서도, 자신의 만성적인 저칼륨 수치를 예측하는 일을 일종의 놀이처럼 삼았다. 먹지 않을 때는 일부러 몸을 차갑게 유지했다.

K는 외동아들이었다. 그의 아버지는 두루 여행하였고 오랫동안 집을 떠나 있었다. 아버지가 집에 있을 때는 그를 언어적 · 신체적으로 학대하여, K가 어머니 곁을 떠나지 못하게 만들었다. 우울하고 고립된 여성이었던 어머니는 아들에게 그의 아버지는 '좋지 않은(no-good)' 거짓말쟁이라고 말했다. K는 '항상 나를 괴롭히는' 어머니로 경험했지만, 언제나 어머니 곁에 있어야 한다고 느꼈다.

K가 여섯 살이었을 때, 아버지는 2년 동안 집에서 투병하다가 대장암으로 사망했다. 투병 기간 중 K의 어머니는 그에게 아버지 방에 들어가지 말라고 당부했다. 그러던 어느 날 그는 아버지를 보려고 몰래 방에 들어갔다가, 아버지가 거의 아무것도 남지 않을 정도로 쇠약해진 모습을 보고 충격과 혐오감을 느꼈다.

K는 성장하면서 죽음에 가까운 허약한 상태에서 차갑고 무감각하고 마른 상태를 유지함으로써 아버지의 수척하고 죽은 상태를 모방했다. 그는 임사 상태의 신체 감각을 편안하게 느꼈다. 인간으로서 살아 있음을 느끼는 것만으로는 충분하지 않았다. 그는 살아 있음을 느끼기 위해 임사 의례 속에서 피부 감각을 높여야 할 필요가 있었다. K는 어머니로부터 분리되는 데 어려움이 있었고, 캘리포니아로 이사한 후에도 여전히 거의 매일 뉴욕에 거주하는 어머니에게 전화를 걸었다.

K의 사례는 섭식장애의 감각적 측면의 중요성, 내적 자기감의 결핍, 자폐 대상에 대한 의존을 보여 준다. 이는 또한 우리의 생존과 기초적인 경험이 섭식장애의 이면에 있는 무의식적인 환상 탐구를 완수하는 데 달려 있다는 느낌을 보여 준다. 즉, 나쁜 것을 좋은 것으로 변화시켜 사랑을 얻기 위해, '나쁜 대상'과 중독적인 방식으로 관계를 맺는 것이다. K는 섭식장애 환자들이 나타내는 감각 대상에 대한 애착을 나타내는 것으로 보인다. 그는 폭식과 구토를 할 때만 살아 있다고 느낀다고 말했다. 때때로 그는 "제가 사라져서 우주로 떠내려갈지도 몰라요."라며 두려워했다. 또한 그는 자신의 위에 구멍을 썩게 만드는 궤양이 있으며, 배에 무언가를 넣어 두면 내장이 새어 나올 것이라고 두려워했다.

K는 자신을 위로하고 불안감을 줄이는 감각을 제공하기 위해 폭식과 구토를 사용했다. 그의 폭식과 구토의 일상은 완전히 예측 가능한 일련의 단계들을 따랐으며, 그는 그것에 자폐적인 방식으로 연결되어 있었다. 흔들기의 리듬감이 예측 가능하고 편안한 느낌인 것

과 같이, 그의 폭식과 구토 의식도 마찬가지였다.

K는 폭식할 때 따뜻한 피가 흐르는 피부의 감각에 집중했다. 그의 피부 표면의 이러한 감각과 예측 가능한 흐름은 그가 폭식과 구토를 할 때 필수 요소였다. 그는 위가 꽉 찬 느낌을 두려워했다. 자신이 터질 것 같아 공포에 떨었다. 그는 상징적 환상의 세계보다는 외부 감각의 자폐 접촉적 세계 속에 주로 존재했다.

K는 폭식하는 동안 자신이 읽고 있는 내용을 거의 이해하지 못했음에도 불구하고, 읽기 자료에 시선을 집중하면서 책을 읽었다. 그는 폭식하는 동안 내용과 관계없이 '손에 쥘 수 있는 모든 것'을 읽었다고 말했다. 독서는 지적 활동이 아닌 감각 활동이었다. 그는 이야기의 전개나 인물의 전개를 따르지 않고 독서라는 감각적 행위에 완전히 몰입했다. 이는 마치 아이가 잠들기 전 이야기를 들을 때 이야기 자체보다 부모의 목소리에 더 몰입하고 이야기를 반복하여 듣는 것을 좋아하는 것과 같았다.

처음부터 K는 나와의 치료를 자폐 대상으로 관계하려 했다. 첫 만남에서 그는 늦었고, 전화 부스에서 나에게 전화를 걸어 나머지 치료 회기를 전화로 진행하고 싶다고 말했다. 치료 초기에는 대면 상담을 전화 상담으로 대신하려 했던 때도 있었다. 그는 원할 때 언제든지 나에게 전화할 수 있게 해 달라고 간청하며 징징거렸다.

나와 거리를 두고 오직 전화로만 연결함으로써 그는 자신의 환상 세계의 일부로, 음식과 마찬가지로 마음대로 붙이고 떼어 내고 싶은 그의 소망의 연장으로 나와 관계할 수 있었다. 그는 나를 외부 대상으로 직접 관계하는 대신, 전화를 사용하여 나를 그의 창조물 앞에서 자폐 형태로 전락시켰다.

처음에 나는 이 행동을 나에 대한 전능한 통제와 그에 의해 더 많이 통제될 수 있는 내사적 과정을 포함하는 부분 대상관계를 나타내는 것으로 해석했다. 이 해석은 경험의 한 측면을 설명하기도 하지만 또한 그가 나를 내 목소리와 그의 귀에 닿는 수화기의 느낌이라는 감각적 경험으로 축소했다는 점에서도 이해할 수 있었다. 전화부스의 외피/표피를 통해 또 다른 안전 층이 제공되었다. 이 해석이 더 정확해 보였는데, 왜냐하면 나중에 치료 중에 그는 내 목소리가 그에게 위안이 되었고, 내 말을 계속 들을 수 있도록 회기를 연장하고 싶다고 말했기 때문이다. 내 목소리를 듣고 그가 진정된 것은 이에 대한 자폐적 애착이 있음을 보여 주는 것 같았다.

치료 초기에 그가 (나에게 소리를 지르며) 자주 한 말은 "저는 아무 생각도 없고, 더 이상의 생각도 없어요! 이제 다 써 버려서(사정을 해서) 더 이상 남겨진 것이 없어요. 선생님은 왜 나에게 반응을 안 해 주세요?" K는 내적 대상을 담을 수 있는 내부 환경이 없었기 때문에 내적 대상을 안아 주거나 지탱해 줄 수 없었다. 오히려 그의 내부 환경은 마치 어머니가 안고 있는 동안에만 잠을 잘 수 있는 어린아이처럼 지속해서 재생되어야 했다. 아기는 자신을 안고 잠을 잘 수 있는 안아 주는 상태를 내면화할 수 없어서 끊임없이 깨어난다.

K의 자폐적 경험 양식은 잠이 드는 데 어려움을 겪는 것에서도 입증되었다. 여러 회기에서 그는 TV를 크게 틀어 놓은 채, 밤을 새워 가며 폭식하고 구토하는 자신의 일상을 설명했다. 이런 행위로 인해 그는 새벽 무렵에 이르러서야 비로소 한두 시간 동안 지쳐 잠들 수

있었다. 그때 나는 그에게 말했다. "제 생각에 당신은 잠드는 것을 두려워하는 것 같아요. 잠들면 무(無)로 녹아 버릴까 봐 두렵기 때문이죠." 다음 날 회기에 왔을 때 그는 거의 한 시간 내내 잠을 잤다. 잠에서 깨어나면서, 그는 느낌을 기억할 수 없을 정도로 휴식을 취한 것 같다고 말했다. 그것은 마치 그가 나와 치료 환경을 자신이 우주로 새어 나가는 것을 막아 주는 위안이 되고 보호적이며 감싸 주는 피부처럼 사용한 것 같았다.

K가 나와 관계를 맺는 또 다른 측면은 Meltzer(1975)의 '점착적 동일화' 개념으로 가장 잘 설명될 수 있다. 이 관계는 K가 회기가 끝날 때 추가 시간을 요청하고 방금 완료한 시간에 한 시간 더 '연장할 수' 없는지 궁금해하기 시작했을 때 특히 분명하게 드러났다. 나는 생존을 위해 기생적으로 나에게 달라붙어 있는 그와 함께 마치 우주를 목적 없이 떠다니는 듯한 극심한 압박감을 느꼈다. 회기가 끝날 때까지 그가 나와 함께 있고 싶어 하는 욕구로 인해 그가 나에게 달라붙어 있다는 느낌이 들었고, 껍질이나 젖은 잠수복을 벗기듯이 손가락으로 그를 벗겨 내야 한다는 느낌이 들었다.

치료가 수년에 걸쳐 진행됨에 따라 K는 감각 기반 경험의 자폐 접촉적 양식과 내면화되고 박해적인 대상의 편집-분열적 세계 사이를 왔다 갔다 하는 것처럼 보였다. 이러한 파동은 치료 중 휴가로 떨어져 있어야 하는 것에 대한 그의 반응에서 설명되었다. K는 자신이 '해체될 것, 즉 바로 사라질 것'이라는 두려움을 느꼈고, 피부 표면에서 느낀 깨어져 나감을 회복하기 위해 필사적으로 노력했다. 휴가에 앞서 그는 다음 회기 전후에 '몇 분 더'를 요청하는 전화 메시지를 남겼다. 회기 중에 그는 내가 휴가로 부재한 동안 병원에 가고 싶다고 말했다. 그는 자신이 살아남을 거라고 믿지 못했다. 그는 내가 없는 동안 병원이 편안함을 찾을 수 있는 안전한 장소, 즉 치료 시작 시 전화 부스에 대한 필요성을 느꼈던 것과 크게 다르지 않은 제2의 피부가 될 것으로 생각하면서, 나와의 치료를 병원 입원으로 대체하기를 원했다.[2]

나와 분리되는 것에 대해 위협을 느낀 K는 〈힐 스트리트 블루스(Hill Street Blues)〉라는 심야 TV 쇼를 끝없이 시청하는 중독에 빠졌다. 그는 줄거리와 대사를 기억할 때까지 반복되는 재방송을 시청했다. 다른 쇼가 이 프로그램을 대체했을 때, 그는 자신의 프로그램을 놓친 것에 너무 화가 나서 방송국에 전화를 걸어 제작자의 집 전화번호를 알아낸 다음, 자정에 그에게 전화를 걸어 놓친 프로그램에 대해 고함을 지르며 광분했다. 그는 마치 그의 생명 유지 시스템이 꺼진 것처럼 행동하는 것 같았다.

K는 프로그램에 대해 너무 잘 알고 있었기 때문에 등장인물들을 자신이 완전히 통제할 수 있고, 신뢰할 수 있으며, 예측할 수 있는 자폐적 형태로 연결했다. 그는 등장인물들로부터 위안과 안정감을 느꼈고 그들의 상실을 파국적인 것으로 경험했다. 나는 그에게 다음과 같이 말했다. "제가 없는 동안 치료를 중단하는 것은 매우 속상한 일

---

[2] K가 평생에 걸쳐 20번이나 병원에 입원했었다는 점을 주목할 가치가 있다. 병원에 도착하자마자 그는 즉시 증상이 사라졌고 모범 환자가 되었으며, 그곳에서 받은 진료의 예측 가능한 상태를 즐겼다. 병원은 보호의 우산, 즉 '제2의 피부'가 되었다.

이며 누군가에게 의지할 때 겪는 어려움에 대해 많은 감정이 올라온다는 것도 이해합니다. 그것은 심야 TV 프로그램에 의지하는 것과는 다르죠. 인간의 문제는 무슨 일이 일어날지 예측할 수 없죠. 제가 매일 밤 당신이 켜서 볼 수 있는 TV 쇼라면 놀라울 정도로 위안이 될 것이고, 그러면 당신은 저에게 의지할 수 있을 것이며, 제가 떠나는 것에 대해 당신이 느끼는 이 모든 허접한 문제에 연루될 필요가 없을 것입니다."

K가 안정감을 느낀 것은 쇼의 내용이 아니라 오히려 그것의 예측 가능성과 자신이 그것에 끈질기게 집착할 수 있는 방식이었다. 이 감각이 바로 프로그램이 바뀌었을 때 그를 그렇게 화나게 만들었던 원인이었다. 쇼의 상실은 대상의 상실이 아니라 그에게 구멍이 뚫린 것 같은 느낌이었다. 쇼가 사라졌을 때 느꼈던 분리불안은 박해적인 형태로 경험되었고, 제작자가 프로그램을 중단시키는 이미지는 그를 무섭게 만들었다.

그의 경험의 편집-분열적 차원은 그것을 콘크리트화하는 데 도움이 되었고, 그의 누출과 무(無)로 용해되는 자폐 접촉적 불안에 대한 방어 수단으로 사용되었다. 이러한 이해는 금요일에 나와 만난 회기에서 회기가 끝날 즈음 특히 만족스럽고 살아 있다고 느꼈고, 그 후 집에 가서 토하지 않고 몇 끼의 식사를 했던 에피소드에서 극적으로 설명되었다. 잠시 후 그는 겁에 질렸다. 그는 위급 상황에 처해 있다는 메시지를 나에게 남겼다. 다음 회기에서 그와 이야기를 나누었을 때, 그는 식사를 자제했지만 입에서 휘발유 냄새가 났고 폭발할까 봐 두려웠다고 말했다.

이 에피소드에서 알 수 있듯이, K는 살아 있다고 느끼지 않을 만한 타당한 이유가 있었다. 그가 살아났을 때, 박해를 경험해야 하는 세상에 살아 있었다. 그가 내적 대상을 경험했을 때, 그 대상은 무시무시했다. 이것은 그의 꿈에서도 나타났다. 치료를 시작했을 때, K는 꿈을 1년 동안 한 번도 꾼 적이 없다고 했다. 치료가 진전되면서, 그는 자신의 꿈이 기억나기 시작했지만, 그 꿈에는 그를 박해하는 사람들이 가득했다고 말했다. 예를 들어, 한 꿈에서 그는 십자가에 못 박혔다. 나와 함께 분석 작업을 시작했을 때, 그의 꿈은 아마도 일반적인 시각적 이미지와 상징적 표상의 형태를 취하지 않은 감각 꿈이었을 것이다. 치료가 진행됨에 따라, 그는 편집-분열적 자리에서 더 많이 살아 있음을 경험했다.

논의

K의 사례는 심각한 섭식장애의 자폐 접촉적 측면과 이것이 전이/역전이에 어떻게 영향을 미치는지 보여 준다. 내가 K와 함께 분석 작업을 시작한 직후, 그는 내가 그를 살아 있게 해 주리라고 기대했다는 것이 분명해졌다. 그러나 나는 그를 위해 존재하지 않았고, 그는 나에게 자리를 허락하지 않았다. 그의 전이는 나에게 다양한 내적 대상을 투사하여 내가 비열하거나 질투심 많은 사람으로 느껴지게 만드는 데 중점을 두지 않았다. 그것보다는 마치 내가 존재하지 않는 것처럼 무시당하는 느낌이 더 컸다. 그의 내적 대상 세계에는 우리

가 만난 회기에서 창조된 것 외에 다른 것이 거의 없었다. 그래서 그는 기간을 연장해 주고 원할 때마다 나를 만날 수 있게 해 달라고 요구했다. K의 전이 특성은 "전이의 모체"(Winnicott, 1958/1965a, p. 33; Ogden, 1991 참조)로 이루어졌기 때문에 그와 대화할 때 나는 대상으로서의 어머니 표상이 아니라 "환경으로서의 어머니"(Winnicott, 1963/1965b, p. 182) 표상이었다. 내적 대상이 부재한 상황에서 K는 자신의 내부 환경 경험을 우리가 만든 분석 환경으로 옮겨 왔다.

처음에 K에게 결여된 것은 단지 내적 공간의 감각뿐만이 아니었다. 오히려 표면이 거기에 존재하는 전부였다. 표면은 다른 것에 비해 피상적이지 않았다. 내면은 존재하지 않았다. 유아의 피부 표면과 어머니의 피부 표면이 닿는 것처럼, 문제는 '그것이 안이냐 밖이냐?'가 아니었다. 오히려 그 경험은 둘이 합쳐지는 느낌이었다. K가 반복적으로 보인 폭식과 구토의 행위는 내부 감각이 '제2의 피부'라는 장벽을 넘어오도록 시도하는 피부 표면의 감각을 극대화하려는 노력이었다.

K는 내사를 통해 수용할 수 없었기 때문에 정서를 투사할 수 없었다. 그의 경험은 '그'도 없고 '그 자신'도 없었기 때문에 정서 이전의 경험이었다. 마찬가지로 그의 관계에 대한 개념화도 관계가 외적인 것이라고 여겼다. 그는 다른 사람들이 자신의 외적 자기하고만 관계를 맺는다고 생각했다. 동일화보다는 모방을 사용한 결과, 그는 자신을 온전히 안아 주는 나의 현존 안에 존재하고 싶은 욕구를 느끼게 되었다.

K는 나와 관계를 맺는 데 있어서 투사적 동일화를 사용하지 않았

던 것으로 보였다.[3] 나는 그가 좀 더 원초적인 것을 사용하고 있었다고 생각한다. 그것은 마치 공유정신병적장애(folie a deux)[4]처럼 느껴졌다. 우리는 동일한 망상 경험을, 실제로 경험의 결핍을 공유하는 두 사람이었다. 의미를 창조하기 위한 마음이나 환상이 없었기 때문이다.

K는 치료가 끝나는 시점이나 오랫동안 떨어져 지내는 동안 치료가 중단될 때면 "제 안에 구멍이 뚫리는 것 같았어요."라고 느꼈다. 그는 나와 관계를 맺음으로써 열렸다고 느낀 구멍을 메우려는 방법으로 더 긴 치료 회기를 요구했다. 이런 순간들과 다른 때에도, 나는 극심하고 타는 듯한 피로감, 곧 그와 만나는 동안과 만난 후에야 알게 된 피로감을 느꼈다.

참고문헌

Bick, E. (1968). The experience of the skin in early object-relations. *International Journal of Psychoanalysis, 49*, 484-486.

Bick, E. (1986). Further considerations on the function of the skin in

---

[3] 투사적 동일화는 편집-분열적 자리에서 자주 사용되는 방어이지만 우울적 자리 및 자폐 접촉적 자리에서도 발견된다. 자폐 접촉적 성격의 불안에 대한 방어로서의 투사적 동일화는 심지어 상징적 동등시에서조차도 상징적 표상을 거의 갖지 못한 채 내적 경험을 비워내는 것을 포함한다. 그것은 본질적으로 신체적인 것으로 보이며, 따라서 투사자로 하여금 단절되고 공간에 떠 있는 느낌을 들게 한다.

[4] 서로 밀접하게 연관된 두 사람 안에 있는 동일한 혹은 유사한 망상적 관점의 현존을 뜻한다.

early object relations: Findings from infant observation integrated into child and adult analysis. *British Journal of Psychotherapy, 2*, 292-299.

Bruch, H. (1970). Psychotherapy in primary anorexia nervosa. *Journal of Nervous and Mental Disease, 150*, 51-67.

Bruch, H. (1973). *Eating disorders: Obesity, anorexia nervosa, and the person within*. Basic Books.

Bruch, H. (1978). *The golden cage*. Harvard University Press.

Fairbairn, W. R. D. (1952). Endo-psychic structure considered in terms of object-relationships. In *Psychoanalytic studies of the personality*. Routledge & Kegan Paul. (Original work published 1944).

Freud, S. (1953). Three essays on the theory of sexuality. In J. Strachey (Ed. & Trans.), *Standard edition of the complete psychological works of Sigmund Freud* (Vol. 7, pp. 123-245). Hogarth Press. (Original work published 1905).

Freud, S. (1961). The ego and the id. In J. Strachey (Ed. & Trans.), *Standard edition of the complete psychological works of Sigmund Freud* (Vol. 19, pp. 1-66). Hogarth Press. (Original work published 1923).

Freud, S. (1966). Extracts from the Fliess papers. In J. Strachey (Ed. & Trans.), *Standard edition of the complete psychological works of Sigmund Freud* (Vol. 1, pp. 175-280). Hogarth Press. (Original work published 1950).

Klein, M. (1975). On the development of mental functioning. In *Envy and gratitude and other works*: 1946-1963. Free Press. (Original work published 1958).

McDougall, J. (1974). The psycho-soma and the psychoanalytic process. *International Review of Psychoanalysis, 1*, 437-459.

Meltzer, D. (1975). Adhesive identification. *Contemporary Psychoanalysis, 11*, 289–310.

Ogden, T. H. (1986). *The matrix of the mind: Object relations and the psychoanalytic dialogue*. Aronson.

Ogden, T. H. (1989). *The primitive edge of experience.* Aronson.

Ogden, T. H. (1991). Analyzing the matrix of transference. *International Journal of Psychoanalysis, 72*, 593–605.

Schneider, J. A. (1991). Gender identity issues in male bulimia nervosa. In C. L. Johnson (Ed.), *Psychodynamic treatment of anorexia nervosa and bulimia*. Guilford.

Schneider, J. A., O'Leary, A., & Jenkins, S. R. (1995). Gender, sexual orientation, and disordered eating. *Psychology and Health, 10*, 113–128.

Tustin, F. (1980). Autistic objects. *International Review of Psychoanalysis, 7*, 27–39.

Tustin, F. (1984). Autistic shapes. *International Review of Psychoanalysis, 11*, 279–290.

Tustin, F. (1986). *Autistic barriers in neurotic patients*. Yale University Press.

Winnicott, D. W. (1965a). The capacity to be alone. In *The maturational processes and the facilitating environment: Studies in the theory of emotional development*. International Universities Press. (Original work published 1958).

Winnicott, D. W. (1965b). Communicating and not communicating leading to a study of certain opposites. In *The maturational processes and the facilitating environment: Studies in the theory of emotional development*. International Universities Press. (Original work published 1963).

Winnicott, D. W. (1975). Mind and its relation to the psycho-soma. In *Collected papers: Through paediatrics to psychoanalysis*. Basic Books. (Original work published 1949).

제9장

영화 〈데르수 우잘라〉에 사용된 기호와 상징

일본의 유명한 영화감독 Akira Kurosawa가 러시아의 모스필름스튜디오(Mosfilm Studios)와 협력하여 감독한 1975년 영화 〈데르수 우잘라(Dersu Uzala)〉는 시베리아 미지의 지역에서 펼쳐지는 겉보기엔 단순한 휴먼 드라마를 보여 준다. 유목민 사냥꾼과의 경험에 관한 Vladimir Arseniev의 1941년 논픽션을 각색한 〈데르수 우잘라〉는 Kurosawa의 두 번째 유색 영화이자 일본 밖에서 비일본인 배우들과 함께 작업한 첫 번째 영화였다.

영화에서 우리가 듣는 내레이션은 러시아의 지리학자이자 지도제작자인 Vladimir Arseniev 대위의 목소리이다. 그는 험준한 시베리아 오지, 우수리 타이가에서 두 번의 측량 탐험에 대한 회고록을 쓰고 있다. Arseniev는 이 외딴 지역에서 살아온 인물, 데르수 우잘라와 특별한 우정을 쌓아 갔던 시절을 일련의 회상 장면을 통해 들려 준다. 영화는 이러한 우정과 이 우정이 두 사람(교양 있고 교육을 잘 받은 과학자이자 군 장교인 한 남자와 세계에서 가장 가혹한 환경의 하나인 숲에서 혼자 사는 산악인 남자)에게 미치는 영향을 추적한다.

이 두 남자의 이야기와 그들이 형성하는 복잡한 정서적 유대는 그들의 관계 변화를 반영하는 시베리아의 계절 변화와 함께 눈부신 자연의 아름다움을 배경으로 전개된다. 영화는 인간의 손길이 닿지 않은 자연의 색과 질감을 한 장의 아름다운 사진으로 담아낸 파노라마 같은 광경으로 가득하다. 카메라는 넓은 장면에 꾸준히 초점을 맞추어 마치 정지화면처럼 보이도록 하고, 등장인물들의 전체적인 움직임을 포착할 수 있을 만큼만 움직인다. 인물들의 클로즈업이 거의 없으므로, 인간 드라마는 자연계의 영원한 순환에 비해 무의미해 보인다. 실제로 자연은 영화의 등장인물 중 하나이다. 시베리아 풍경의 강력한 아름다움이 그 자체로 모든 것을 말해 준다. 이런 부분은 액션이 종종 폭력으로 끝나는 빠르고 격렬한 편집으로 진행되었던 Kurosawa의 초기 영화들과 대조를 이룬다. 여기에서 Kurosawa는 뛰어난 촬영 기술로 분위기를 조성한다. 영화의 도입부 장면들처럼 카메라는 주황색, 노란색, 빨간색으로 빛나는 화려한 가을 단풍이 있는 시베리아 풍경을 여유롭게 담아내고, 멀리서 새의 날카로운 울음소리가 들린다.

고요한 오프닝 장면은 1910년 시베리아 코르포프스카야의 혼란스러운 장면으로 바뀌고, Arseniev 대위(Yuri Salomin)는 Dersu Uzala(Maxim Munzuk)의 무덤을 찾는다. 이 장면은 숲을 깎아 새로운 정착지가 건설되고 있는 동안 분주하게 돌아가는 작업 현장을 보여 준다. Arseniev는 혼란스럽게 파괴되어 가는 자연과 친구의 안식처 속에서 길을 잃고 낙담한 채 깊은 생각에 잠긴다. 무덤을 찾을 희망이 사라지고, 오직 기억만이 남은 그는 아쉬운 마음으로 친구의 이름 "Dersu"를 불러본다.

1902년의 회상에서 왼쪽 다리를 약간 절뚝거리며 지친 채 걷고 있는 Arseniev 대위는, 약 12명으로 구성된 군사 조사팀을 이끌고 황량한 황야를 통과하고 있다. 밤이 되자 남자들은 곰이 다가오는 듯한 소리에 잠에서 깬다. 군인들이 무장하고 긴장한 잠깐의 순간이 지나고, 작고 쭈글쭈글한 안짱다리의 남자가 침착하게 캠프로 걸어 들어오더니, 마치 오랜 친구인 것처럼 대위에게 인사를 건넨다.

군인들은 Dersu가 곰이 아니라는 것을 알아본다. 그러나 그의 세월의 흔적이 묻은 얼굴, 너덜너덜해진 옷, 거친 태도는 Dersu가 평범한 사람이 아니라는 것을 분명하게 보여 준다. Dersu는 불 근처에 자리를 잡고 파이프에 불을 붙인다. 마치 곰이 담배를 즐기는 것처럼 이상하고 약간은 우스꽝스러운 광경이다.

Dersu는 군인들의 흔적을 발견하고 그들을 따라 캠프로 왔다고 설명한다. 분명히 그는 군인들과 합류하기 전에 한동안 군인들을 지켜보고 있었다. Arseniev가 Dersu에게 음식을 주었을 때, 그는 말없이, 사람이라기보다 동물의 방식에 더 가까운 자기를 의식하지 않는 태도로 허겁지겁 음식을 먹는다.

퉁구스-만주족 만주 지파 출신인 Dersu는 러시아 외딴 지역에 사는 5,000명 남짓 남은 사냥꾼과 어부 중 한 명이다. 그는 집도 없고 가족도 없다. 그의 아내, 아들, 딸은 몇 년 전에 천연두로 사망했다. 그들이 죽은 후 Dersu는 시신이 있는 집을 불태우고 홀로 광야에서의 삶을 시작했다.

군인들이 Dersu에게 나이를 묻자, 그는 곰곰이 생각하더니 자신도 정확히는 모르지만 오래 살았다고 말한다. '인간이 만든' 시간 밖에서 Dersu는 계절, 먹이와 포식자, 가뭄과 홍수의 순환이 지배하는 자연의 시간에 따라 살고 있다.

Arseniev 대위는 Dersu의 힘과 지혜 그리고 숲에 대한 그의 본능적인 지식을 알아보고는 그에게 그들의 가이드가 되어 줄 것을 청한다. 엉뚱하게도 Dersu는 생각해 볼 시간이 필요하다고 말한다. 비록 평생을 다른 사람들과 떨어져 생활하고 문명을 회피해 왔지만, 그는 자신의 인간성까지 벗어날 수는 없었다. 인류에 다시 합류해야 한다는 자신도 이해할 수 없는 어떤 내면의 명령에 이끌려 그는 군인들의 길잡이가 되는 데 동의한다.

처음에 군인들은 발자국과 부러진 나뭇가지로 방향을 잡고 늪지에서 피어오르는 증기로 날씨를 예측하는 Dersu를 비웃고 놀린다. 그러나 그의 예측이 반복적으로 실현되면서 군인들은 자연의 징표를 읽는 그의 능력을 경외심으로 보기 시작한다. 황야에서 임시로 지어진 오두막을 발견한 Dersu는 나무껍질로 지붕을 수리한 다음 대위에게 소금과 성냥을 요청하고는 그것들을 새롭게 수리한 오두막에 남겨 둔다. 다음에 다시 이곳으로 돌아올 것이냐는 질문에 Dersu는 아니라고 대답한다. 소금과 성냥을 남겨 놓는 것은 그곳에 올 다음 사람을 위한 것이라고 대답한다. Dersu와 같은 사람들은 자연의 순환 위에 자신들만의 삶의 주기를 겹쳐 놓는다.

자연의 힘을 충분히 알고 있는 Dersu는 자신이 자연의 하찮은 부분이라는 것을 알고 있다. 그는 모든 것에 영혼을 부여하는 애니미즘의 한 형태를 살아간다. 그는 불, 물, 바람을 '세 명의 용사'로, 태양을 '가장 중요한 사람'으로 지칭한다. Dersu는 그가 신화로(즉, 상징적인 것으로) 보지 않는 신화의 일부이다. 군인들과 합류함으로써 Dersu는 신화에서 끌려 나와 자신이 읽을 수 없는 상징들로 가득한 세계에 홀로 남게 될 위험을 감수하게 된다.

Dersu의 세계는 현실의 본질이 상상력, 꿈, 정신과 얽혀 있는 세계이다. 그는 꿈에서 깨어나지 않는다. 꿈의 삶은 깨어 있는 삶과 계속 이어진다. 한 장면에서 그는 자신이 태우고 있는 나무에 노래를 부르고 제물을 바친다. 그의 외침은 새의 비명으로 돌아온다. Dersu는 나중에 대위에게 전날 밤에 꿈을 꾸었다고 말한다. 그의 꿈에서는 유르트(몽고 유목민의 천막집)가 흔들리며 곧 무너지려 하고 있었다. 그의 아내와 아이들은 유르트에 있었고, 배고프고 추운 상태였다. 그래서 그는 이들에게 음식을 주러 왔다고 했다. Dersu에게 영혼은 죽은 후에도 계속 살아 있다. 영혼에 사실상 죽음은 없다.

또 다른 황야 장면에서 원정대는 오두막 문간에 쪼그리고 앉아 몸을 흔들고 있는 중국인 노인을 만난다. 대위는 그에게 물과 빵을 제공하지만, 혼미한 상태에서 깨어난 노인은 몹시 당황하여 몸을 심하게 떨고, 결국 물을 쏟아 버린다. Dersu는 대위에게 Li Tsung-Ping이 64세이며 그의 형이 그의 여자를 훔친 후 40년 동안 광야에서 혼자 살았다고 말한다. 나중에 대위가 Li Tsung-Ping을 캠프파이어에 초대하려 하자, Dersu는 대위에게 노인을 방해하지 말고 그의 생각 속에 혼자 있도록 내버려 두라고 말한다. 이런 식으로 Dersu는 대위와의 유대가 커짐에 따라 자신이 어떤 위험에 노출되고 있는지를 인식하는 것 같다. 그는 동물과 같은 꿈의 삶에서 깨어나 돌이킬 수 없는 상실의 고통에 대한 인간의 인식(Schneider, 2005a, 2005b, 2007), 즉 자연의 끝없는 순환이 멈춘 절대적인 죽음에 대한 인식에 직면할 위험에 처한다.

영화의 중요한 전환점은, Dersu의 경고에도 불구하고, 대위가 얼어붙은 Khanka 호수로 Dersu와 단둘이 가겠다고 고집하는 순간에 발생한다. Arseniev가 호수의 아름다움에 매료되어 넋을 잃고 탐사를 멈추지 못하는 바람에 그들은 밤이 깊어진 눈보라 속에서 길을 잃는다. 대위는 자연과 하나가 되어 가지만, Dersu는 자연의 일부였던 상태에서 벗어나기 시작한다. 완전히 길을 잃은 그들은 제자리를 맴돌며 터벅터벅 걸어간다. Dersu는 어두워지면 그들이 끝장날 것이라고 경고한다.

매 순간이 중요하다는 것을 알고 있는 Dersu는 주도권을 잡고 대위에게 갈대를 자르고 빠르게 작업하라고 명령한다. 그들은 온 힘을 다해 함께 갈대를 베었다. 그러나 Arseniev는 추위와 피로에 탈진되어 이내 의식을 잃는다. Dersu는 캐노피 받침대로 삼각대를 사용하여 대위와 자신을 보호해 줄 갈대 텐트를 만든다.

아침에 Dersu는 대위를 데리고 대피소 밖으로 나온다. 그는 생명을 구해 준 갈대를 제거하면서 장난스럽게 대위를 곰이라고 부르고 해가 떴다고 말하면서 굴에서 나오라고 말한다. 두 사람은 서로를 곰처럼 꼭 껴안고 눈 덮인 땅 위에서 신나게 뒹굴고 있다. 마치 두 사람은 Dersu의 인간 의식의 여명과 Arseniev가 자기 의식이 없는 자연 세계로 들어서는 경계선을 이루는 바로 그 장소에서 만난 듯하다.

그들은 마치 서로를 탄생시킨 것처럼 보인다. 각각 서로에게 필수적인(그러나 잠재적으로 매우 위험한) 것을 제공한다. Dersu는 대위를 아슬아슬한 죽음의 고비를 포함하는 원초적이고 감각적이며 상징적이지 않은, 황홀한 자연과의 결합의 세계로 인도한다. 정서적으로 절제되어 있던 대위는 새끼 곰처럼 눈 속에서 뛰놀며 즐겁고 꾸밈없는 행복감을 자유롭게 표현한다. 대위는 인간의 의지보다 더 강한 어떤 힘에 이끌려 인간이 아닌 세계로 끌려간 듯하다. 황야는 더 이상 지도로 상징되고 문명에 의해 정복되는 땅이 아니다. 정반대로 대위는 Dersu를 자기 의식적인 인간의 세계, 곧 인간적인 유대의 세계로(인간 특유의 친밀감과 우정의 세계로) 인도한다.

1부의 마지막 장면에서, 남자들이 자신들의 계획을 논의하는 가운데, Dersu와 대위는 헤어져야 한다는 것이 분명해진다. 대위는 Dersu에게 도시로 함께 가자고 요청하지만, Dersu는 거절한다. Dersu가 계속 혼자 살아야 한다는 것을 감지한 대위는 그에게 음식과 돈을 제공하지만, Dersu는 그에게 아무것도(그리고 아무도) 필요하지 않다고 주장한다. 헤어지기 전에, Dersu는 대위에게 탄약통 몇 개를 요청한다. 일종의 양보였다. 대위는 군인들에게 여분의 탄약통을 모두 Dersu에게 주라고 명령한다. 그 역설은 가슴 아프게 다가온다. Dersu는 인간의 상징적 영역에 들어가기를 거부하지만, 완전히 저항할 수는 없다.

장면이 끝날 즈음, 우리는 Dersu와 남자들이 최근 건설된 철로에서 헤어지는 것을 본다. 이제 철로는 Dersu와 Arseniev를 나누는 반짝이는 강철선이 되었다. Dersu는 언덕 꼭대기에 이르러 뒤를 돌아본다. 그와 대위는 멀리서 서로를 바라보며 다정하게 불러 본다. "Dersu"라고 부르자 "대위님"이라고 대답한다.

영화의 2부는 5년 후인 1907년의 봄을 알리며 시작된다. Arseniev는 다시 측량 탐험대를 이끌고 있다. 군인들은 허리까지 차오르는 진흙탕을 헤치며 시베리아의 봄 해빙기가 몰고 온 자연의 힘과 싸우고 있다. 얼음이 부서져 생겨난 거대한 얼음덩어리들이 급류 속에서 서로 부딪히자 강물은 요동치며 갈라져 흐른다.

대위는 분명 Dersu를 만나기를 바라며 숲에서 3개월을 보냈다. 마침내 한 군인이 숲에서 자신의 부대에 관해 물어본 사냥꾼을 만났다고 보고한다. 대위는 "Dersu"라고 부르며 군인이 왔던 방향으로 달려간다. 그리고 얼마 지나지 않아 멀리서 "대위님!" 하고 부르는 소리가 들려온다.

그들이 서로를 향해 달려가지만, 쓰러져 있는 거대한 나무 한 그루가 사이에 놓여 있어 그들을 가로막는다. 그들은 쓰러진 나무의 양옆을 따라 앞뒤로 달리며 헐떡거리며 웃고, 서로의 이름을 부르고, 서로의 눈을 바라보며 접촉하려고 노력한다. 그런 다음 영화의 가장 가슴에 남는 장면 중 하나가 전개된다. 그들은 쓰러진 나무 끝에서 서로를 붙잡고 대위는 Dersu의 머리를 가슴에 껴안는다. 나중에 Dersu와 Arseniev는 모닥불 옆에 앉아 이야기를 나누며 웃고 있고, 아마도 재회한 연인들을 위한 세레나데일지도 모르는 사람들의 노랫소리가 멀리서 들려온다.

그들의 재회는 분명히 오랜 친구들의 단순한 만남 그 이상이다. 두 사람은 우정의 끈을 넘어 각자가 그동안 충분히 경험하거나 표현하지 못했던 자신의 모습을 서로에게서 발견한 듯 보인다. Dersu를 다시 찾은 대위는 다른 곳에서는 찾을 수 없는 활력에 꼭 필요한 무언가를 얻은 듯하다. 마찬가지로 Dersu도 더 이상 광야에서의 고독한 삶에 만족하지 못한다.

결국 Dersu는 노령과 건강 악화로 인해 취약하고 불안정하게 된다. Dersu는 길을 따라 그들에게 접근해 오는 시베리아 호랑이의 흔적을 발견한다. 나중에 그들이 호랑이를 보자 Dersu는 호랑이에게 물러가라고 소리치지만, 호랑이는 그들에게로 다가온다. 그가 경고하기 위해 총을 쏘자 호랑이는 달아난다. 그는 호랑이가 달아나는 순간 충격과 후회에 사로잡혀 총을 떨어뜨리고 Kanga에게 숲의 정령인 신성한 무언가를 해쳤을까 두려워한다. Kanga는 그를 죽이려고 또 다른 호랑이를 보낼 것이다. 탐험대에 합류함으로써 그는 인간의 시간에 들어섰고, 그 종말은 죽음으로 결정될 것이다. Dersu는 이제 동물의 세계에서 약해지고 운이 다한 인간이 되었다.

그날부터 Dersu는 침울하고 신경질적으로 변한다. 수사슴을 발견한 대위는 Dersu에게 쏘라고 재촉하지만, 노인의 눈은 흐려지고 총알은 빗나간다. Dersu가 숲에서 계속 살아가기에는 너무 늙고 약해졌다고 생각한 대위는 그에게 하바롭스크로 가서 함께 살자고 제안한다.

죽음에 대한 Dersu의 두려움은 캠프에서 맞은 새해 전날 밤 최고조에 달한다. 호랑이가 Dersu의 천막 옆을 지나가자, 그는 겁에 질려 그곳으로 불타는 막대기를 던지며 호랑이가 자신을 죽이러 왔다고 소리친다. 그는 Kanga가 호랑이를 보낸 것은 자신이 더 이상 숲에서 살아서는 안 된다는 뜻이라고 믿는다. 그때 Dersu는 자신의 집을 제공한 대위에게 감사를 표하고 하바롭스크로 함께 가기로 동의한다.

Dersu가 인간관계와 상실의 불가피함이 지배하는 세계로 재진입했기 때문에, 한때 숭배의 대상이었던 호랑이는 이제 Dersu의 죽음을 상징하는 불길한 의미를 갖게 된다. Dersu는 자신이 살아온 신화에서 벗어나 좌초된 자신을 발견했다. 대위와 Dersu 사이에 눈에 띄게 배치된 호랑이는 Dersu가 인간의 자기 의식에 눈뜨는 과정에서 겪는 갈등의 화신이다.

하바롭스크에 도착한 Dersu는 우리에 갇힌 동물처럼 불안해 보인다. 그는 집에 갇혀 있다고 느끼고 밖에 텐트를 치고 싶어 한다. 이는 다시 광야의 꿈 상태로 돌아가고 싶은 헛된 소망의 상징이다. 한 번 나가면 다시는 돌아올 수 없을 듯하다. 그는 위엄 있는 인간도, 교활한 동물도 아니다. 마침내 Dersu는 대위에게 자신을 언덕으로 다시 돌아갈 수 있게 해 달라고 간청한다. 그는 도시에서 숨을 쉴 수 없기에 도시에 살 수 없다고 말한다. 어떻게 하면 친구를 기쁘게 할 수 있을지 고민하던 대위는 새 소총을 구해 Dersu에게 건네주며, 시력이 나빠도 조준하기 쉽다고 말한다. Dersu는 소총을 들고 황야로 돌아간다.

끝에서 두 번째 장면에서 Arseniev는 자신의 명함이 죽은 Goldi에게서 발견되었으며, 시신을 확인하기 위해 쿠르콥스크 기차역에 있는 경찰서로 그의 출석이 요청되었다는 전보를 받는다. Arseniev는 철도 선로 옆에 묻혀 있는 Dersu의 시신을 확인하기 위해 기차를 타고 하바롭스크로 이동한다. 담당 장교가 Dersu를 아느냐고 묻자, Arseniev는 둘이서 친구였고, 친구의 이름은 Dersu Uzala였으며 그의 직업은 사냥꾼이었다고 대답한다. 경찰은 Dersu가 소총을 가지고 있지 않은 점이 이상하다고 언급한다. Arseniev는 자신이 그에게 준 최신형 소총이 틀림없이 있었을 거라고 확신한다. 그러나 경찰관은 소총이 발견되지 않았으며 누군가가 Dersu를 그의 새 모델의 소총 때문에 죽였을 것으로 추측한다. Arseniev는 Dersu의 죽음(시간을 초월한 자연의 순환과 완전히 단절된 한 인간이 저지른 살인)이라는 슬픈 아이러니에 고통을 받는다.

영화는 Arseniev가 Dersu를 잃은 것을 애도하면서 끝난다. 무덤에서 우리는 이전에 군인들이 재회한 두 친구에게 세레나데로 불러주었던 것과 동일한 음악을 듣는다. 노래의 가사는 우정의 운명을 반영한다. "나의 회색 날개 독수리여, 어디로 날아갔느냐?" 합창단이 화답한다. "나는 날고 있노라……." "그대, 검푸른 날개의 나의 독수리, 어디로 그렇게 오랫동안 날고 있느냐?" "나는 거기 산 너머로 날고 있었노라! 그곳은 모든 것이 고요한 곳."

우리는 이 영화 전반에 걸쳐 끊임없이 제기되던 질문들과 함께 남겨진다. 사람이 되는 것, 인간이 되는 것, 동물이 되는 것, 자신이 죽는다는 것을 아는 것, 다른 사람을 사랑하고 그들로부터 사랑을 받는 것, 인간이 아닌 동물의 본성을 가진다는 것, 좋은 사람이 되는 것, 그것이 무엇일까?

두 번의 영화 제작에 실패를 경험한 Kurosawa는 1971년 면도칼로 여러 번 자신의 몸을 베어 자살을 시도했다. 그러나 상처가 회복된 후 그는 전혀 다른 모습으로 나타났다. 그는 예전의 은둔적인 모습과는 확연히 달리, 언론과의 인터뷰에 응하고 훨씬 더 상냥하고 사교적인 사람이 되었다. 그로부터 머지않아 일본에서 시선을 끌지 못했던 그는 오랫동안 꿈꾸어 왔던 영화인 〈데르수 우잘라〉를 러시아에서 만들기로 합의한다. 1975년 아카데미 최우수 외국어 영화상을 받은 〈데르수 우잘라〉에 반영된 창의적인 천재성은 Kurosawa의 극적인 인격적 변화의 결과였다. 그는 Dersu와 마찬가지로 인간적인 연고도 없이 마음의 황야를 떠도는 사회적 이방인이 되어 있었다. 그리고 Dersu처럼 그의 "파국적 변화(catastrophic change)"(Bion, 1965)는 모든 복잡성과 아이러니 및 한계를 모두 지닌 인간 삶으로의 두 번째 진입을 이루었다.

참고문헌

Bion, W. R. (1965). Transformations. In *Seven servants*. Aronson.

Schneider, J. A. (2005a). Dreaming the truth of experience: Heaven. *Psychoanalytic Review, 92*, 777-785.

Schneider, J. A. (2005b). Experiences in K and -K. *International Journal of Psychoanalysis, 86*, 825-839.

Schneider, J. A. (2007). Panic as a form of foreclosed experience. *Psychoanalytic Quarterly, 76*, 1293-1316.

제10장

경험의 진실을 꿈꾸기

영화 〈헤븐〉

꿈은 아마도 우리가 자신과 대화하는 가장 진실한 방법일 것이다. 매일 우리는 우리가 진실이라고 믿는 것과 모순되는 충격적인 사건에 직면한다. 정서적 영향을 통해, 이러한 경험은 수면 중에는 사고와 꿈의 형태로, 깨어 있는 동안에는 무의식적 꿈의 형태로 지속된다(Bion, 1962). 이 장에서는 영화를 통해 진실을 꿈꾸는 방식을 고찰하고자 한다.

Bion(1962, 1992)에 따르면, 꿈꾸기는 경험의 요소들을 처리하는 무의식적인 심리적 작업을 포함해야 한다. 우리는 꿈의 외현적 내용이나 합리적 논리의 타당성에 근거하여 꿈을 우리 자신이나 다른 사람과의 의사소통으로 평가하지 않는다. 대신에 우리는 Freud(1900/1953)의 꿈 해석 기준 중 하나인 표상할 수 있음(representationability)에 의존한다. 표상할 수 있음이란 정서적 경험을 전달하는 꿈 이미지의 효율성이다. 꿈은 사실을 정확히 재현할 필요는 없으며, 오히려 무의식적 삶에 진실한(반드시 일상생활에 진실할 필요는 없는) 이미지를 재현하는 힘이 중요하다.

영화 〈헤븐(Heaven)〉(2002)은 꿈의 세계와 영화의 세계를 결합한 작품이다. Krzysztof Kieslowski가 각본을 맡고 Tom Tykwer가 감독한 〈헤븐〉은 시청자인 우리를 으스스하고 불안한 이미지와 사운드의 세계로 끌어들이는 것으로 시작한다. 이 경험은 현실에 매이지도 뿌리내리지도 못한 채, 현실도 완전히 상상도 아닌 어떤 지형 위를 떠다니는 듯한 상태이다. 우리는 첫 장면에서 무슨 일이 일어나고 있는지 이해하려 애쓰지만, 색상, 형태, 소리는 조직적인 서사 바깥에서 그 자체로 독립적으로 존재한다. 우리는 녹색 필름 스크린이 아래 지형에 대해 비스듬히 펼쳐져 있는 모습을 본다. 우리는 긴장감 넘치는 음악에 의해 강조되는 신중하지만 조심스러운 어조로 말하는 사람들의 낮은 목소리와 함께 지속적이고 단조롭게 윙윙거리는 소리인 배경 소음을 듣는다.

이해하려는 노력의 하나로 우리는 이것이 악몽인지, 비디오 아케이드 게임인지, 아니면 야간 투시경을 통해 본 베트남 전쟁에 대한 퇴역 군인의 회상일지 생각한다(항상 불확실하다). 갑자기 장면이 바뀌어 우리는 헬리콥터 조종사를 훈련시키기 위해 사용되는 비행 시뮬레이터를 보고 있다는 것을 깨닫게 된다. 우리는 그 장면이 실제로 가상 현실, 즉 기계적으로 증강된 비행의 꿈이라는 사실에 놀란다.

영화의 이 시점에서 우리는 헬리콥터 조종석을 직접 들여다볼 수는 없고, 조종사의 고글 렌즈에 비친 장면이 헬리콥터 앞 유리창에 반사된 모습만을 볼 수 있다. (우리는 지금 일어나고 있는 일로부터 적어도 세 번이나 벗어나 있으며 영화 내내 그렇게 될 것이다.) 이탈리아 조종사 Filippo(Giovanni Ribisi)는 투린시에서 경찰관이 되기 위한 훈련을 받고 있다. Filippo는 계속해서 더 높이 날 수는 없다고 말하는 교관으로부터 헬리콥터 높이에 주의하라는 지시를 받는다. 그때 Filippo는 그가 얼마나 높이 날 수 있는지 묻는다.

두 번째 도입 장면은 누군가가 폭탄을 조립하고 있는 투린시의 한 아파트 내부이다. 이 장면은 악몽처럼 느껴진다. 카메라가 너무 가까운 거리에 있어서, 남자인지 여자인지 즉시 알아볼 수는 없지만 우리는 그가 테러리스트일 것이라고 가정한다. 다음으로, 영국인처럼 생긴 여성 Philippa Paccard(Cate Blanchett)가 고층 사무실 건물로 폭탄을 가져가 비서를 지나 임원인 Vendicci의 사무실로 들어간다. Philippa는 Vendicci의 쓰레기통에 폭탄을 넣고 빠져나가 건물 밖에 멈춰 서서는 두 통의 전화를 건다. 첫 번째는 비서를 사무실 밖으로 유도하여 목숨을 구하려는 계략으로, 그녀의 차 경보음이 울린다고 거짓으로 알리며 내려올 수 있겠냐고 묻는 전화이다. 두 번째는 투린시 경찰서에 전화하여 Vendicci의 파괴적인 부패에 관한 이전의 전화와 편지를 경찰이 무시했기 때문에 그녀가 문제를 직접 해결하였고 그의 사무실에 폭탄을 설치했다고 통보하는 것이었다. 그녀는 자신의 범죄를 자백한 후 경찰에 자신의 이름을 알려 주고 이를 명확하게 발음하기 위해 최선을 다하고 있다. 그때 우리는 Philippa는 테러리스트가 아니라는 것을 알게 된다.

우리가 Philippa가 전화하고 있는 것을 보는 동안, 동시에 아버지와 어린 두 딸이 사무실 엘리베이터로 향하는 모습을 본다. 그 순간, 우리는 공포스럽게도 Vendicci의 사무실에서 쓰레기통을 카트에 실은 청소부 아주머니가 아버지와 딸들이 있는 엘리베이터에 함께 올라타는 것을 본다. 우리는 Philippa가 에스컬레이터를 타고 지하철로 내려가는 모습과 함께 사무실 엘리베이터가 올라가는 모습을 본다. 그리고 우리는 엘리베이터 문이 비친 정지화면을 잠시 보게 되고, 이내 문을 산산이 찢는 폭발이 뒤따른다. 우리는 충격을 받고, 이 모든 일이 Philippa와 우리 관객이 곧 깨어날 수 있는 끔찍한 악몽이기를 간절히 바란다.

영화는 두 개의 꿈으로 두 번 시작하는 것처럼 보인다. 한번은 비행 시뮬레이터의 환상 세계에서, 다음은 Philippa 아파트의 악몽 같은 세계에서 시작되지만, 둘 사이에는 뚜렷한 연관성이 없다. 이 두 장면은 우리에게 영화의 두 주인공[주인공의 이름(Filippo와 Philippa)은 거의 동일하다] 그리고 관객인 우리의 경험을 통해 드러난 영화의 중심 주제를 소개한다. 즉, 이성과 사실을 넘어서는 진실의 승리와 인간의 경험에 있어 진실이 차지하는 중심성에 관한 것이다. 이 오프닝 장면들은 우리가 근본적인 인간의 진실이라고 믿는 것과 상충하는 등장인물에 대해 처음에는 동정적이었다는 사실로 우리를 놀라게 한다. 테러리스트의 공격으로 무고한 사람들의 생명을 앗아 가는 것은 잘못된 일이다. 영화는 직접적으로는 줄거리와 대본에서 그리고 간접적으로는 각본, 배경 음악 및 시각적 효과에서 진실에 대한 의문을 제기한다.

분석의 첫 번째 회기나 논문의 서론처럼 〈헤븐〉의 오프닝 장면은 뒤에 나오는 모든 내용을 압축한 것이다. 그리고 이어지는 내용은 항상 오프닝 장면을 언급하는 것으로 돌아온다. 이러한 영화 기법은

〈헤븐〉에서 훌륭하게 사용된다. 이 영화에서는 오프닝 자막이 초반 장면을 통해 분위기가 완전히 잡힌 뒤에야 등장한다.

헬리콥터 장면에서, 우리는 Filippo가 비행 교관의 지시를 따르면서 겪는, 무엇이 진실인지 확인하려 애쓰는 혼란으로 초대된다. 이것이 비행 시뮬레이터이기 때문에 우리가 혼란을 겪는 것은 당연하다. 교관에게 순응하는 Filippo와 마찬가지로 우리는 이 시점에서 '내면의 주인', 즉 유사한 사건 및 경험에 대한 우리의 연상에 순응하고 있다. 그의 렌즈를 통해 우리에게 허용된 반사된 시선은 투사적 동일화와 같아서, 진실과 어떤 관계를 맺고 있는지 알 수 없는 왜곡된 표상이다. 우리는 우리가 어떤 종류의 진실과 관련되어 있는지 '알기 위해' 기다려야 한다.

우리는 이어지는 장면들에서, Philippa의 살인 행위를 목격했음에도 불구하고 자신도 모르게 이미 Philippa와 동일화하고 동정심을 느끼고 있었다는 사실을 깨닫게 되면서 더욱 불안해진다. 우리는 자신도 모르게 어떤 면에서 영화 장면의 일부가 되고, 나중에 가서야 우리가 알고 있던 '자기 자신'과 '진실'을 포기했다는 사실을 깨닫게 된다. 나중에 Vendicci를 살해하려는 Philippa의 계획이 어그러져 역풍을 맞고 탈출할 기회를 얻은 후에도, 그녀는 그를 죽일 때까지 다시 시도하겠다는 결심을 확고히 한다. 놀랍게도 관객으로서 우리는 이 시점에서도 Philippa를 경험하는 방식을 바꾸지 않는다. 오히려 우리는 그녀가 이 남자를 죽이는 것에 동정심을 느끼고 있음을 알게 된다. 우리는 인간의 생명이 더 이상 우리에게 그토록 신성하게 느껴지지 않고, 복수에 강하게 이끌리는 아주 낯선 경험을 하고 있다.

우리는 Philippa가 투린시에 거주하는 영국인 교사이며 그곳에서 아이들에게 영어를 가르치고 있다는 것을 알게 된다. 그녀의 남편과 적어도 한 명의 학생이 기업 임원이자 마약왕인 Vendicci가 거래한 불법 마약으로 인해 사망했다. Philippa가 반복적으로 도움을 요청하지만, 투린시의 경찰은 Vendicci와의 공모로 인해 이를 무시한다.

폭탄 폭발로 Vendicci가 사망했다고 믿고 있는 Phillipa는 경찰을 피하려는 노력을 전혀 하지 않고 사실 그대로 경찰에게 자신의 범죄를 고백하고 체포된다. 그녀의 청문회에서 우리는 Filippo가 법원 속기사이며 전직 경찰서장의 아들이자 훈련 중인 경찰관이라는 사실을 알게 된다. Philippa가 이탈리아어로 증언하기를 거부하자 Filippo는 (역시 놀랍게도) 자신이 통역할 수 있는지 물으면서 대화에 끼어든다. 이어서 그들은 심문을 계속한다. 이 장면에는 우연한 것들이 하나로 수렴되는 초현실적이고 꿈같은 특성이 있다. 그녀가 사무실 건물에서 폭발을 일으켜 네 명의 목숨을 앗아 간 혐의를 받고 있다는 말을 들은 Philippa는 깜짝 놀란다. 놀라움에 입을 틀어막고, 떨며 울면서, 그녀는 "four"라고 말한 뒤 "quarto"라고 말한다. 실수가 없도록 영어와 이탈리아어로 말하는 동시에, 그녀는 끔찍한 진실과 마주하게 된다. 그녀는 자신이 두 명의 어린이를 포함해 네 명의 무고한 사람을 죽였다는 사실을 알고 경악한다. 그러고는 마약계를 장악한 Vendicci를 죽이고 싶었다고 주장한다. 그 때문에 학생들과 그녀의 남편이 죽었다. 심문 팀장은 네 사람이 죽은 것은 그녀 때문이라고 대답한다. 이제 관객으로서 우리는 Philippa의 악몽에 완전히 사로잡혀 있다. 우리는 그녀가 저지른 살인의 엄청난 규모를 온전히 받아들일 수 없다.

Philippa는 충격으로 인해 바닥으로 쓰러지고 기절한다. 의사가 주사를 놓기 위해 Philippa의 소매를 끌어 올리자, Filippo는 그녀의 손을 잡고 그녀의 눈을 바라보며 그녀와 사랑에 빠진 듯 보인다. 그녀는 눈을 뜨고 자신이 어디에 있는지 묻는다. 그는 그녀가 경찰관과 함께 있다고 대답한다. 그리고 그녀는 당신이 누구냐고 묻는다. 그는 경찰관이라고 말한다. 그녀는 자기 질책으로 가득하여 미안하다고 대답한다. Philippa는 자신이 한 일을 받아들일 수 있을까? 우리는 확신하지 못한다.

법정에서 Filippo는 자신의 경험에 의문을 제기하거나 의심하지 않고 진실이자 현재 일어나고 있는 일의 O인, Philippa에 의해 변화되며 경외심에 사로잡힌 표정을 짓는다. [O는 절대적인, 명확하게 설명되지 않고 알 수 없는 보편적인 인간의 진실이며 "꿈꾸고 있는 우리(who we are in dreaming)"이다(Bion, 1970; Ogden, 2004a, p. 292).] 그렇게 함으로써 그 역시 '진실이 된다.' Filippo는 두 사람의 탈출 계획을 고안하는데, 처음에 그것은 Philippa의 별다른 관심을 끌지 못하는 것처럼 보인다. 그의 계획에는 법원 건물 다락방에서 하룻밤 동안 임시의 안전한 장소를 마련하는 것이 포함되어 있다. 시간이 흐르면서, Philippa에게 탈출은 Vendicci를 죽이려는 새롭게 초점을 맞춘 목표에 필요한 단계로서 의미를 가지게 된다. Vendicci를 죽이는 것이 그녀의 삶에서 유일하게 중요한 것이 된다. 그때 Filippo는 Vendicci를 경찰서로 데려오고 그녀에게 자신이 소지하고 있던 권총을 주어 Philippa를 돕는다. Vendicci와 대면한 그녀는 그의 머리에 총을 쏜다. (다시 한번, 우리는 이것이 현실인지, Philippa의 꿈인지 궁금해진다.) 다음 날 아침, 그들은 우유 배달 트럭 뒤편에 숨어 경찰 본부에서 탈출하여 토스카나로 향한다.

Filippo의 Philippa에 대한 점진적으로 강렬해지는 동일화는 그들이 동일한 변장으로, 즉 청바지와 흰색 티셔츠를 입고 나타날 때 분명해진다. 둘 모두가 영어로 말한다. 머리를 삭발함으로써 둘은 사실상 하나가 된다. 그들의 '변장'은 복합적인 의미를 담고 있다. 그것은 진실을 덮거나 숨기지 않는다. 꿈처럼 일상의 현실을 초월하고, 일반적으로 진실이라고 여겨지는 것을 초월하며 진실을 드러낸다. ('변장'으로 인해 그들은 관객들에게는 거의 외계인처럼 눈에 띄지만, 경찰관들과 같은 영화의 다른 주인공들에게는 그렇지 않다. 왜냐하면 그들은 더 이상 현실의 존재가 아니며, 기껏해야 꿈속의 인물들에 불과하기 때문이다.) Filippo와 Philippa에게 성별과 같은 세세한 사항은 중요하지 않다. 이름들도 중요하지 않다. (토스카나로 가는 기차에서, Philippa는 Filippo에게 그의 이름조차도 알지 못한다고 말한다.) Filippo와 Philippa에 관한 모든 것은 진실이다. 진실을 피하거나 왜곡하는 일이 없다. 그들이 정직하다고 말하는 것만으로는 충분하지 않다. 그들 자체가 정직함이며 단순히 자기를 의식하지 않는 정직함이다. 그들이 서로에게 말하는 모든 것은 그들 자신에 대한, 서로에 대한, 세상에 대한 그들의 경험에 진실한 것이다. 그러나 그들은 현실적인, 보통의 살과 피를 가진 사람들이 아니다.

Philippa와 Filippo는 두 개의 교회가 있는 몬테풀치아노의 마을 광장으로 들어간다. 한 교회에서 결혼식이 열리고 있다. 다른 교회에서는 Philippa가 Filippo에게 자신의 죄를 고백하고 있다. 그녀는 자신이 어머니와 언니에게 거짓말을 했고, 한때 남편에게도 부정을 저질렀다고 고백한다. 진실에 어긋나는 이러한 죄를 고백한 후에야 그녀는 자신 때문에 네 사람이 죽었다고 고백한다(그녀는 다섯 번째인 Vendicci를 빠뜨린다). 그러나 그녀는 계속해서 자신이 무방비 상태인 사람을 쏘았다고 말한다. 하지만 Filippo가 몰랐던 것은 그녀가 더 이상 믿지 않게 되었다는 사실이었다. Filippo는 그녀가 무엇을 더 이상 믿지 않게 되었는지 묻는다. 그녀는 감각도, 정의도, 삶도 더 이상 믿지 않게 되었다고 답한다. Philippa는 영화의 이 시점에서 좀 더 (현실의) 한 사람에 가까워지면서 잠시 꿈의 세계를 떠나는 것처럼 보인다.

배경 음악과 장면 사이의 빠른 전환(도시에서 시골, 옥상, 안뜰로 이어지는)이 눈길을 사로잡는다. 음악은 긴장감 넘치고 잊히지 않는 배경을 제공한다. 느리고 영혼이 담긴 애절한 바이올린 선율에 날카롭게 새겨지는 피아노 음이 삽입된다. 음악은 우리의 무의식적인 감성에 직접적으로 호소하고 진실이 사실과 분리되어 가고 있는 방식에 대한 우리의 반응을 강화한다. 다양한 카메라 각도와 변화하는 속도, 그리고 으스스한 음악 각각은 우리의 경험에 다양한 "정점들"(Bion, 1965)을 제공한다. 진실과 사실은 꿈에서처럼 분리된 정점이 되어 가고 있으며, 진실은 아무리 위장되어도 진실 그대로 남아 있다.

촬영이 절묘하고 아름답다. '스페이스 카메라 시스템'은 헬리콥터에서 사용되며, 헬리콥터의 요동치는 진동에도 불구하고 카메라 작업에 느리고 강하며 안정적인 움직임을 제공할 수 있는 기능을 갖추고 있다. 이 시스템은 카메라의 균형을 지속해서 유지하여 몽환적이고 비현실적인 시각적 유려함을 구현해 낸다.

우리가 이야기의 세세한 내용에 몰입될 때마다 카메라의 '눈'은 투린시의 도시 풍경 위로 높이 움직인다. 그곳에서 우리는 붉은 기와지붕과 안뜰이 미로처럼 얽혀 있는 모습을 볼 수 있지만, 세부적인 사항이나 사람은 볼 수 없다. 세부로부터 우리를 분리하고 멀리서 사물을 바라보게 하는 이 기술의 결과로 우리는 거친 윤곽을 인식하지 못한다. 이는 카메라가 눈에 띄게 기울어 있고, 아무것도 자연스럽지 않아 마치 환상처럼 느껴지는 오프닝 장면들과 대조된다. 이때 Filippo와 관객은 사실관계를 파악하려고 노력하고 있다. 이제 Filippo와 관객은 '사실관계'에 관심이 없다. 세상은 꿈속과 같다. 어떤 것도 알아내거나, 숙달되거나, 이해될 필요가 없다.

몬테풀치아노 광장 교회에서 벌어지고 있는 전통 결혼식 현장의 진실은 Filippo와 Philippa가 살아가는 진실과 나란히 배치된다. 이는 결혼식이 거짓이라는 말이 아니다. 나중에 Filippo와 Philippa(그리고 관객)가 창문을 통해 보는 가족 식사 장면 역시 거짓이 아니다. 하지만 Filippo와 Philippa는 영화가 만들어 낸 다른 형태의 진실을 살고 있다. 이 진실을 설득력 있게 창조해 낸 것이 바로 이 영화가 이룬 성과이다.

Philippa가 구현한 진실은 동시에 낯설고 비현실적이면서도 완전히 자연스럽다. 무엇이 선하고 진실인지에 대한 관객의 전개념화(preconception)[1]에 상충하는 것들이 너무 많음에도 불구하고, Filippo는 상황에 또 다른 진실, 곧 복수, 살인, 도덕성을 넘어서는 진실이 있음을 감지했다. 이는 Philippa가 Filippo에게 왜 그녀의 탈출을 도왔는지 묻는 대화에서 묘사된다. 그는 (Philippa의 학생 중 한 명인) 그의 동생이 그녀를 제일 좋아하고 그녀가 좋은 사람이라고 말해 주었다고 대답한다. Filippo는 자신의 동생을 믿었다고 대답한다. 그녀가 다섯 명을 살해했다는 사실에도 불구하고 그녀에게는 여전히 진실로 남아 있는 무엇인가가 있었다. 그녀가 한 일은 도덕적으로 옹호될 수 없지만, Filippo와 관객은 왜 그녀의 살해 행위에 대해 그녀를 비난하지 않는가? 놀랍게도, 우리는 그녀가 무고한 아이들을 죽인 일에 연루되었다. 어쩌면 우리는 지금 꿈속에 있다고 느끼고, 꿈은 악할 수 없다는 것을 알기에, 우리의 공모를 정당화하는 것일지도 모른다.

법원 속기사로서 Filippo의 임무는 정확하고 객관적이며 공정해야 하고, 가능한 한 감정적으로 거리를 두는 것이었으나 그것은 환상에 불과했다. Philippa를 위해 통역을 자원한 그는 통역가가 아닌 해석가로 변형되는 첫발을 내디뎠다. 그는 Philippa와 판사의 진술에 담긴 뉘앙스를 어떻게 표현할 것인지를 결정하면서 점점 더 주관적으로 변해 갔다. 이 장면에서 그는 Philippa가 말하는 정직함과 진실성의 방식에 대해 마음을 열게 된다. 그의 해석을 통해, 그는 사실뿐만 아니라 '단순한 사실'을 넘어 상황을 이해하는 "그녀의 정서

---

1 역자 주: Bion의 좌표에서 사고의 발달을 다루는 세로축에 preconception-conception-concept의 과정이 있다. 이에 대한 한국어로 출판된 서적들의 번역어가 다르게 되어 있어 혼돈이 있다. 역자는 이 세 용어를 전개념화-개념화-개념으로 통일해서 사용한다.

적 경험에 진실인 것"(Ogden, 2003, p. 596)에 대해 이야기한다. 해석가로서 그는 진실의 모든 형태를 처리하여("양안적 시각": Bion, 1970; "진실 본능": Grotstein, 2004; Schneider, 2003, 2004 참조), 경험의 O, 곧 꿈을 만드는 자가 되도록 허용한다. Philippa는 Filippo가 그녀의 "O의 진화"(Bion, 1970)에 대한 그의 수용성을 통해 마음, 곧 꿈의 삶을 진화시키도록 이끌었다. Bion은 꿈꾸기를 무의식적인 심리적 작업으로 개념화하고, Ogden(2004b)은 악몽의 개념을 중단된 꿈으로, 야간 공포증을 꿈을 꿈꾸지 못하는 상태로 정의하여 이 개념을 더욱 구체화하였다.

Filippo의 정직성과 진실성은 법정 통역사인 그가 화장실에서 열쇠와 메모가 담긴 가방을 발견했다고 인정하는 Philippa의 말을 번역해야 할 때 시험대에 오른다. 이는 그들의 탈출 계획 일부를 설명한 것이다. 그녀가 탈출 계획을 누설하고 있다는 사실에 경악하면서도, Filippo는 그녀의 말을 그대로 통역한다(관객은 Filippo의 얼굴에 드러난 우려를 함께 느낀다). 치안 판사가 그녀가 뭐라고 말했는지 묻자, 그는 그녀가 화장실에서 가방과 쪽지, 열쇠를 발견했다고 지극히 정직하게 말한다. 얼마 지나지 않아 Filippo는 실제로 Philippa가 다른 일에 관해 이야기하고 있으며(그들의 탈출 계획과는 무관하지만 비슷한 요소를 지닌 몇 주 전에 발생한 사건) 그들의 계획이 그대로 유지되고 있다는 사실을 깨닫고 안도한다. Philippa는 꿈의 시간에 사는 듯이 보인다.

Filippo의 변형은 그가 어떻게 경찰관의 현실, 즉 여러 세대에 걸쳐 전수된 법과 정의의 현실을 뛰어넘는지를 보여 준다. 그는 신과 인간의 언어를 모두 말할 수 있는 유일한 신인 Hermes의 역할을 수행한다. '자신의 사랑을 위해 감히 그 어떤 사람보다도 더 용감하게 나선' Orpheus와 동행한 사람이 바로 Hermes였다. 그는 죽은 아내 Eurydice를 되찾기 위해 무시무시한 지하 세계로 여행을 떠났고, 그 여정 중에 그는 "죽은 자들의 엄숙한 안내자이자 영혼들을 마지막 안식처로 인도하는 신성한 전령"(Hamilton, 1942, p. 35)인 Hermes와 함께했다. Hermes는 임무를 바꾸어, 인간을 죽은 자의 땅에서 산 자의 땅으로 인도하고 있었는데, 이는 꿈에서는 성취될 수 있지만 현실이나 신화에서는 성취될 수 없는 임무이다. 마찬가지로 영화 〈헤븐〉에서 Filippo의 임무는 자신과 Philippa를 인간의 영역에서 신들의 세계로 옮기는 것이었다. 감동적인 마지막 장면에서 그는 Philippa와 함께 경찰 헬리콥터를 탈취해 하늘로 곧장 날아올라 시야에서 사라지는 꿈을 꾼다. Filippo는 자연과학의 법칙을 어기고 다시 꿈의 영역으로 들어간다.

Philippa의 확신에 대한 Filippo의 반응에는 거의 신과 같은 무언가가 있다. 그는 다섯 명의 죽음과 같은 '세부 사항'에 의해 마치 그것들이 그녀가 남편의 죽음을 꿈꾸려고 시도하는 것의 단지 외현적 내용일 뿐인 것처럼 흔들리지 않고 그녀가 진실을 구현한 것을 받아들인다. 오히려 그는 영화가 진행되는 동안 모든 살아 있는 존재들과 무생물들을 위해 처음부터 끝까지 모든 진실을 꿰뚫어 보는 전지전능한 신으로 진화해 가는 것처럼 보인다. 이는 끔찍한 상실을 완전히 꿈꾸는 것은 불가능하다는 진실이다.

참고문헌

Bion, W. R. (1962). *Learning from experience*. Basic Books.

Bion, W. R. (1965). *Transformations*. Jason Aronson.

Bion, W. R. (1970). *Attention and interpretation*. Tavistock.

Bion, W. R. (1992). *Cogitations*. Tavistock.

Freud, S. (1953). The interpretation of dreams. In J. Strachey (Ed. & Trans.), *The standard edition of the complete psychological works of Sigmund Freud* (Vols. 24, Vol. 5, pp. 339-405). Hogarth Press (Original work published 1900).

Grotstein, J. S. (2004). "The light militia of the lower sky": The deeper nature of dreaming and phantasying. *Psychoanalytic Dialogues, 14*(1), 99-118.

Hamilton, E. (1942). *Mythology*. Little Brown.

Ogden, T. H. (2003). What's true and whose idea was it? *International Journal of Psychoanalysis, 84*, 593-606.

Ogden, T. H. (2004a). An introduction to the reading of Bion. *International Journal of Psychoanalysis, 85*, 285-300.

Ogden, T. H. (2004b). This art of psychoanalysis: Dreaming undreamt dreams and interrupted cries. *International Journal of Psychoanalysis, 85*, 857-877.

Schneider, J. A. (2003). Janus-faced resilience in the analysis of a severely traumatized patient. *Psychoanalytic Review, 90*, 865-867.

Schneider, J. A. (2004). Experiences in K and -K. *International Journal of Psychoanalysis, 86*, 825-839.

찾아보기

인명

내용

저자 소개

John A. Schneider

현재 북부 캘리포니아 정신분석연구소의 감독이고 개인 분석가이자 정신증 자들을 위한 고등연구센터의 일원이다. 이전에는 스탠퍼드 대학교 의과대학 정신의학과 섭식장애 프로그램 부감독관이자 정신의학 임상 조교수를 역임했고, 샌프란시스코에 소재한 캘리포니아 대학교 정신과 임상 부교수를 지냈다.

역자 소개

이세형(Sehyoung Lee)

미국 드루 대학교 철학박사

전 한국정신분석심리상담학회 회장

한국정신분석심리상담학회 정신분석 아카데미 원장

한국정신분석꿈연구회 공동대표

현 협성대학교 명예교수

한국정신분석심리상담협회 이사장

〈주요 저 · 역서〉

도의 신학: 기독교 하느님과 악에 대한 도가 철학적 재해석(한들, 2002)

하나님의 교회 사람의 교회: 종교의 권력화를 넘어서(공저, 본질과현상, 2019)

하나님이 사용하신 10가지 도구(공저, 올리브나무, 2024)

상처 입은 영혼들의 춤: 우주적 시각에서 본 동반의존과 인간의 조건(역, NUN, 2013)

동시성, 양자역학, 불교: 영혼 만들기(역, 달을긷는우물, 2021)

마이클 포댐: 새로운 분석심리학(역, 달을긷는우물, 2021)

오늘날 정신분석의 꿈 담론(역, 현대정신분석연구소, 2022)

상호주관적 자기심리학(공역, 학지사, 2024)

정신분석적 꿈의 기능

−꿈꾸기와 꿈꾸어지기−

Dreaming and Being Dreamt:

The Psychoanalytic Function of Dreams

2025년 10월 10일 1판 1쇄 인쇄
2025년 10월 15일 1판 1쇄 발행

지은이 • John A. Schneider
옮긴이 • 이세형
펴낸이 • 김진환
펴낸곳 • (주)학지사
04031 서울특별시 마포구 양화로 15길 20 마인드월드빌딩
대표전화 • 02-330-5114 팩스 • 02-324-2345
등록번호 • 제313-2006-000265호

홈페이지 • http://www.hakjisa.co.kr
인스타그램 • https://www.instagram.com/hakjisabook

ISBN 978-89-997-3539-4 93180

정가 18,000원

역자와의 협약으로 인지는 생략합니다.
파본은 구입처에서 교환해 드립니다.